VERLAG FRITZ MOLDEN
WIEN/MÜNCHEN/ZÜRICH

# FRANZ HUBMANN
# ERNST TROST

# DAS TAUSENDJÄHRIGE
# ÖSTERREICH

VON DIESEM WERK WURDEN JE EINE VORZUGSAUSGABE A UND B HERGESTELLT.
90 VON 1/90–90/90 NUMERIERTEN EXEMPLAREN SIND BLATTSIGNIERTE ORIGINALRADIERUNGEN VON
PAUL FLORA „K. U. K. FELDHERRNHÜGEL“, ADOLF FROHNER „DER SPIEGEL“,
WOLFGANG HERZIG „BAROCKE“, KARL KORAB „DER SPAZIERGÄNGER“,
ANTON LEHMDEN „VOGELFLUG“, KURT MOLDOVAN „KÖNIG OTTOKARS ENDE“,
PETER PONGRATZ „A.E.I.O.U.“, RUDOLF SCHÖNWALD „FIN DE SIÈCLE“,
FRITZ WOTRUBA „ÖSTERREICH“ SOWIE EINE BLATTSIGNIERTE LITHOGRAPHIE VON
HANS FRONIUS „KARL V.“ BEIGEGEBEN.
90 VON I/XC–XC/XC NUMERIERTE EXEMPLARE ENTHALTEN EINE MIT SIGNATUR-
UND NACHLASSSTEMPEL VERSEHENE ORIGINALRADIERUNG VON FRITZ WOTRUBA.

1.–12. TAUSEND

COPYRIGHT © 1975 BY VERLAG FRITZ MOLDEN, WIEN–MÜNCHEN–ZÜRICH
ALLE RECHTE VORBEHALTEN
SCHUTZUMSCHLAG UND AUSSTATTUNG: HANS SCHAUMBERGER, WIEN
LEKTOR: HELGA ZOGLMANN
TECHNISCHER BETREUER: FRANZ HANNS
SCHRIFT: 13' GARAMOND-ANTIQUA
SATZ: FILMSATZZENTRUM DEUTSCH-WAGRAM
REPRODUKTIONEN: C. ANGERER & GÖSCHL, WIEN
DRUCK DES BILDTEILES: C. & E. GROSSER, LINZ
DRUCK DES TEXTTEILES UND BINDEARBEIT:
WELSERMÜHL, WELS
ISBN 3-217-00547-3
VORZUGSAUSGABE ISBN 3-217-00728-X

# ZUM GELEIT

Tausend Jahre Österreich, das Millennium eines Landes, das seine Gestalt oft verändert hat, aber nicht seine Substanz – denn Österreich ist nicht nur ein geographischer oder politischer Begriff, sondern ein Zustand. In diesem Buch wird viel von der Vergangenheit erzählt, und auch die Bilder zeigen vor allem, wie das, was war, heute ist. Aber wir wollten kein Geschichtsbuch produzieren. Wir wollten die Leser und Betrachter auf eine Wanderung durch diese tausend Jahre mitnehmen, mit all den Zufälligkeiten und Überraschungen, die einem solchen Unternehmen eigen sind. Daß von der Gegenwart und der Zukunft weniger die Rede ist, hat nichts mit einer Mißachtung des heutigen Österreich zu tun. Im Gegenteil: wir können Österreich und das Österreichische nur begreifen, wenn wir verstehen, woraus es gewachsen und worauf es gebaut ist.

Franz Hubmann/Ernst Trost

# INHALT

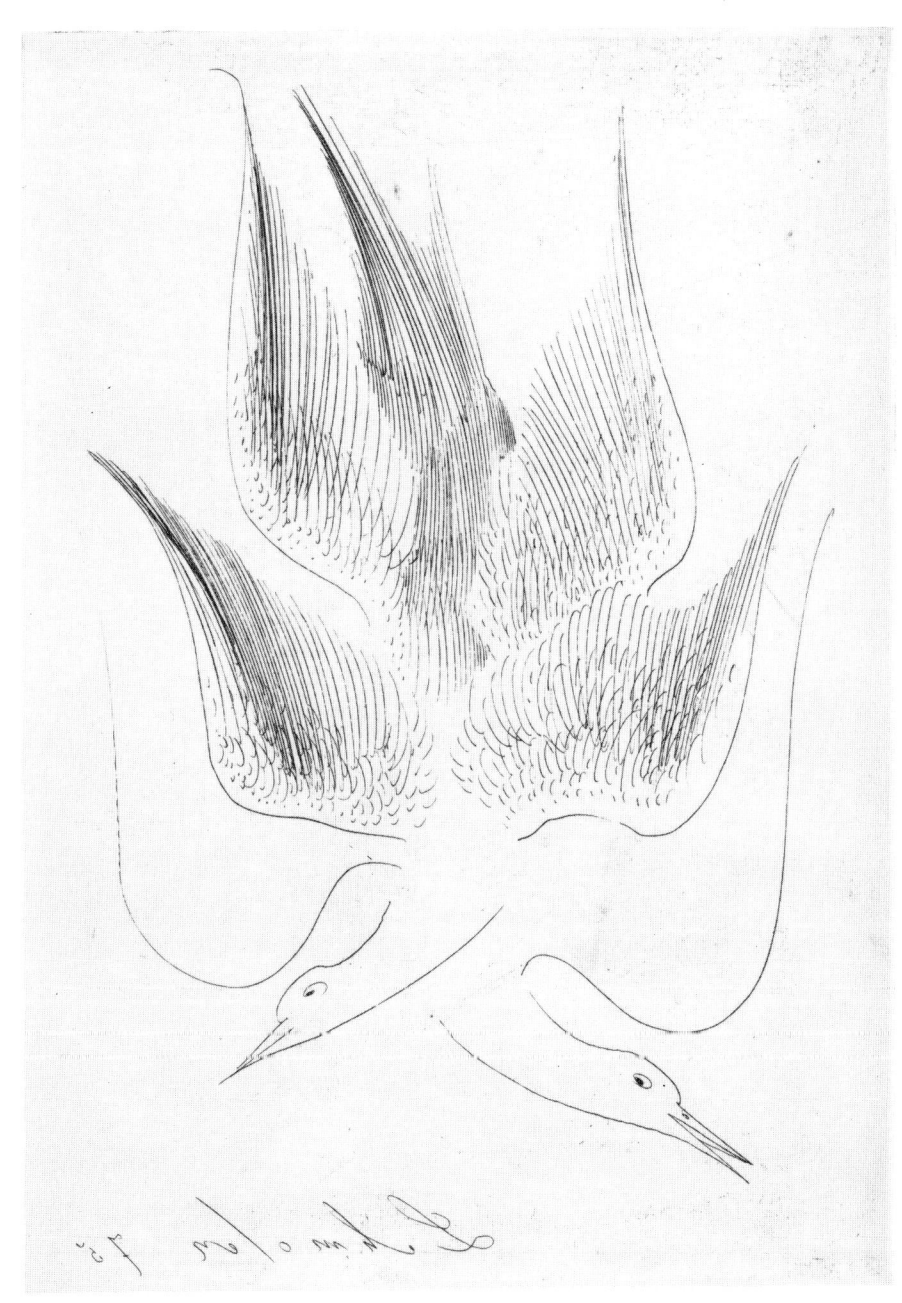

ANTON LEHMDEN

# VOR TAUSEND JAHREN

**E**in Blitz war es, der tausend Jahre ungeschehen machte. In einer grausigen Gewitternacht Anfang Oktober 1952 stand die Kirche auf dem Berg plötzlich in Flammen. Im Chor bröckelte der Verputz von den Wänden und von der Decke. Nachdem die Rußschicht entfernt worden war, schälten die Denkmalschützer eine wesentlich ältere Vergangenheit aus dem Mauerwerk, als in der Kirchenchronik verzeichnet war. Wer heute das gotische Schiff durchmißt, verhält seinen Schritt ehrfürchtig vor den klar gegliederten Wänden eines hohen vorromanischen Kuppelraumes. Der Betrachter befindet sich in der Zeit der sächsischen Kaiser, in den letzten Dezennien des 10. Jahrhunderts, in denen Otto II. und Otto III. herrschten. Es sind auch jene Jahre, in denen der vielschichtige Prozeß begonnen hat, der Österreich werden ließ. Darum führt die Suche nach diesem tausendjährigen Ostreich, das Forschen nach den Spuren dessen, was damals war, in die Pfarrkirche St. Ulrich von Wieselburg. Der niederösterreichische Markt am Zusammenfluß von Großer und Kleiner Erlauf gehörte damals zu Regensburg, aber er lag doch im Herzen der Grenzmark, die das Reich gegen die Ungarn schützen sollte.

Beim Hinaufwandern auf den Kirchberg passiert man ein Metallkreuz, das auf einem römischen Opferstein sitzt. Doch dieses Altertum bewegt einen viel weniger als die wesentlich jüngere, einstmals achteckige Kapelle in der Kirche. Auf die Römer stößt man zwischen Bodensee und Neusiedler See auf Schritt und Tritt. Ihre Zeit ist für uns viel lebendiger, sichtbarer als das Frühmittelalter mit seinen dunklen Perioden, die die Historiker meist nur mit einigen bedauernden Sätzen abtun müssen. Die römische Zivilisation erwies sich eben als viel durchschlagskräftiger und dauerhafter als die von utopischen Träumen geleiteten Bemühungen deutscher Monarchen aus dem Stamme der Sachsen, im Heiligen Römischen Reich den Geist des untergegangenen Imperiums unter christlichen Vorzeichen zu erneuern. Das Wieselburger Oktogon hat einen

11

Bischof zum Bauherrn: den heiligen Wolfgang von Regensburg, einen engen Freund und Berater Ottos II. Als treuer Diener der großen Idee wollte er diesem imperialen Gedankengut auch in der äußersten Ecke des Reiches architektonische Gestalt verleihen: achteckig ist die Aachener Pfalzkapelle Karls des Großen; achteckig ist die Kaiserkrone, die sich Otto I. als prächtige Verdinglichung des auf göttlichen Auftrages beruhenden Kaisertums mit seiner Autorität über Kirche und Welt maßjuwelieren ließ. Acht Ecken haben auch die Mauern des Neuen Jerusalem, von dem Johannes in der Apokalypse schrieb ... Erlösungshoffnungen, Reichskirchentum, auf religiöse Ebene gehobene weltliche Herrschaftsansprüche und bedingungsloser Glaube – all das kann man aus dem Kapellenrund herauslesen. Dazu fühlt man, wie kaum in einem anderen Kirchenraum unserer Breiten, einen Hauch mittelalterlichen Italiens. Es ist, als hätte Wolfgang sämtliche Wunschvorstellungen und Ideale der Ottonen samt deren Rom-Sehnsucht in Form eines gemauerten Kataloges der Nachwelt überliefern wollen.

Das abstrakte Ideengebäude wurde jedoch in eine rauhe Wirklichkeit gestellt, die Phantasie an der harten Realität gemessen. Und die hieß Angst vor neuerlichen Attacken der ungarischen Reiterhorden. Der sakrale Zentralbau war nur der Betort inmitten einer mächtigen Wallburg, die der Bevölkerung der näheren und weiteren Umgebung Unterstand bieten sollte, wenn die magyarischen Mordbrenner wieder einmal gesattelt hatten.

Für die Historiker hat diese Burg immer schon existiert. Sie wußten nur nicht genau, wo. Auch über den Charakter der Befestigung stritten sie sich. Die lateinische Urkunde Ottos II. ermächtigte Wolfgang, zwischen Großer und Kleiner Erlauf auf dem „Platz, der Zwisila genannt wird", ein „castellum" zu errichten, um den Ort Steinakirchen gegen die Magyaren zu verteidigen. Und unter „castellum" verstanden die meisten eine gemauerte Befestigung, eine richtige Burg. Davon war auf dem Wieselburger Kirchberg, der zu militärischer Verwendung geradezu einlädt, jedoch nichts zu merken. Erst die Bauarbeiten an der Kirche und an einem neuen Pfarrhof lieferten die Beweise für die Angaben auf dem Pergament. Archäologen erhielten die Chance, ein wenig in der Erde zu wühlen. Sie fanden auch Mauern. Deren Reste liegen heute offen zutage. Sie wurden jedoch erst im 11. Jahrhundert dem Erdwall aufgesetzt, der vorher die Fluchtburg umgeben hatte. Und diese Wallburg konnten die Wissenschaftler präzise definieren: eine Befestigung mit einem Durchmesser von 120 Metern, in der die Bevölkerung aus der ganzen Umgebung mit all ihren Habseligkeiten vor feindlichen Heerscharen Zuflucht finden konnte. Zur Stillung religiöser Sicherheitsbedürfnisse diente Wolfgangs stolze Kapelle. Die Urkunde, die 979 rechtskräftig geworden ist, war so etwas wie eine nachträgliche Erlaubnis für die Errichtung dieser regensburgischen Bastion. Wie nämlich aus dem Dokument hervorgeht, wurde mit dem Bau der Burg bereits 976 begonnen.[1]

Da ist sie also, die magische Zahl 976, die in jedem aufrechten Österreicher Jubiläumsstimmung auslösen sollte. Wenn man noch exakter sein will, dann ist es der 21. Juli 976, den man als Geburtstag Österreichs bezeichnen kann, einen Geburtstag von Historikers Gnaden. Denn an diesem Sommertag fand weder ein feierlicher Gründungsakt statt noch eine Belehnung, der Name Österreich war in niemandes Munde, und der Kaiser und seine Schreiber hätten sich nie träumen lassen, daß an der Ostgrenze des Reiches eine Territorialherrschaft im Entstehen war, die selbst einmal zur Machtbasis römisch-deutschen Kaisertums werden würde. In der Urkunde, der wir dieses Datum zu verdanken haben, ist von diesem Österreich überhaupt nicht die Rede. Otto II. gab zu Regensburg dem bayerischen Kloster Metten eine verlorene Besitzung in Wischelburg in der Gegend von Straubing in Bayern wieder zurück. In der Urkunde werden zwei hohe Herren erwähnt, deren Fürsprache den Kaiser zu diesem gönnerhaften Schritt bewogen hat: Bischof Heinrich von Augsburg und Markgraf Liutpald („. . . Liutpaldi marchionis"). Und damit hat's sich.

Der Geschichtsforschung genügt das. Liutpalds Name wird hier zum erstenmal in Verbindung mit dem Markgrafentitel genannt. Später als 976 kann also die Belehnung mit der Grenzmark nicht erfolgt sein. Und viel früher wohl auch nicht. Aus Liutpald wurde Luitpold und wesentlich später Leopold I., der Erlauchte, der Babenberger, dessen Geschlecht 270 Jahre lang für die Geschichte Österreichs zuständig war.[2]

Warum gerade 976? Drei Jahre zuvor war Otto seinem großen Vater 18jährig auf den Thron gefolgt. Neben ihm geboten bei Hofe noch seine Mutter Adelheid und seine Gattin, die byzantinische Prinzessin Theophanu – die lebendige Erinnerung daran, daß Deutschland nicht der Mittelpunkt der Welt war, daß auch noch anderswo das Erbe antiken Kaisertums beansprucht wurde. Und deutsche Fürsten spielten gegenüber dem jungen Kaiser sofort ihre Stammesautorität aus, die sie über die „gesamtdeutsche Politik Ottos des Großen" stellten. Bürgerkriegsähnliche Ereignisse vermeldet der Chronist in den Annalen des bayerischen Klosters Altaich für dieses Jahr 976:

„Kaiser Otto zog seine Streitkräfte zusammen, rückte in Bayern ein und verfolgte den Herzog Heinrich, weil sich dieser widerrechtlich Besitzungen seines Herrn und Kaisers angemaßt hatte. Nach der Ankunft des Kaisers in Bayern erschienen die Bischöfe und Grafen des Landes eiligst vor ihm, während der Herzog selbst entwich. Kaiser Otto begab sich noch ein zweites Mal nach Bayern, vertrieb den Herzog daraus und übergab es dem Schwabenherzog Otto."[3]

Der abgesetzte Herzog ist Heinrich der Zänker, nur einer in der Reihe selbstbewußter Bajuwaren, die daran schuld sind, daß auch heute noch an der österreichisch-deutschen Grenze neben dem obligaten „Bundesrepublik Deutschland" prächtige blau-weiße Wappenschilder, die sofort heftigen Bierdurst auslösen, den „Freistaat Bayern" ankünden und den politischen Eigensinn der Bayern demonstrieren. Die Grenzen Bayerns reichten vor tausend Jahren jedoch weit über den Inn hinaus, vermutlich bis zur Kleinen Tulln. Das war jedoch bereits Bereich der Grenzmark. Und weil auch der Markgraf Burchard so unklug war, sich gegen Otto zu empören, wurde bei der Bestrafung der Bösen und der Belohnung der Guten, mit der solche Bruderkämpfe meistens enden, der alte Markgraf gefeuert und dafür ein treuer Parteigänger des Kaisers, nämlich Liutpald, bestellt. (Der Zufall fügte es, daß Bischof Heinrich, der zweite Fürsprecher in der Mettener Urkunde, ein Jahr später selbst in eine Verschwörung gegen den Kaiser verwickelt war und dafür büßen mußte.) Auch in Kärnten änderten sich 976 die Besitzverhältnisse. Es wurde von dem unsicheren Bayern abgetrennt und zu einem eigenen Herzogtum erhoben. Der Wieselburger Burgbau paßt in dieses Jahr, das den südöstlichen Grenzregionen eine neue Ordnung bescherte. Und Sicherheit.

21 Jahre zuvor, 955, hatte Otto der Große die Schlacht am Lechfeld gewonnen und damit den Offensivdrang der Ungarn gebrochen. Eine langsame „Rollback"-Bewegung setzte ein. Noch konnten die deutschen Herren gar nicht abschätzen, wie schwer die Magyaren getroffen waren. Obwohl sie schrittweise die Donau entlang

vorstießen und in kleineren Gefechten und Schlachten die Grenze weiter nach Osten verlegten, mußten sie doch jederzeit auf einen Gegenangriff gefaßt sein. Auch wenn er dann ausblieb. Aber dieses Land am Strom, dessen geographisches Bild einer Einladungskarte für Invasoren gleicht, hatte sich fünfhundert Jahre lang, seit dem Zerfall des römischen Limessystems, solcher Einfälle zu erwehren gehabt, besser gesagt: es mußte sie einfach über sich ergehen lassen. Und mit dieser historischen Risikoposition haben die Österreicher bis heute leben müssen. Ja, manches Unwägbare, kaum Definierbare im sogenannten österreichischen Wesen hat wohl etwas mit dieser ständigen Bedrohung zu tun, die dann ungeahnte Überlebensfähigkeiten erzeugt. Ein moderner Dichter, Gerhard Fritsch, hat die Frage nach diesem Land in seinem kritischen Österreich-Hymnus so formuliert, daß darin schon wieder eine Antwort liegt:

> Eitelgenannt belächelt ausposaunt
> bezweifelt totgesagt verraten verboten
> ein Reich ein Rest ein Gau eine Idee
> Vergangenheit in Kronen und Grüften ein Landstrich
> von dem die Geschichte Abschied genommen hat
> im November im März zuviel ist hier schon geschehen
> ein dickes Geschichtsbuch mit Hunnen und Türken
> Kuruzen Franzosen Preußen und Russen mit Schlachten
> Hochzeiten Kongressen Elend und Walzern
> was ist dieses Land das sie zerstören wollten zerstört
> haben einmal und wieder weil es sich selbst
> als Last empfunden hat als müde und bedürftig
> der Anlehnung was ist dieses Land jetzt wo sich die Straßen
> kreuzen noch immer aus vier Richtungen Europa . . .

Und zum Schluß resümiert Fritsch:

> „. . . mit Vergangenheit Zukunft dauernde Gegenwart
> im Kreuz der Straßen Europas im Schoß dieser Welt
> lächelnd über seine Bestatter: Österreich."[4]

Das Kreuz seiner West-Ost-Lage hat Österreich tausend Jahre lang tragen müssen, und die Bestatter sind schon an seiner Wiege gestanden, und dort, wo sich die Markgrafen ihr neues Territorium erstritten – nicht weit von Wieselburg –, reichten am 8. Mai 1945 amerikanische und sowjetische Soldaten einander die Hände. Doch diese West-Ost-Begegnungen waren wohl öfter kriegerisch als friedlich. Männer wie Liutpald, die sich das Markgrafenamt verdient hatten, betrachteten ihr Amt naturgemäß vor allem als ein militärisches. Diese bärenstarken „Großagrarier", die sich ihren mannhaften Grenzdienst mit Landbesitz und grundherrlichen Rechten bezahlen ließen, zeichneten sich wohl weniger durch idealistischen Kultivierungs- und Missionseifer aus – das war Sache der Kirche – als durch Haudegentum, das Freund und Feind imponierte. Sie waren die rechten Männer für ein Land, in dem der Schreckensruf „Die Ungarn kommen" nun schon über siebzig Jahre lang Tod und Verderben bedeutete. Was sind jedoch siebzig Jahre im Vergleich zu den 1011 Jahren, die mit einigen Unterbrechungen die gemeinsame Geschichte der Österreicher und der Ungarn dauerte – von 907, der Schlacht von Preßburg, bis zur Zerschlagung der Doppelmonarchie 1918.

Bei Preßburg brachen 907 die Dämme. Da wurde ein bayerischer Heerbann, der der beweglichen ungarischen Taktik nicht gewachsen war, vernichtet. Der Weg nach dem Westen war für dieses ruhelose Reitervolk mit seinem unwiderstehlichen Offensivdrang offen. Mit liebevoller Detailfreudigkeit schildern europäische Chroniken die schrecklichsten Greueltaten der Magyaren. Fast dreißig Jahre lang war völlige Hilflosigkeit die einzige Antwort auf die magyarische Herausforderung. Was da aus dem Karpatenbecken Jahr für Jahr zu neuen Raubzügen aufbrach, war ein Elementarereignis, ein von Gott gesandtes Strafgericht, dem man sich nur durch die Flucht entziehen konnte – und oft nicht einmal das.

Die moderne ungarische Forschung sieht die Magyaren nicht als die gewalttätigen Wilden, zu denen sie von einer verständlicherweise tendenziösen Chronisten-Literatur gestempelt worden sind. Sicher, Beutemachen und die Lust am Gebrauch der Waffen waren Hauptantriebskräfte des ungarischen Westdranges. Sie wußten jedoch immer, wann und wohin sie reiten sollten. Sie waren in erstaunlichem Maße über die politischen Gegebenheiten in Europa orientiert. Immer wieder schlossen sie Bündnisse mit europäischen Fürsten, die sich ihrer Kriegstüchtigkeit bedienten. Der Bayernherzog Arnulf floh 916 nach einem Konflikt mit Konrad I. sogar zu den Magyaren. Diese nutzten die Rivalitäten im Reich geschickt für ihre Zwecke aus. Aber sosehr sie von der inneren Zerrissenheit der deutschen Lande profitierten, sosehr trugen sie indirekt doch einiges zur Neuformung einer zentralen Staatsmacht bei. Der ungarische Historiker István Dines schreibt:

„Der Kampf, den Europa ein halbes Jahrhundert hindurch gegen die Magyaren führen mußte, und der Zwang zur Selbstverteidigung beschleunigten die Zentralisierung der Kräfte und die Herausbildung der Zentralmächte. Die Städte, die sich bei den Angriffen der Magyaren als schutzlos erwiesen hatten, wurden nun mit Mauern umgeben, die Siedlungen am Fuße der Burgen geschützt, so daß die Städteentwicklung in ganz Europa eine neue Richtung nahm."[5]

Ein Standpunkt, der auch ein wenig an die Verteidigung des Brandstifters erinnert: „Ich habe dein Haus angezündet, jetzt kannst du dir wenigstens ein neues bauen." Die positiven Auswirkungen dieser Gefahrenzeit und des ständigen Druckes sind jedoch nicht zu leugnen. Die Deutschen begriffen nur langsam, daß einzig ein Zusammenwirken aller Stämme die Magyaren zu bremsen vermochte. Nach ersten Teilerfolgen König Heinrichs bedurfte es dann 955 auf dem Lechfeld der „ersten gesamtdeutschen Leistung" (Theodor Heuss), um den Siegeslauf der Ungarn endgültig aufzuhalten. Aus den Ungarnstürmen ist schließlich auch die neue Mark gewachsen. Und die Magyaren, die vermeintlichen Bestatter, wurden so, ohne es zu wollen, zu Hebammen dieses jungen Gebildes, in dem soviel Zukunft verborgen war.

Ein durchaus österreichisches Beginnen also mit Angst und Not und Flucht und Tod und Feuer und Mordio. Da der Begriff „österreichische Tüchtigkeit" nicht naturgegeben ist, braucht der österreichische Mensch anscheinend Katastrophen, um zu Höchstleistungen angespornt zu werden; und Weltuntergänge, um sich in dem, was übrigbleibt, häuslich einzurichten. Die großen Siege wurden alle aus einer Kette von Niederlagen geboren. Die wahre Stärke wurde immer erst in den Stunden größter Schwäche offenbar. Damit die Monarchie sich zur europäischen Großmacht entwickeln konnte, mußte sie vorerst zweimal die Türken vor den Mauern Wiens zurückschlagen. Erst die Wirren der Reformation und die damit verbundenen inneren

Erschütterungen formten Österreich zu einem in barockem Glanz erstrahlenden Bollwerk des Katholizismus. Das verzweifelte Ringen Maria Theresias um die vollständige Erhaltung des habsburgischen Erbes zwang die Kaiserin dazu, die Grundlagen für ein modernes Staatswesen zu schaffen. Napoleon demütigte die Österreicher nach Belieben und war zum Schluß doch der Geschlagene. Während erbitterte Nationalitätenkämpfe das Gebälk des Staatsgebäudes zernagten und eine intellektuelle Minderheit den unheimlichen Geist einer neuen Endzeit erahnte, schwang sich das Vielvölkerreich noch einmal zum francisco-josephinischen Triumphalismus auf. Das aus der damit verbundenen absoluten Fortschrittsgläubigkeit und bürgerlichen Selbstzufriedenheit abgeleitete Gefühl völliger Sicherheit machte diese Welt jedoch für die Signale ihres drohenden Zerfalles blind. Und es bedurfte erst der völligen Tilgung des Namens Österreich von der Landkarte, um nach der Auferstehung 1945 ein ungestörtes Verhältnis der Österreicher zu ihrem klein gewordenen Land herzustellen, ohne Zweifel an seiner Existenzfähigkeit und Eigenständigkeit.

Bis sich jedoch die Menschen der Mark und der sich ständig erweiternden babenbergischen Herrschaft Österreicher nannten, vergingen von 976 an noch einige Jahrhunderte. Dennoch war dieses 976 kein Jahr Null. Die österreichische Geschichte muß weiter zurückdatiert werden. Im Donauraum war auch schon unter den Karolingern Wald gerodet und Land urbar und bewohnbar gemacht worden. Die Ungarn haben zwar viele Brände gelegt, aber sie betrieben keine Politik der verbrannten Erde. Nach der Schlacht von Preßburg schoben sie ihre Grenzen bis zur Enns vor; die Chroniken schweigen zwar über das Dasein unter der magyarischen Besatzung, und die Urkunden aus diesen Jahrzehnten sind Mangelware. Aber das Leben ging weiter. Sonst wäre Bischof Drakulf von Freising 926 nicht zur Visitation der Ländereien des Bistums östlich der Ennsmündung aufgebrochen. Wir wissen davon, weil er in der Donau, im Greiner Strudel, ertrunken ist.

Was uns die Chroniken an Beweismaterial vorenthalten, läßt sich in der Literatur aufspüren. „Uns ist in alten maeren wunders vil geseit", heißt der erste Vers des um 1200 vermutlich in Passau entstandenen Nibelungenliedes. Was jedoch die Beschreibung des Donauraumes betrifft, wird hier die Dichtung Wahrheit. Die Orts- und Grenzangaben sind so präzise, daß niemand von Märchen und Sage sprechen kann. Für das „Heunenland" Etzels hat sich der anonyme Nibelungen Sänger den ungarischen Machtbereich der ersten Hälfte des 10. Jahrhunderts als Vorbild gewählt. Und da ist in dem seit der Schlacht von Preßburg unter ungarische Oberhoheit geratenen Land von blühenden Städten, funktionierenden Gemeinwesen und einem deutschen Markgrafen, Rüdiger von Bechelaren, die Rede. An der Enns beginnt seine Mark, und er steht im Dienste Etzels. Die Ungarn haben also das eroberte Land nicht selber besetzt, sie haben auch die zurückgebliebenen Siedler nicht vertrieben, sondern diesen Grenzraum einem bayerischen Adeligen als Lehnsmann zur Verwaltung anvertraut. Das eigentliche Heunenland begann erst weiter östlich, im Tullnerfeld. Rüdigers Mark entsprach also dem Raum, mit dem später Liutpald belehnt wurde. Und auch Liutpald dürfte zuerst, bis er die Grenzen der Mark immer weiter nach Osten verschob (bis zu den Ausläufern des Wienerwaldes bei Greifenstein), in Pöchlarn residiert haben. Auf ihrer Brautfahrt macht Krimhild jenseits der Enns in Melk beim Wirt Astold Station, ferner werden Mautern, die Traisen, Traismauer, Tulln, Wien und Hainburg erwähnt. Bevor sie jedoch die Enns überschritt, diese klassische Trennlinie, die auch zwischen 1945 und 1955 Demarkationslinie zwischen amerikanischer und sowjetischer Besatzungszone war, schlug die prächtige Reisegesellschaft „bi Ense uf daz velt" (bei Enns auf dem Feld) ihr Lager auf und erwartete dort die feierliche Begrüßung durch Rüdiger. Denn die Ennsburg, ursprünglich zur Abwehr der Ungarn erbaut, war nun ein Brückenkopf Rüdigers. Auch „bi Ense daz velt" gehörte noch zu Rüdigers Herrschaft: das Lorcher Feld, das Gelände des ehemaligen römischen Legionslagers Lauriacum, ein Platz, an dem man nicht nur ein, sondern fast zwei Jahrtausende auch heute noch mühelos erschauen kann; ein Ort, an dem aus römischer und bayerischer österreichische Geschichte wird. Und doch hat das alles nichts mit Museum zu tun. Wenn irgendwo im Donauraum ein optischer Beweis für die Kontinuität von der Römersiedlung über das Frühchristentum, die bayerische Besiedelung und die sich daraus langsam entwickelnde Selbständigkeit des Landes bis heute gebraucht wird, dann bietet er sich am klarsten und deutlichsten in der Lorcher St.-Laurenz-Basilika in Enns an. Von der Auseinandersetzung zwischen Heidentum und Christentum an der Donau erzählt der antike Steintrog, der in den Altar eingelassen ist: in diesem mächtigen Gefäß wurden zu frühchristlicher Zeit die Gebeine der 40 Märtyrer bestattet, die um 304 gemeinsam mit dem pensionierten hohen römischen Verwaltungsbeamten Florianus wegen ihres christlichen Glaubens getötet worden sind.

Nach den archäologischen Grabungen der sechziger Jahre liegt ein Teil der Fundamente der ursprünglichen Kirche offen da. Was heißt Kirche – hier haben die Reste eines Tempels und zweier Kirchen die Zeiten überdauert. Die rechteckige Cella des keltisch-römischen Tempels, des Hauptheiligtums der Legionsstadt, ist klar zu erkennen. Dahinter biegt sich das Halbrund der frühchristlichen Basilika, die um 350 entstanden ist (die Anlage eines raffinierten Heizungssystems zeigt an, daß auch damals für das Seelenheil nicht unbedingt mit kalten Füßen bezahlt werden mußte). Und schließlich schauen wir auch noch jene Kirche, die auf dem Lorcher Feld stand, als die Ungarn von hier aus westwärts stürmten: hinter der Apsis krümmen sich die viel gröberen Gemäuer eines karolingischen Umganges.

Die Steine in ihrer schönen Altersgrauheit verleihen dem flachen Film historischer Daten eine die Phantasie beflügelnde Dreidimensionalität – Jahrtausende zum Angreifen, (auch wenn es „Berühren verboten" heißt); die Bestätigung von Ewigkeitswerten, obwohl immer wieder Zerstörergeist die Oberhand behielt, zeitloses Gemäuer, das sich zwar genau datieren, aber alles Zeitliche grenzenlos erscheinen läßt. Und diese steinerne Uhr zeigt uns so manche entscheidende Stunde vorösterreichischer Historie an: Da ist einmal der römische Donaulimes als Bollwerk gegen die Germanen. Aus der Tempelarchitektur erahnt man die Vorgänger der Römer – die Kelten. Als verehrungswürdige Reste eines geistigen Ringens, das manchmal zu einer brutalen Schlächterei ausartete, blieben die Gebeine. Fortan erflehten an dieser Stelle Christen die himmlische Fürsprache der Märtyrer. Der frühchristliche Kirchenbau wurde zum Siegessymbol des neuen Glaubens. Eine Brandschicht, die die Archäologen um 450–453 beziffern, markiert ein Erdbeben, das die römische Welt erschütterte: die Hunnen. Doch die Basilika wurde wiederaufgebaut. Und wie ein menschlicher Stützpfeiler stemmte sich die mächtige Gestalt des heiligen Severin, dieses echten Volksführers und durch und durch politischen Menschen, gegen den Zerfall einer Gesellschaft, die durch den Zusammenbruch des Imperiums den Boden unter den Füßen verloren hatte. Das nächste Datum ist 488. Die romanische Bevölkerung gibt auf, zieht in einem großen Flüchtlingstreck nach Süden. Mit der Leiche Severins. Ob nicht trotz allem einige Christen in den Ruinen des Legionslagers und der Stadt überlebt haben? Zu jeder Flucht gehören auch die paar Unbeugsamen oder Dickschädeligen, die aus Trotz oder aus Angst oder nur aus Eigensinn zurückbleiben. Sie werden wohl auch dafür gesorgt haben, daß in der Kirche das ewige Licht nicht erlosch. Und dann kamen die Bayern. Um 550 reichte ihr Stammesland vom Lech bis zur Enns und von der Donau bis an den Rand der Alpen. Wo ein Ort auf -ing endet, weiß man, daß dort die Bayern die ersten Herdfeuer entzündet haben. In Lorch errichteten sie eine Herzogspfalz. Zwischen 620 und 639 ließ sich dort einer ihrer Herzöge als erster das Taufwasser über den Scheitel gießen, und sein Stamm folgte diesem Beispiel.

Dann löscht eine neue Brandschicht alles aus. Um 700 funktionierte der Vernichtungsmechanismus der tödlichen Ost-West-Bewegung im Donauraum neuerlich. Die Awaren verheerten das Land, die Bayern zogen sich zurück. In Lorch herrschte Schweigen – bis das große Feld an der Enns wieder einen Heerbann lockte. Vor seinem letzten entscheidenden Awarenfeldzug verbrachten Karl der Große und seine Krieger in Lorch drei Tage im Gebet. Und vermutlich auch in der neuen Kirche. Die Gläubigen zogen einer nach dem anderen durch den schmalen Umgang und blickten durch Wandöffnungen in den Altarraum, wo der Steinsarg mit den Reliquien unter einem Baldachin stand. (In der frühchristlichen Basilika bildete der Sarg den Altar – das ausgegrabene Fundament deckt sich genau mit den Maßen des Steingefäßes.)

Dafür, daß hundert Jahre später auch die Magyaren die Kirche niedergebrannt haben, fehlen die Anzeichen. Wüst gehaust werden sie in dem Gotteshaus wohl haben, aber anscheinend diente es auch während der Ungarnzeit seinem frommen Zweck. Und der auch im Nibelungenlied genannte ehrgeizige Bischof Pilgrim, der auf Grund der Lorcher Tradition mit Hilfe gefälschter Urkunden die Erhebung Passaus zum Erzbistum beanspruchte, hielt in der Basilika im Jahr 971, kurz vor dem ersten Auftreten der Babenberger, eine Kirchenversammlung ab. Trotz der stolzen spätantiken und karolingischen Vergangenheit Lorchs, mit der Pilgrim etwas zu geschickt operierte, blieb ihm das „Erz" vor seinem Titel versagt. Kaiser Otto II. verbot es Pilgrim auch, sich Lorch zur Residenz zu erwählen. Der Herr der Passauer Diözese muß sich bis heute mit dem „Bischof" begnügen, und um Lorch wurde es still. Die alte Kirche wurde abgerissen und gegen Ende des 13. Jahrhunderts eine neue, gotische errichtet. Die heiligen Gebeine gerieten in Vergessenheit; nur die zyklopischen Blöcke des Turms wagte niemand anzurühren. Vielleicht waren sie auch zu schwer und zu fest. So lastet dieser Turm in all seiner Wucht noch heute auf dem Ennsfeld, so wie ihn Römer dort einmal hingestellt hatten. Als sich das 18. Jahrhundert in einem neuen modischen Geschichtsbewußtsein anschickte, nach geeigneten Jubiläen zu suchen, wurde in Salzburg ein Millenium zelebriert, und auch in Kremsmünster. Lorch war jedoch nichts weiter als die Pfarrkirche von Enns, und alles, was da einmal geschehen war, schien nur Sage und Legende zu sein.[6]

„Il Giuseppe riconosciuto" („Der wiedererkannte Josef") hieß die Oper, die eigens für das Jubiläum von dem Kremsmünsterer Leiter der Stiftsmusik Pater Georg Pasterwiz komponiert worden war. Das biblische Libretto hatte der berühmte Hofpoet Pietro Metastasio verfaßt. Die Aufführung am Nachmittag des 8. September 1777 erntete viel

Beifall. Vom päpstlichen Nuntius wurde berichtet, daß er besonders wohlgefällig die korrekte italienische Aussprache der Sänger registrierte. Das Kremsmünstersche Festen dauerte vom 6. zum 14. September. Papst Pius VI. hatte einen Ablaß gewährt, und innerhalb einer Woche wurden in der Kirche 1110 Messen gelesen und mehr als 40.000 Kommunionen gespendet. Neben dem Nuntius waren die Äbte von Niederaltaich, Admont, St. Peter in Salzburg, von Seitenstetten, Lambach, Engelszell, von Garsten, Heiligenkreuz, von Gleink, Mariazell, Mondsee und der Probst von St. Florian zum Münster über der Krems gepilgert. An der Tafel der hohen Herren erklangen Sinfonien und Serenaden, gelehrte Disputationen wurden abgehalten, die Kirche erstrahlte in frischem Glanz, und an jedem Abend der Jubelfeier sangen im Wechselsang des Te Deum die Mönche ihre Verse im gregorianischen Choral, während von Chor und Musikern mit Pauken und Trompetenbegleitung die mehrstimmige Antwort erscholl. Eine festliche Prozession beschloß diesen Fest-Marathon, und ein Jahr später erschien in Linz aus der Hand Pater Beda Planks das Buch zum Fest: „Die Jubelfeyer des tausendjährigen Kremsmünsters, Benediktinerstiftes in Oberösterreich, welche in der Stiftskirche desselben in dem tausendsten Jahre 1777 auf das froheste gehalten worden."[7]

Die barocke Behäbigkeit dieser Sprache atmet auch aus den langgestreckten vielfenstrigen Fassaden des Klosterkomplexes mit seinem System von Höfen, die einerseits herrschaftlicher Repräsentation Raum gaben, anderseits klösterlicher Beschaulichkeit; – vielfach dienten sie auch nur einem wirtschaftlichen Zweck. Die Schönheit wurde selbst im Arbeitsbereich nie außer acht gelassen. Den Ökonomiebau, der im Grunde ein übergroßer oberösterreichischer Vierkanthof ist, hat Jakob Prandtauer entworfen. Und im Säulenwald des Fischbehälters sprudelt, rauscht und plätschert es, als sei diese angenehme Kühle verbreitende Atmosphäre nur für sommerliche Rekreationsspaziergänge des Abtes konstruiert worden – und nicht, um fetten Karpfen die nötige Frische zu erhalten. Dem wissenschaftlichen Höhenflug benediktinischen Gelehrtengeistes ist die 1748 erbaute Sternwarte zu verdanken – das erste Hochhaus Europas. Und selbst die freigelegte romanische Apsis der Kirche sowie die spätromanischen Portale und Kapellen lassen in diesem geistlichen Barockpalast kaum mittelalterliche Stimmung aufkommen. Trotzdem ist dieses „vor tausend Jahren" mehr als Erinnerung – in Kremsmünster nun schon ein „vor 1200 Jahren". Eines Klostergründers oder -stifters wird überall würdig gedacht. Wenn in Kremsmünster jedoch am 11. Dezember der Todestag des Bayernherzogs Tassilo begangen wird, singt beim Trauergottesdienst der Diakon das Evangelium aus einem Buch, das zu Tassilos Zeiten geschrieben wurde, aus dem berühmten Codex Milenarius. Den berühmten Kelch, der während der Verlesung der Gründungsurkunde im Refektorium auf einem Ehrenplatz steht, haben wahrscheinlich Tassilo und seine langobardische Braut Liutpurg bei ihrer Hochzeit an die Lippen geführt. Die beiden kupfernen Leuchter aber, die den Kelch flankieren, sind nichts anderes als das umgearbeitete Zepter Tassilos. Bei der Konzelebration am Gründonnerstag geht der Kelch von Mund zu Mund. Und bei der Abtwahl verwandelt er sich in eine unbezahlbare Wahlurne.

„Der Tassilokelch – Kupfer, teilweise vergoldet und nielliert, Höhe 25 cm, Süddeutschland, vielleicht Salzburg, um 780", heißt es in der Kunstgeschichte. Den Kremsmünsterer Patres ist er der wertvollste und in jeder Hinsicht teuerste Besitz, den Bayern ein Nationalheiligtum, dem österreichischen Staat bei Weltausstellungen und ähnlichen Repräsentationsveranstaltungen mindestens so gewichtig wie die Venus von Willendorf. Als Kaiser Josef II. das Klostersilber kassierte, wurde der Kelch nur auf 5 Gulden, 34 Kreuzer geschätzt, das war der bloße Materialwert. Das Kloster konnte ihn zurückkaufen. So wurde er gerettet.

Der Meister, der den Kelch verfertigt hat, verzichtete darauf, seinen Namen einzuritzen. Die Wissenschaftler glauben, daß er, wie so viele Träger der damaligen Mönchskultur, aus Irland oder England gekommen ist. Was sich jedoch nicht hinter Anonymität verbergen kann, ist der Glaube des Künstlers: dieses Christusantlitz auf der Kuppa mit seinen dunklen tiefen Augen voller Milde und Melancholie, mit dem schmerzlichen Zug um den Mund, der alles Wissen um Kreuz und Welttragödie verrät. Der königliche Dulder zwischen dem Alpha und dem Omega vermittelt jedoch auch jene innere Stärke, die die Missionare in den norischen und pannonischen Wildnissen brauchten. Und für die Menschen, die auf alle Fragen nur eine Antwort wußten – nämlich Gott –, wurde dieses Abbild zum Spiegel. Und doch ist dieser Christus ein Ausländer. Er und die Heiligen am Sockel des Kelches, wie auch diese etwas derbe Maria (das älteste Gottesmutter-Porträt nördlich der Alpen) haben ihre erstarrte Frömmigkeit von Byzanz geerbt. Vielleicht hat man sich damals den Himmel in dieser strengen steifen Förmlichkeit gedacht, wie sie im Zweiten Rom am Bosporus Gesetz, Etikette und künstlerischer Wille war. Oder haben die Stille und die Unendlichkeit der Wälder zu diesem Stil verführt? Oder meinen diese unbewegten, in entblößender Frontalität dargebotenen Gesichter das direkte Aufeinanderprallen von Menschlichem und Göttlichem, das in dieser fernen Zeit alltäglich und selbstverständlich war?

Doch dieser Kosmos absoluter Gläubigkeit ist dem Heidentum mit seinen Göttern und Dämonen noch viel zu nahe, als daß christliche Deutungsversuche ausreichten. Aus dem vergoldeten Rankenwerk grinsen einen verschlungene Fabelwesen an, wie sie Germanen und Thraker, Skythen und Ungarn in ihre Trinkgefäße, in die Beschläge ihrer Satteltaschen oder in Schmuckplatten gezeichnet haben. Sind diese Tiergeister von früher nur da, weil sie dem Kreuz unterlegen sind, oder hat man sie als eine Art Rückversicherung auf diese Weise „domestiziert"? Was sie bedeuten? Wahrscheinlich haben sich auch die ersten Benützer des Kelches darüber nicht viele Gedanken gemacht. Pankraz Stollenmayer, der Kremsmünsterer Kunsthistoriker, der sich wie kein anderer mit dem Kelch beschäftigt hat, entdeckte noch eine andere Symbolik, die dem Christentum eher fremd ist. Die Harmonie des Kelches beruht auf der Zahl Neun: neun Bilder – Christus und die vier Evangelisten auf der Schale, vier Heiligenbilder am Fuß. In neun Felder ist der Nodus, der Knauf des Kelches, untergeteilt. Statt der aus dem semitischen Bereich ins Christentum übertragenen heiligen Sieben-Zahl hat hier die von Germanen, Griechen, Römern usw. bevorzugte Neun Vorrang.

Der Tassilo-Kelch ist ein christliches Opfergefäß, seine Zahlenmystik eröffnet jedoch das heidnische Unterbewußtsein seines frommen Gestalters. Und wie die Tierfiguren, so umranken auch dunkle Geschichten diese königliche Schale. Denn durch seine Inschrift gerät der Kelch wieder auf eine sehr menschliche Ebene: „Tassilo dux fortis – Liutpirc virga regalis" („Tassilo starker Herzog – Liutpirc aus königlichem Sproß"). Diese Buchstaben wurden vermutlich bei der Hochzeit des Bayernherzogs mit der langobardischen Königstochter Liutpirc ins Metall gegraben.

Das war zwischen 764 und 768. Drei Jahre später stand Karl der Große als alleiniger Herrscher an der Spitze des Frankenreiches. Und langsam brach er die Macht aller anderen deutschen Stämme. Nur im Südosten verteidigte Tassilo die bayerische Selbständigkeit gegen die übermächtige Reichsidee – ein Vorgang, der sich in der Geschichte immer von neuem wiederholen sollte. Um sich zu halten, mußte Tassilo auch eine kluge Bündnispolitik betreiben. Dazu gehörte die Ehe mit der langobardischen Prinzessin. Zur Festigung seiner Herrschaft dienten auch seine Klostergründungen – 769 zu Innichen am Toblacher Feld und acht Jahre danach zu Kremsmünster. Tassilos Klöster fügten sich damals schon in eine ausgebildete bayerische Kirchenorganisation und in ein Netz von monastischen Zentren in dem Raum, der heute Österreich ist. In den Ruinen des römischen Juvavum – und aller Wahrscheinlichkeit nach lebten dort auch noch Reste der romanischen Bevölkerung – hatte Bischof Rupert schon 696 die Abtei St. Peter in Salzburg erstehen lassen und als Pendant dazu auf dem Nonnberg ein Frauenkloster eingerichtet (die beiden ältesten Klöster Österreichs, und beide haben noch Bestand). Mönche beteten und arbeiteten bereits auch in Mattsee und in Mondsee, und zu Tassilos Zeiten konkurrierten einander vier bayerische Bistümer im Kampf um Seelen und Besitzungen: Salzburg, Regensburg, Freising und Passau. Im Südtiroler Bereich residierte der Bischof von Säben, dessen Nachfolge in späteren Jahrhunderten Brixen angetreten hat.

„. . . um die Wohnung des Teufels zu vermeiden und eine Wohnung bei Christus mir zu verdienen, darum habe ich, Tassilo, erlauchter Herzog der Baiern im 30. Jahr meiner Regierung, in der ersten Indiktion, im Geiste erwogen, daß ich von dem, was mir der Herr gnädig gegeben hat, auch meinerseits etwas Gott übergebe. Denn meine Vorfahren seligen Angedenkens haben nach Kräften ihre Habe Gott geweiht; sie haben Kirchen gegründet und sie mit ihren Mitteln ausgestattet; sie waren auch bestrebt, Klöster zu gründen, wobei sie ihnen nicht geringe Mittel übertrugen. So habe denn auch ich in meinem Geiste beschlossen, unter dem höchsten Schutz Jesu Christi, des Herrn, in Seinem Namen ein Kloster zu stiften, was auch mit seiner Hilfe also geschehen ist. Denn ich habe an dem Fluß, der Chremsa heißt, ein Kloster gegründet zu Ehren des heiligen Erlöser und habe es so Gott geweiht . . ."[8]

Drei Bischöfe (darunter Virgil von Salzburg, der drei Jahre vorher die Weihe des ersten Salzburger Domes vollzogen hatte) und fünf Äbte werden in der Kremsmünsterer Gründungsurkunde aufgezählt. Das Original ist zwar nicht erhalten und die vorhandene Fassung dürfte eine spätere Rekonstruktion sein, aber das Pergament zeigt sich in seinen Formulierungen typisch für die Geisteshaltung der Zeit. Sosehr sich Tassilo jedoch bemühte, sich durch Wohlverhalten gegenüber seinen Klöstern geistlich abzusichern, die weltliche Macht Karls des Großen war stärker. Tassilo wurde mehrmals der Untreue und des Verrats geziehen. Der karolingische Zentralismus konnte die bayerische Unabhängigkeit einfach nicht dulden. Und aufrechte Bayern werden bei der Geschichte von Tassilo und Karl die Franken mit den Preußen gleichsetzen, Erinnerungen aus der jüngeren Geschichte aufwärmen und für Tassilo wärmstes Mitgefühl empfinden. Wie auch die Kremsmünsterer Patres eindeutig für ihren Stifter Partei nehmen. „Wir kennen den ganzen Konflikt nur aus fränkischen Quellen", sagt der Historiker und Handschriftenkundler des Stiftes, Pater Willibrord Neumüller. „Das ist so, als ob wir den Anschluß 1938 nur auf Grund nazistischer Schriften beurteilen müßten."[9] An das Wort „Anschluß" muß man auch denken, wenn man moderne Parallelen zieht. Karl der Große hat Bayern „heim ins Reich" geführt. Ein Teil des bayerischen Adels war schon vorher von Tassilo abgefallen und hatte sich auf die Seite des Stärkeren geschlagen. Auch für die deutschnationale Geschichtsschreibung war Tassilos Fall klar: ein Verrat am Einheitsgedanken; statt der großen Idee zu dienen, stellte Tassilo seine „kleinlichen" Selbständigkeitsbestrebungen über den Imperativ des Reiches.

Es war ein Hin und Her – Tassilo unterwarf sich, aber er weigerte sich dann dennoch, Karl zu gehorchen. Er tat einen Kniefall vor ihm, schwor den Vasalleneid und brachte ihm sein Zepter dar. Der Frankenkönig gab es ihm zurück, als Zeichen dafür, daß Tassilo Bayern nun als Lehen erhalten habe. Doch war Tassilos Unterwerfung nur äußerlich. Er rüstete zur letzten Auseinandersetzung und verlagerte deshalb seine „Kroninsignien" in die südöstlichste Ecke des Landes, dorthin, wo sie am ehesten vor dem Zugriff der Franken sicher waren: nach Kremsmünster. Der Kelch wurde dem Abt – es ist Fater, der ehemalige Hofkaplan und Vertraute Tassilos – anvertraut, und auch das Zepter. Denn weder der Kelch – „die ewige Erinnerung an das Bündnis zwischen dem langobardischen Königreich und dem bayerischen Herzogtum gegen das fränkische Westreich" (Stollenmayer) – noch der Ahnenstab, das Zepter, sollten jemals Beute des Feindes werden. Der Kelch wurde zum Kultgegenstand, er wurde beim Gottesdienst verwendet und war so vor Karls Zugriff sicher. Das Zepter aber – und das ist Pankraz Stollenmayers kühne Theorie – ließ Tassilo in Kremsmünster in aller Eile zu einem Leuchterpaar umarbeiten.

Für Pater Pankraz hatten die Leuchter immer schon eine Aura des Geheimnisvollen. Sie waren ein Paar, aber sie stimmten nicht genau miteinander überein. Auch das Material, reich vergoldetes Rotkupfer, mit Niello-Silber verziert, ist zu kostbar und nützt sich zu sehr ab, als daß man es von vornherein für einen Leuchter verwendet hätte. Schließlich vermitteln auch die Tierranken an den Schäften den Eindruck einer gewissen Unregelmäßigkeit, einer anderen Bestimmung. Pater Pankraz Stollenmayer zerlegte die Leuchter und konnte nun auch auf Grund von handwerklichen Einzelheiten feststellen, daß sie nicht wie gewöhnliche Leuchter verfertigt worden waren. Überzeugend und beeindruckend belegt der Forscher seine These, die sich auch lückenlos in dieses bayerisch-fränkische Spiel der Mächtigen fügt: der Ahnenstab, der die Herrschaft der Agilofinger über Bayern symbolisierte, sollte von den Franken nie mehr als Zeichen ihrer Oberhoheit über das Land mißbraucht werden.[10]

Tassilo wußte, was er tat. Ein Jahr später brachte man ihn mit Gewalt vor den Reichstag zu Ingelheim und klagte ihn des Verrates an. Die Großen des Reiches verurteilten ihn zum Tode. Karl begnadigte ihn. In den Lorscher Annalen, die den fränkischen Standpunkt vertreten, heißt es, „aus Mitleid und Gottesliebe und weil der Verurteilte sein Verwandter ist". Nach der gleichen Quelle durfte sich Tassilo sein Urteil selber sprechen: „Der bittet selber, daß er sich zum Mönch scheren lassen und in ein Kloster eintreten dürfe, um für seine großen Sünden Buße zu tun und seine Seele zu retten."[11] Zu deutsch heißt das Klosterhaft. Auch seine Söhne und seine streitbare Frau werden auf die gleiche Weise eingesperrt und unschädlich gemacht. Aber Tassilo muß noch immer Anhänger gehabt und auch nach der Stunde seiner tiefsten Demütigung allein schon durch sein Weiterleben für Karl eine Gefahr dargestellt haben. Als sich der heute zu Musical-Ehren gelangte uneheliche Sohn Karls, Pippin, 792 gegen seinen Vater erhob, wurde Tassilo der Mitverschwörung verdächtigt und noch einmal vor eine Reichsversammlung zitiert, um Selbstkritik zu üben.

Um 796 starb Tassilo fern seiner bayerischen Heimat in einem Kloster in Frankreich.

In seinem Lieblingskloster Kremsmünster lebt er jedoch weiter, und der Kelch und die Leuchter sind auf einmal ganz etwas anderes als nur kunsthistorische Raritäten und unbezahlbare Antiquitäten. Sie sind Requisiten einer Tragödie, die Shakespeare, wenn er Bayer gewesen wäre, sicher zu einem gewaltigen Königsdrama geformt hätte.

Was aber hat, außer den örtlichen Bezügen auf Kremsmünster, dieses Ringen um Bayern mit Österreich zu tun? Der Gegensatz zwischen Bayern und der jeweiligen zentralen Gewalt im Reiche – wenn eine bestand – wurde zum Dauerzustand. Und damit ein zu starkes Bayern nicht immer wieder auftrumpfte, forderte eine geschickte Reichspolitik die Entstehung einer konkurrierenden Territorialmacht an der Ostgrenze geradezu heraus. Dieses Österreich des 10. und 11. Jahrhunderts mußte einfach größer werden, damit Bayern nicht zu groß wurde.

Kremsmünster überstand die Katastrophe seines Stifters überraschend unbeschadet. Karl erhob das Herzogskloster zur Königsabtei. Und von der Beständigkeit klösterlichen Besitzes spricht auch der Pfarrbereich, der mit Priestern aus Kremsmünster besetzt ist: ein geschlossenes Gebiet von 26 Stiftspfarren, in denen 34 Patres wirken. Fast alle Pfarren Tassilos sind Schenkungen. Der Herzog vor 1200 Jahren hatte, wie alle anderen Klostergründer auch, gut für seine Mönche gesorgt. Sie waren so beteilt worden, daß sie ein autarkes Wirtschaftsunternehmen bildeten. Aus den Gründungsurkunden wie der Kremsmünsterer entnimmt man so manches über das andere Leben, das nichts oder nur wenig mit den Taten und Untaten, dem Zwist und Hader der Könige und Fürsten gemein hatte. Es bestand vielmehr aus den Leuten unter der Grundherrschaft, aus Leibeigenen, fremden Sklaven, verschiedenen Spezialisten, Handwerkern usw. In Tassilos Geschenkkorb für Kremsmünster liegt auch eine Saline beim Sulzibach, samt den drei Leuten, die dort wohnen und Salz sieden, ein Wald- und Weidegebiet mit Namen Petinbach bis zum Hochgebirge, „damit sie dort zu ihrem Nutzen Vieh weiden können", Weingärten bei Ascha und bei Raotula mitsamt den Weinbauern, weiters zwei Bienenzüchter und sechs Handwerker, und bei den Feldern des Alboni zwei Fischer. Und dazu kommen Häuser und Höfe, Knechte und Mägde und zinspflichtige Leute, Felder, Wiesen und noch mehr Weiden, Wald und Wasserläufe und was noch alles nötig ist, um Gott zu dienen und dabei vor lauter materiellen Sorgen den Himmel nicht zu vergessen.[12]

In diesen Schenkungsbriefen wird die Welt vor tausend und mehr Jahren erdiger, bodennäher, da gibt es auf einmal auch Menschen mit schmutzigen Händen und ein ganz gewöhnliches Leben, in dem das Kalben einer Kuh oder das Schwärmen der Bienen oder die Güte des Getreides mehr wiegen als Stammeskämpfe und Fürstenränke. Sobald die Historiker aber über Geschäfts- und Handelsgepflogenheiten dieser Epoche sinnieren, müssen sie immer wieder zu einem einmaligen Dokument greifen: zur Raffelstettener Zollordnung.

Raffelstetten – man kommt in keinem Geschichtsbuch darüber hinweg, aber an dem Ort kommt man kaum vorbei. Man muß ihn suchen, obwohl er in einer überaus fündigen Gegend liegt. Enns ist nahe und die Mündung der Enns in die Donau, St. Florian, die Westbahn mit dem Bahnhof Asten; und wenn der Schranken offen ist, gelangt man auch hinüber nach Raffelstetten. Welche Wirklichkeit verbirgt sich hinter einem solchen papierenen, oder besser pergamentenen Begriff? Raffelstetten ist nicht einmal ein Dorf. Die Häuser verlieren sich in Obstgärten, die früher einmal

Donauauen waren. Der Auwald ist noch immer nahe, und auch ein stiller Seitenarm, neben dem Fischer ihre Autos geparkt haben. Nicht direkt am Wasser, im Raffelstettner Hof, weiß man, wie eine „geschmackige" Sulz hausgemacht wird – und warum Raffelstetten in so vielen gelehrten Büchern steht. Der Wirt holt unter der Theke eine Mappe hervor: ein paar Schreibmaschinenseiten, die Fotokopie einer Urkunde, ein lateinischer und ein deutscher Text nebeneinander, eine gezeichnete Kartenskizze der Donau zwischen Passau und Mautern. Ein Linzer Finanzbeamter hat das älteste Zeugnis zöllnerischen Eifers in unserem Raum für ein breiteres Publikum aufbereitet und am Ort der Handlung deponiert. „Zur Donau muß man heut' mindestens eine Stunde lang gehen", sagt der Wirt. Damals, zwischen 903 und 905, war Raffelstetten Mautort, damals lag es an jenem Stromarm, den die Schiffe durchpflügten.

„. . . und dem Markgrafen Aribo geboten, mit den Richtern der östlichen Gebiete die Zollrechte festzustellen und den Zollsatz zu erforschen." Die Urkunde will also im donauländischen Zollgebiet Ordnung schaffen, die durchreisenden Bayern vor ungerechten Gebühren schützen und im Namen König Ludwigs des Kindes ein für allemal festlegen, wo wer für was wieviel an Maut zu zahlen hat. Aus diesem Grunde trat in Raffelstetten eine Kommission unter Vorsitz des fränkischen Markgrafen zusammen und verfaßte ein Protokoll, das Gesetzeskraft erlangte. In einem Passauer Traditionsbuch wurde eine Abschrift entdeckt, heute liegt sie wie so manche bedeutende Urkunde aus Österreichs Frühgeschichte im Münchener Staatsarchiv. Für die Nachwelt wurde diese Zollordnung jedoch so etwas wie eine Reportage über Handel und Wandel an und auf der Donau. Denn mit so banalem weltlichen Treiben beschäftigten sich die klösterlichen Geschichtsschreiber nur in den seltensten Fällen. Warum hätte ein Chronist der Könige und Kaiser auch die aus dem Passauer Wald in Richtung Linz fahrenden Schiffe notieren sollen? Und daß sie drei Scheffel Salz als Maut zu entrichten hatten? Das Raffelstettener Dokument hat das jedoch alles überliefert: daß ein Bayer zum Beispiel, der „sein Salz zum eigenen Haus bringen will", vom Zoll befreit ist. Und dann findet sich eine Bestimmung, die auch heute in den meisten Zollordnungen Geltung hat: „Wenn ein freier Mann diesen rechtmäßigen Markt übergehen sollte, ohne dort etwas zu zahlen oder zu erklären und er dann überführt wird, soll ihm das Schiff samt Ladung weggenommen werden" – also im Fall des Ertapptwerdens Beschlagnahme des Schmuggelgutes samt dem Transportfahrzeug. Auch der Straßenverkehr wird „zollamtlich" geregelt. Die Salzwagen, die über die Donau setzen, brauchen nur einen vollen Scheffel zu berappen.

Das nächste Kapitel ist dem Fernhandel gewidmet. Da kommen Slawen aus dem Rugiland – gemeint ist Rußland oder Polen – oder aus Böhmen. Sie bringen auf Maultieren Bienenwachs und liefern davon zwei kleine Maß ab, und von der Traglast eines Menschen ein kleines Maß. Weiter heißt es: „Wenn sie jedoch Sklaven oder Pferde verkaufen wollen, dann zahlen sie von einer Magd zehn Pfennige, ebensoviel von einem Hengst, von einem Knecht oder einer Stute eineinhalb Pfennige." Dann werden noch die Salzschiffe erwähnt, die „drei Menschen bedienen", und schließlich kommt der Handel mit den Mährern dran – das Großmährische Reich existierte noch, und der bevorzugte Handelsplatz der Mährer mit den Bayern an der Donau dürfte in der Gegend von Krems zu suchen sein. Und zum Schluß werden die Juden angeführt, die vor allem mit heidnischen Sklaven handelten: „Die rechten Kaufleute, das sind Juden und andere Kaufleute, von woher sie auch immer kommen mögen, sollen den rechten Zoll zahlen, sowohl von den Sklaven als auch von den anderen Waren, wie er immer zu Zeiten der früheren Könige bestanden hat."[13]

Wertigkeiten, Prioritäten, Transportverhältnisse, Bevölkerungsstruktur – die Raffelstettener Zollordnung wird dafür immer wieder Studienobjekt sein. Was zählte damals auf der Donau? Der Westen, das bayerische Land, lieferte Salz, der Osten bot jedoch Pferde, Sklaven, Honig und Wachs an. Das Händlervolk war bunt gemischt, wirklich international. Und der Menschenhandel schien in voller Blüte zu stehen. Junge Frauen und Mädchen waren besonders begehrt und wurden, gleich einem Hengst, siebenmal so hoch wie ein Mann eingeschätzt. Die Donauschiffe waren eher klein – denn laut Zollordnung genügten drei Leute zu ihrer Bemannung. Auf dem Landweg konnte man Salzwagen begegnen oder kleinen Karawanen mit Saumpferden oder Maultieren, oder menschlichen Trägern (die Pferdelast lag zwischen 140 und 170 Kilogramm, der Mensch trug 80 Kilogramm).[14]

Zum letztenmal begegnen wir hier der friedlichen Welt unmittelbar vor dem großen Ungarneinfall. Und wir treffen auch noch auf eine andere wesentliche Kraft, die von Anfang an am Werden Österreichs ihren Anteil hat, direkt oder indirekt, positiv oder negativ: die Slawen. Unzählige Ortsnamen weisen auf slawische Siedlungen hin. Auch die Urkunden aus karolingischer und ottonischer Zeit nennen immer wieder slawische Siedler. So ist im Kremsmünsterer Stifterbrief von einem „Slavenbezirk" die Rede, den das Kloster mit allen „öffentlichen Diensten und rechtmäßigen Abgaben" vom Herzog geschenkt erhält. Unter manchem Dokument über die Weitergabe von Grund und Herrschaften stehen neben bayerischen Namen auch slawische. Und die Slawen werden als gleichberechtigt mit den bayerischen Edlen behandelt. Eine der geistigen Aufgaben der in die Mark vorgeschobenen Klöster war die Slawenmission. Und so wie es überaus österreichisch ist, daß am Beginn unserer Geschichte die Ungarn stehen, so paßt auch dieser slawische Untergrund der karolingischen und luitpoldingischen Mark zum Wesen dieses Landes. Aus den Grabenkämpfen des Nationalitätenstreites im 19. Jahrhundert sind jedoch viele Komplexe und Vorurteile zurückgeblieben. Und ganze Generationen von Historikern auf beiden Seiten fühlten sich bemüßigt, die Beziehungen zwischen Deutschen und Slawen nur aus einer Entweder-Oder-Perspektive zu betrachten oder ihre Forschungen tagespolitischen Zwängen unterzuordnen. Im Kärntner Ortstafelstreit wurde diese verklemmte nationale Problematik noch einmal aktuell. Und immer wieder waren die Vorkämpfer einer einseitig orientierten Geschichtsschreibung dafür blind, daß das sogenannte „Österreichische" ja eben dieses durch slawische und magyarische Einflüsse entschärfte, gemilderte und etwas verfremdete Deutschtum der Bewohner der Alpen- und Donauregionen ist.

Ein Brünner Wissenschaftler, Lubomír Havlík, meint, daß „die karolingische Mark im 9. Jahrhundert im Grunde ein slawisches Land war und von dieser Zeit erst nach und nach ihren bayerischen Charakter bekam ... Schriftliche Quellen bezeugen, daß die Slawen im Gebiet der Mark resp. in Österreich gesellschaftlich vollkommen gleichberechtigt mit den neu hinzugekommenen Bayern und anderer Bevölkerung lebten, im Verlaufe der Zeit in ihnen jedoch aufgingen, bis als einzige Zeugen ihrer Existenz nur schriftliche Quellen, archäologische Funde und Ortsnamen blieben."[15]

Daß Gars am Kamp seinen Namen von dem slawischen Eigennamen „goriza" oder „gorek" hat, lernen dort schon die Schulkinder. Auch die „Schanze" oben am Berg von Thunau gegenüber dem Burgberg mit der Babenberger-Ruine gehört eindeutig den Slawen: dort oben sind seit 1964 Sommer für Sommer die Archäologen am Werk. Ihr Spaten bestätigte, was man vorher schon aus dem Gelände ablesen konnte – daß hier eine stattliche Wallburg das Kamptal und den Saumweg nach Böhmen hinauf bewacht hatte.

„Mit diesen Granolitplatten waren die Grabhügel verkleidet." Herwig Friesinger, der Ausgräber der Garser Schanze, führt in den Wald hinein. Die hellen Steine rechts und links vom Weg wirken so neu und frisch, als ob sie erst jetzt und nicht vor mehr als tausend Jahren gebrochen worden wären. Ein paar Unebenheiten im Gelände markieren noch ungeöffnete Gräber. Die Bauern aus der Umgebung holen sich die Platten zum Wegpflastern. Das gleiche Material hatten die slawischen Festungsbauer auch für die Blendmauern ihrer Wallanlage verwendet. Die eigentliche Konstruktion besteht aus einem Holzblockbau, der mit Erde und Steinen gefüllt wird – die typische slawische Bauweise. Doch ein solcher Wall ist verwundbar. Der Feind braucht nur Reisigbüschel anzuzünden, und schon steht die ganze Burg in Flammen. Deshalb wurde der Wall außen mit Steinen verblendet – ein wenig spielte dabei auch die psychische Wirkung eine Rolle, der Schein –, denn so dräute der Wall viel stärker und uneinnehmbarer. Herwig Friesinger glaubt in diesem hellen Gestein auch eine Erklärung für die „weißen Burgen" in Mähren gefunden zu haben, von denen arabische Reisende im frühen Mittelalter erzählten.[16]

Die Bäume treten auseinander, eine weite, halbkreisförmige Fläche tut sich auf. Früher wurde hier meist Getreide gepflanzt, obwohl ringsum Wald war. Warum? Weil durch die uralte menschliche Siedlung hier der Boden nahrhafter und kräftiger ist und so einen besseren Ernteertrag sicherte. Da ist er, der Wall, und auch der Einschnitt des einen Tores. Und der alte Weg. Er war so angelegt, daß jeder Fremde mit der schildabgewandten Seite, also mit seiner rechten, der Schwertseite, zum Wall gelangte. Unter den Augen der Verteidiger, denen auf diese Weise weder Bewaffnung noch Absichten des Kommenden verborgen blieben. In der Mitte des Tores aber haben die drei hölzernen Pfosten des Torturmes, in dessen Einfahrt ein einachsiger Wagen knapp Platz hatte, ihre Abdrücke hinterlassen. An der Innenseite dieser tausendjährigen Zufluchtstätte sind noch ein paar Grabungsstellen offen (Friesinger: „Wir schütten so viel wie möglich wieder zu, weil wir auf die Grundeigentümer Rücksicht nehmen müssen. Das Gelände hier wird gerade aufgeforstet."). Der Archäologe macht auf die unterschiedliche Färbung des Bodens aufmerksam – dort das normale lehmige Gelbbraun, und hier fast ein ins Schwarze gehender Grauton. „Das ist das typische Zeichen für eine menschliche Siedlung." Denn an die Innenwand des Walls waren kleine Häuser geschmiegt – man denkt gleich an die Alchimistengasse auf dem Prager Hradschin mit ihren an die Burgmauer geklebten Häuschen. Das Leben von damals wird spürbar: Tierknochen, die Spuren von Backöfen und Feuerstellen, Gefäße mit verbrannten Speiseresten, Getreidekrüge, Schmelzöfen, Schlacke, Werkzeug, halbfertige Metallprodukte, Zeichen für eine Eisenerzeugung in Form einer Hausindustrie, so wie es Mao seine Chinesen gelehrt hatte, als er den „großen Sprung nach vorn" schaffen wollte.

Die Burg nimmt auf einmal konkrete Gestalt an, das große Areal zwischen den Wällen belebt sich. Vier Meter hoch waren die Befestigungen. Geschickt hatte man den Steilabfall des Berges in das System einbezogen. Auf zwei Seiten öffneten sich Tore.

Die Häuser duckten sich kasemattenartig in den Schatten des Walls. In der Mitte blieb jedoch eine große freie Fläche offen für die Bevölkerung aus der Umgebung, die in Notzeiten mit Sack und Pack in die Burg flüchtete. Die Stammbewohner dürften jedoch bereits eine Art vorstädtisches Leben geführt haben. Mit Handwerkern und Läden und anderem Gewerbe, das in der Sicherheit des Walles gedieh.

Die ordnende Kraft dahinter, der geschichtliche Zwang, der einen solchen festen Platz werden ließ? Herwig Friesinger gebraucht das Fachwort vom „Siedlungsreizpunkt". Ein Blick ins Tal wird zum politischen Geographieunterricht: an einer Engstelle des Kamps war hier eine wichtige Furt. Der alte Handelsweg von Böhmen hinunter zur Donau benützte diese Passage. Da war es gut, oben am Berg zu sitzen und von dort aus alles, was im Tal geschah, unter Kontrolle zu halten. Immer schon. Denn die ältesten Kleinfunde auf der Schanze sind jungsteinzeitlich. Der erste Wall wurde hier schon zur Zeit der Urnenfelderkultur (1000 bis 1100 vor Christus) aufgeworfen. Die nächste Zeitmarke hinterließen die Germanen: im 5. Jahrhundert nach Christus stand im Wallbereich ein germanisches Haus. Im 9. Jahrhundert wuchs dann ein erster kleiner slawischer Wall. Seine Erbauer wurden in dem Gräberfeld beigesetzt. Diese Bestattungsart zeugt für die heidnischen Sitten der Slawen; aber Friesinger grub dort ein kleines Bleikreuz mit Corpus aus – das typische Taufgeschenk fränkischer Missionare. (Einige ähnliche Stücke aus der gleichen Pressung wurden auch in Mähren gefunden.) Spätere Zeiten machten dann einen festeren und besseren Wall vonnöten. Ungefähr um 900 – als die Ungarn gefährlich wurden – begannen die Slawen mit den großen Umbauten. Ohne Rücksicht auf das Gräberfeld wurde der Wall erweitert – zu einer Festung, die 2000 bis 3000 Leuten Schutz bieten konnte. Und die Burg von Thunau war nicht die einzige: Nicht weit von Eggenburg harrt ein ähnlicher Bau der Ausgrabung. So zog sich eine Kette von Burgen durch das Land – meist in Sichtweite voneinander. Diese Verteidigungsorganisation spricht jedoch auch für eine starke Führung und ein wohlausgebildetes slawisches Gemeinwesen. Friesinger: „Um eine solche Anlage zu bauen, bedarf es einer bedeutenden Persönlichkeit, die so etwas anschaffen kann." Der Archäologe glaubt auch den Namen dieser Persönlichkeit zu kennen: Joseph.

Sein Grab ist unbekannt. Sein Haus? Auf der Schanze hat sich bis jetzt keiner der Umrisse im Boden durch besondere Größe als Behausung eines Fürsten ausgezeichnet. Wir wissen nur, daß es ihn gegeben hat, daß er gelebt hat, dieser Joseph, und daß er ein „vir venerabilis" war, ein angesehener Mann. Denn so steht's in der Urkunde, die uns diesen Dialog mit Joseph erlaubt. Um 900 hat ebendieser christliche slawische Adelige Joseph am „Beheimsteig", an der Böhmischen Straße, beim Bache „Stivina" (Stiefern) dem bayerischen Hochstift Freising ein Gut geschenkt. Auch einige Freunde Josephs sind uns auf diese Weise übermittelt worden. Sie haben nämlich als Zeugen unterschrieben: Prosilo, Pelo, Zeman, Protimir, Josef und Tribag.[17]

Die Schenkung spricht dafür, daß Joseph ein reicher Mann war, der es sich leisten konnte, die Kirche mit einem Grundstück zu bedenken. Stiefern liegt nicht weit von Gars. Der „Beheimsteig" wird von der Schanze aus geschützt. Der Beweis fehlt zwar, aber man läßt sich gerne zu dem Schluß verleiten, daß Joseph eine Art slawischer Herzog war, der reichste und mächtigste Mann in der Gegend. Und er ordnete die Erweiterung des Walles an, als die Magyareneinfälle eine neue Periode der Unsicherheit ankündigten.[18]

Die magyarische Gefahr hatten die wehrhaften Slawen jedoch überschätzt. Die Reitertruppen mieden die schmalen Täler des Waldviertels. Die Schanze blieb ungeschoren. Und die Zeichen der Zerstörung sind hundert Jahre älter. Damals wurde der Wall zum erstenmal gestürmt – von den Deutschen. Nach vielen Jahren friedlichen Zusammenlebens von Slawen und Bajuwaren wurden in der Babenbergermark Streitigkeiten um Vorherrschaft und territoriale Oberhoheit mit der Waffe ausgetragen. Damals dürfte Markgraf Heinrich den Wall gestürmt haben. Aber die Bresche wurde wieder aufgefüllt, allerdings nur mit Erde. Und 1041 wird von der Zerstörung einer Befestigung an der Grenze der Böhmischen Mark durch Heinrichs Sohn Adalbert berichtet, einer Festung, die auch schon von seinem Vater einmal eingenommen worden war. Adalbert habe unabsehbare Mengen an Menschen und Vieh weggeführt, heißt es. Anscheinend um dieses slawische Land unter ständiger Aufsicht zu halten, verlegte der Babenbergermarkgraf seine Residenz von der Donau in die neue Burg nach Gars.

Der Wall auf dem Thunauer Berg verfiel jedoch. Die Archäologen stießen in der Toreinfahrt der Schanze auf mehrere Mühlsteine – so, als ob sie dort absichtlich hingeworfen worden wären, als ein Symbol dafür, daß da oben nun alles Leben zu Ende sei, daß niemand mehr seinen Backofen anheizen und kein Lot Mehl mehr gemahlen werden dürfe. Und damit niemand mehr die einstige Burg der unterworfenen Slawen betrete. Ein Stück weiter draußen im Tal auf einer Höhe sind in einem etwas weicheren Felszug seltsame Rundungen eingegraben, als hätte man mit einer Blechform Bäckereien aus dem Teig ausgestochen. Hier haben die Slawen ihre Mühlsteine gebrochen. Die Leute gebrauchten auch den Namen „Mühlsteinbruch", aber sie wußten nicht, wer es war, der dort oben einmal die Steine geholt hatte. Sie vergaßen auch die Schanze. Thunau, zu dessen Gemeindegebiet der Wall gehört, kommt vielleicht von Thumbau, dem Platz der Thumben oder Tauben, die einen nicht verstehen können. Und die Thunauer Burschen gelten bis heute als die größten Raufer bei Kirchtagen und ähnlichen Anlässen. Erinnerungen an deutsch-slawische Gegensätze in diesem Raum?

Die alte Slawenherrlichkeit blieb fortan lange begraben. Bis im Jahre 1888 Ingenieure und Arbeiterkolonnen in das entlegene Tal zogen, um die Kamptalbahn zu bauen. Da spürte ein Arbeiter unter seinem Spaten plötzlich einen Knochen, und dann war es ein ganzes Skelett. Und es wurden ihrer noch mehr. Die Bahnbauer hatten ein slawisches Gräberfeld geöffnet. Sie hielten sich damit jedoch nicht auf. Die Ingenieure steckten Schmuckstücke oder interessante Tongefäße ein, und die Skelette wurden zu Hunderten in den Bahndamm eingeschottert. Erst der Eggenburger Eichmeister Johann Krahuletz, der Amateur-Prähistoriker und Heimatforscher, mußte sich einschalten, um zu retten, was noch zu retten war. Er alarmierte die k. k. Zentralkommission für Denkmalpflege, und diese mobilisierte den Handelsminister. Der Bahnbau wurde kurzfristig eingestellt, und die Wissenschaftler konnten sich über die Funde hermachen. Sie fragten sich auch nach der zum Gräberfeld gehörigen Siedlung, und bald wurde oben auf der Schanze gegraben. Aber es blieb bei ein paar schönen Funden, die in verschiedenen Museen landeten. Für die slawische Vergangenheit Österreichs herrschte nur gedämpftes Interesse. Erst als oben am Berg geschlägert wurde, setzte 1964 die archäologische Kampagne ein, die wesentliche slawische Elemente des tausendjährigen Österreich zutage förderte.

In die frühmittelalterlichen Bereiche der österreichischen Vergangenheit sind die Archäologen relativ spät vorgestoßen. Auch die eindrucksvolle Schichtenschau unter dem Salzburger Dom, die den Kirchenbau Virgils über römischen Ruinen offenbart und darüber einen frühromanischen Neubau des 9. Jahrhunderts, wurde erst in den letzten Jahrzehnten möglich. Die Bodenforscher hatten zu viel römisches oder vorgeschichtliches Material, und das hat ihnen den Blick in die voller Ungewißheit und Rätsel steckenden dunklen Jahrhunderte der Karolinger und Ottonen verstellt. So bleiben dem Historiker für diese Zeiten doch als Hauptquellen die Urkunden, diese „heiligen Schriften" aus den Kloster- und Bistumsarchiven. Und dieses „heilig" paßt gut auf diese Dokumente, die Schenkungen und andere Rechtsgeschäfte bekunden. Diese Tradierungen und anderen Herrschaftsübertragungen sind wohl alle wie liturgische Handlungen vollzogen worden. Im Depot des Österreichischen Staatsarchivs, das auch die Bestände des Haus-, Hof- und Staatsarchivs verwahrt, hat man die tausendjährigen Pergamente sorgfältig geglättet in Packpapier gehüllt. In dem einen Stück sind ein paar Löcher, weil Pergament teuer war und deshalb auch schadhaftes Material zum Beschreiben verwendet wurde; dort fehlt das Siegel, weil die aufständischen Bauern, als sie 1525 das Archiv der Salzburger Erzbischöfe stürmten, einen Teil der Urkunden, die für sie die Unfreiheit symbolisierten, zerstörten, zerrissen oder zerstückelten. Die Urkunden, die erhalten blieben, kamen 1805 nach Wien. Andere wieder gingen verloren, weil sie von weltlichen Herrschern in deren Schatz auf Kriegszügen mittransportiert wurden. Manche sind auch verbrannt, da half man sich dann eben mit mehr oder weniger geschickten Fälschungen, um bestehende oder auch nur erfundene Rechte für sich zu beanspruchen. Die Siegel aus Bienenwachs wurden durch ein vorher mit vier Schnitten geöffnetes Loch ins Pergament gedrückt. Die Gesichter darauf sind idealisierte römische Kaisertypen – in gemmenartigen Porträts. Otto III. führte dann den thronenden Imperator nach byzantinischem Modell ein. Die Unterschrift aber war ein stilisiertes Monogramm, an dem der Kaiser, früher des Schreibens nicht kundig, nur seinen Vollziehungsstrich zu machen brauchte – ein Querbalken mit einer anderen Tinte verwandelte die Urkunde in eine kaiserliche Willenserklärung. Dafür wurden die Namen der Kanzler ausgeschrieben, und der Schreiber selbst ist meist durch seine Initialen bekannt. Daneben hat der Schreiber noch das Rekognitionszeichen gesetzt – seltsame Schnörkel, die wegen ihrer Form auch „Bienenkorb" genannt werden. Ursprünglich waren das Gültigkeitsvermerke in tironischen Noten, einer antiken Kurzschrift, die Ciceros Privatsekretär Tiro erfunden hat. Da die Zeichen jedoch bald in Vergessenheit gerieten, war dieses Gekritzel nur noch eine Fleißaufgabe des Schreibers, die ein Fälschen der Urkunde erschweren sollte. Das Wiener Archiv ist an Urkunden aus der Anfangszeit Österreichs jedoch relativ arm. Da muß man sich schon nach München bemühen. Denn das Bayerische Staatsarchiv hat durch die Säkularisierung auch die gesamten Archive der bayerischen Klöster und Bistümer eingeheimst. Und in diesen Archiven schlummert sehr viel Österreichisches. Vor allem auch jenes Diplom, in dem zum erstenmal der Name Österreich – in der Form von „Ostarrichi" – genannt wird.

Das gute Stück steckt gefaltet in einem Kuvert. Der Archivar breitet das Pergament vor einem aus: zarte Lettern, vom Schreiber schwungvoll mit der damals gebräuchlichen braunen, stark zinnhältigen Tinte hingemalt. Die Ober- und Unterlängen der
Buchstaben springen verwegen zwischen den Zeilen hin und her, als ob der Schreiber

einen gespreizten höfischen Tanz hätte ausführen wollen. So war es Brauch, auch wenn die Dokumente dadurch nicht leichter lesbar wurden. Wer mit Urkunden zu tun hatte, konnte die gleichbleibenden Formeln, zwischen die dann konkrete Angaben über Schenkungen usw., eingeführt wurden, ohnehin auswendig. Am Beginn steht zum Beispiel das Chrismon, ein kunstvolles großes C wie aus einem Spitzenvorhang, eine Anrufung Christi als Auftakt des Rechtsgeschäftes. Als nächstes wird die heilige Dreifaltigkeit bemüht, und dann erst kommt der Kaiser: „Otto, durch Gottes erbarmende Vorbestimmung Kaiser und Augustus." Nach einigen feierlichen Floskeln wird als Fürsprecher noch der Bayernherzog Heinrich zitiert, und dann folgen in der dritten Zeile die für uns so bedeutenden Worte: „quadam nostri iuris res in regione vulgari vocabulo Ostarrichi in marcha et in comitatu Heinrici comitis filii Liutpaldi marchionis in loco Niuanhova dicto . . .", zu deutsch ". . . einige uns gehörige Besitzungen in der Gegend, die in der Volkssprache Ostarrichi heißt, in der Mark und Grafschaft des Grafen Heinrich, des Sohnes des Markgrafen Liutpald, in Neuhofen . . ."[19] Und in diesem besagten Neuhofen schenkt Otto III. dem Bischof Gottschalk von Freising dreißig Königshuben mit allem Drum und Dran, beweglich und unbeweglich, mit Weiden, Fischrechten, Gebäuden, Wäldern, Wassern und sogar den „zidalweidun" – da wurde das damals gebräuchliche deutsche Wort für Bienenweiden verwendet. Ausgestellt wurde die Urkunde am Allerheiligentag des Jahres 996 in Bruchsal.

Otto war 16 Jahre alt und von der schwärmerischen Idee der Renovatio, der Erneuerung des römischen Imperiums, besessen. In diesem Jahr 996 war er nach Rom aufgebrochen, hatte dort den ersten deutschen Papst eingesetzt – man könnte ihn auch einen Österreicher nennen, denn Gregor V., vorher Brun von Kärnten, der Sohn Herzogs Ottos von Kärnten, war Kaplan in Maria Saal gewesen, bis ihn sich Otto als Hofkaplan an seine Seite holte. Der Papst krönte Otto zum Kaiser, und dieser trat wieder den beschwerlichen Rückweg über die Alpen an. Während eines Aufenthaltes in der Pfalz von Bruchsal in Baden entstanden mehrere Urkunden. Wo das Wort Bruchsal steht, fehlt zwar ein Stückchen Pergament, aber der Ortsname läßt sich einwandfrei rekonstruieren. Neben das kaiserliche Monogramm hat der Schreiber auch noch, wie es sich gehörte, die Namen des Kanzlers und des Erzkanzlers gemalt: Hildibaldus und Willigis. Der Bischof von Worms und der Erzbischof von Mainz waren um diese Zeit die wichtigsten Berater des jungen Kaisers. Sie hatten ihn auch nach Rom begleitet, sie standen seiner Kanzlei vor und führten die täglichen Regierungsgeschäfte. Im kaiserlichen Monogramm erkennt man auch den mit einer anderen Tinte gezogenen Vollziehungsstrich; so hatte alles seine Ordnung.

Trotzdem hat die Ostarrichi-Urkunde der Wissenschaft einige Gedankenarbeit bereitet. Denn als die Forscher das Dokument unter die Lupe nahmen, entdeckten sie auf Grund von Schriftvergleichen gewisse Unstimmigkeiten: nur die letzten Zeilen der Urkunde, das „Schlußprotokoll", also die Unterschriften und die Datierung, hat der mit seinem Anfangsbuchstaben verzeichnete Kanzleinotar H F geschrieben. Der Rest entstand erst später in der Kanzlei des Freisinger Bistums. Eine Fälschung? Nein, die kaiserliche Kanzlei hatte den Freisingern eine Art Blankoscheck (in der Fachsprache heißt es Blankett) ausgestellt. Die Empfänger schrieben nun die Details der Schenkung hinein und sandten das Dokument wieder an den Kaiser zurück, der es besiegelte und unterschrieb. Nur, beim Ostarrichi-Pergament dürfte Otto nicht mehr dazugekommen sein. Auf der Urkunde fehlt jedes Siegel, ein Siegel Heinrichs II. war ihr beigegeben (inzwischen ist auch das verschwunden). Daraus schließt man nun, daß das Dokument erst nach dem frühen Tode Ottos (1002) von dessen Nachfolger Heinrich bestätigt worden ist.[20]

Als das junge Österreich, froh über seine wiedergewonnene Selbständigkeit, nach einem von keinerlei politischen Bedenken belasteten patriotischen Jubiläum suchte, hat es eigentlich ein falsches Jahr erwischt. Zu Allerheiligen 1946 wurde nämlich 950 Jahre Ostarrichi gefeiert. Artikel über die Urkunde erschienen, Reden wurden gehalten, und in Neuhofen an der Ybbs enthüllte politische Prominenz im Beisein der sowjetischen Besatzungsmacht einen Gedenkstein. Doch aller Wahrscheinlichkeit nach hat die Freisinger Kanzlei nicht 996, sondern erst nach 1002 die bedeutsame geographische Bezeichnung „Ostarrichi" zu Pergament gebracht. An der Gültigkeit der Urkunde braucht jedoch niemand zu zweifeln. Denn Neuhofen gehörte bis zur Säkularisation 1803 zu Freising. Und im neuen Wappen des Ortes prangt neben dem rot-weiß-roten Bindenschild der Freisinger Mohrenkopf und die weiß-blaue bayerische Raute.

„Ostarriche" liest man auch schon in einer Urkunde von 998. In der frühmittelalterlichen Dichtung existiert das „Osterland". Nur für den zur Negierung Österreichs mißbrauchten Begriff Ostmark haben auch die dienstbeflissensten Forscher des Dritten Reiches keinen Beleg aus den Quellen hervorholen können. In den lateinischen Texten wurden bald verschiedene Bezeichnungen in Verbindung mit „oriens" oder „orientalis" verwendet. Als um die Mitte des 12. Jahrhunderts die Beziehungen zu Byzanz immer bedeutungsvoller wurden und dieses Österreich auf einmal gar nicht mehr so ganz im Osten lag, sondern einen östlichen Teil des Westens bildete, tauchte in den Urkunden das Wort „Austria" auf. Man sprach auch von der „Herrschaft zu Österreich", die Habsburger wurden zum „Haus Österreich", daraus später das spanische „Casa d'Austria".

Auf der Suche nach Ostarrichi begibt man sich noch immer am besten nach Neuhofen an der Ybbs. Wer kennt schon diesen Markt in Niederösterreich mit 2000 Einwohnern acht Kilometer von Amstetten? Wenn sich das flache Land am Rande des Berges vor einem dehnt, kann man sich auch die dreißig fruchtbaren Königshuben (etwa 1000 Hektar) vorstellen, die den Freisingern hier zufielen – obwohl damals wohl auch noch in der Ebene einige Rodungsarbeiten zu leisten waren.

Ein patriotisches Fries am Schulgebäude, eine „Ostarrichi"-Siedlung, eine „Ostarrichi"-Stube im „Ostarrichi"-Gasthaus, der mächtige Pfarrhof, der von der Freisinger Herrschaft zeugt, ein paar stattliche Bauernhöfe. Der Vulgoname zum „Hufenbauer" enthält noch Spuren der alten Flächeneinteilung. Und das Gastgewerbe profitiert von den Schulklassen, die bei vaterländischen Autobusstopps das „Ostarrichi"-Gedenken mit einer Erfrischungspause verknüpfen. Hat dieser Ort nach seinem zufälligen Eintritt in die Geschichte auch sonst noch etwas zu vermelden? Nun, seine Chronik ist die des österreichischen Donaulandes: gutes Gedeihen unter dem Krummstab, fromme Pfarrherren und fromme Untertanen, die mehrere Gebetsbrüderschaften gründeten, eine Station für Wallfahrgruppen, die zum nahen St. Veit in Toberstetten pilgerten. Noch heute befinden sich dort in der Rückwand des Hochaltars die Türen zu einem Hühnerstall. Denn dem Patron des Kleinviehs wurden, in Umfunktionierung heidnischer Tieropfer, lebendige Hühner dargebracht. Ein Auslauf führte direkt vom

Hochaltar in den Garten des Mesners. Und die Neuhofener bekamen auch der Reihe nach all die Plagen zu spüren, unter denen Österreich zu stöhnen hatte. Die Truppen des ungarischen Renaissancekönigs Matthias Corvinus brandschatzten die Gegend. Und 1529 schossen die Streifscharen der Türken zum erstenmal ihre Feuerpfeile gegen die Dächer des Marktes ab. Die Reformation sah die Neuhofener in der Mehrheit auf seiten der Lutheraner. Ein Neuhofener Schulmeister, Georg Steinhauer, verbreitete in den Bauernkriegen 1596 als Bauernobrist Furcht und Schrecken – bis er dann nach einer verlorenen Schlacht zwischen St. Pölten und Wilhelmsburg Selbstmord verübte. Die Gegenreformation sorgte für eine Rekatholisierung der Bevölkerung. Am 18. Juli 1683 erreichten die Türken bei ihrem Versuch, diesem nun siebenhundertjährigen „Ostarrichi" ein Ende zu bereiten, zum zweitenmal Neuhofen. Der Kirche wurde gar arg mitgespielt. Die Pfarrchronik vermerkt auch tadelnd, daß die Türken ihre Pferde ins Haferfeld des Pfarrers geführt hätten, „so daß dort alles verdorben war". Wer nicht fliehen konnte, wurde erschlagen. Frauen und Mädchen aber mußten mit. Und noch heute erzählt man die rührende Geschichte von einem Neuhofener, der seiner Frau ins türkische Ungarn folgte, sie auch fand, auf dem Rückweg jedoch kurz vor der Heimkehr in Ybbs seinen Geist aufgab.

Die nächste Besatzungstruppe sprach französisch. Und zu dieser Zeit verlor auch Freising seine Oberhoheit. Als dann am 16. Juni 1815 der Sieg über Napoleon und die Rückkehr des „guten Kaisers Franz" nach Wien gefeiert wurden, erstrahlte der Ostarrichi-Markt in Festbeleuchtung. Der Kirchturm war mit farbigen Lämpchen geschmückt, der Färbermeister Ignaz Wiesst hatte an seinen Fenstern poetische Transparente angebracht wie: „Österreichs Glück – bringt Kaiser Franz zurück." Und Böller krachten, die Musik spielte auf, und Kaisertreue und rechtes Staatsbewußtsein erfüllten die Herzen.[21]

Der Friede dauerte nicht ewig. Die Kriegerdenkmäler erzählen von neuen Opfern. Es gab keinen Kaiser mehr, und bald auch kein Österreich. Auf einmal war das „Ostarrichi" nichts mehr wert, und es mußten erst amerikanische Panzer und dann die Russen an die westöstliche Kreuzwegfunktion der alten Mark, oder dessen, was daraus geworden ist, gemahnen. Und später, 1946, fand sich der Kanzler der jungen Republik, Leopold Figl, hier ein, um mit Ostarrichi-Nostalgie für die Lebensfähigkeit Österreichs zu werben.

Geschichte hat dieses kleine Neuhofen an der Ybbs nie gemacht. Aber seine Chronik ist doch ein Stück aus der tausendjährigen Biographie dieses Landes, das sich auf dem Umweg über imperiale Größe und totale Auslöschung schließlich wieder auf nicht viel mehr als jenen Raum zu beschränken lernte, der vor einem Millenium, vor 900 Jahren, vor 800 Jahren, für die Welt Ostarrichi, Osterland, Austria oder Österreich war.

KURT MOLDOVAN

# DIE GRENZEN

Ich hab' damals den Schranken aufmachen müssen, um sechs Uhr früh, am 12. März 1938." Die Bemerkung fiel eher zufällig, ein Nebensatz in einem Gespräch mit einem höheren Zollbeamten in Salzburg. Als provisorischer Zollrevisor war er damals nur dank der Diensteinteilung in die Geschichte gerutscht, an der Salzachbrücke zwischen Freilassing und Salzburg. „Schon am Abend vorher hatten wir die Anweisung erhalten, keinen Widerstand zu leisten. Um fünf Uhr früh tauchten drüben Fahrradpatrouillen auf, und dann kam ein junger Leutnant über die Brücke, salutierte und machte Meldung, daß nun der Einmarsch beginnen würde. Drüben setzte sich ein Zug Jäger in Bewegung. Die Soldaten marschierten über die Brücke, und ich hob den Balken. Das war der Anfang eines stetigen Stromes, der erst nach drei Tagen wieder abriß. Motorisierte Truppen, Tragtierkolonnen, schwere Artillerie, SS-Abteilungen, Polizei, Gendarmerie in Autobussen, Arbeitsdiensttrupps. Irgendwann am ersten Tag, als ich endlich allein war und etwas Atem holen konnte, mußte ich weinen . . ."[1]

Man hat jedoch eher die Leute in Erinnerung, die damals jubelten. Und mancher Schlagbaum wurde mit sehr viel Lärm und Enthusiasmus nicht nur hochgehoben, sondern gleich weggeräumt oder gar zerbrochen oder zersägt. Im Namen eines tausendjährigen Reiches, das es dann nur auf zwölf Jahre bringen sollte, war das fast tausendjährige Österreich ausgelöscht worden, von einem Mann, der als Sohn eines k. k. Zollbeamten in Braunau am Inn geboren wurde. Doch diese Grenze, über die 1938 die deutschen Truppen nach Salzburg und Oberösterreich einmarschierten, war noch nicht sehr alt. Das Innviertel mit Braunau macht gar keinen Versuch, seine mit weißem „Radi" und schweren Maßkrügen garnierte bajuwarische Bierbehäbigkeit zu verbergen. Österreich hat dieses Gebiet erst 1779 durch den Frieden von Teschen „anschließen" können, nach dem bayerischen Erbfolgestreit, der wegen seines Mangels an bedeutenden Kampfhandlungen „Kartoffelkrieg" genannt wird. Und Salzburg, dieser Kirchenstaat, der schon lange vor Österreich war, wurde erst durch den Wiener Kongreß kaiserlich.

Hat das heutige Österreich überhaupt alte Grenzen? Was ist da historisch, was ist künstlich, was unnatürlich, was natürlich, was lediglich Produkt eines verlorenen Krieges oder einer unglücklichen Politik? Wo schneiden diese Grenzen in die Seele, wo zerreißen sie Lebenslinien, wo verbinden sie eher, als sie trennen? Wo sind sie tausendjährig und wo nur gestrig oder vorgestrig? Man kann das Land von seinen Grenzen aus betrachten und begreifen, wie es entstanden ist. Denn die Babenbergermark umfaßte in ihren Anfängen ja nicht einmal das heutige Ober- und Niederösterreich. 2637 Kilometer Grenzen hat Österreich, und davon entfallen 784 auf die Bundesrepublik Deutschland, 162 auf die Schweiz, 36 auf Liechtenstein, 430 auf Italien, 311 auf Jugoslawien, 346 auf Ungarn und 568 auf die Tschechoslowakei. Vom Bodensee zum Neusiedler See erstreckt es sich, vom Böhmerwald zu den Karawanken, so liest man's. Genau genommen müßte man jedoch sagen: von Bangs bis Deutsch Jahrndorf und vom Seebergsattel bei Eisenkappel bis zum Rottal nördlich von Litschau. Denn dort sind seine äußersten Grenzsteine eingegraben, der westlichste und der östlichste, der südlichste und der nördlichste.

Da ist man mitten in Europa und empfindet doch plötzlich, daß auf einmal alles aufhört, daß da wirklich das Ende ist und daß auch drüben auf der anderen Seite der Brücke nichts zu beginnen scheint. Im Dunkel der Nacht werden die steilen Bergwände zu drohenden Schatten, in denen ein paar Lichter tanzen. Der Mondschein taucht in den schmalen Rhein, und außer dem fernen Brummen eines einzelnen Autos vernimmt man nur das rauhe Mahlgeräusch wiederkäuender Kühe aus dem Überschwemmungsgebiet am Fluß. Aber das ist ja doch nur eine andere Form des Schweigens, eine anheimelnde Steigerung der Stille. Ein Abend in Bangs, ein kurzer Halt beim westlichsten Zollamt Österreichs, an einer eher unösterreichischen Grenze am Rhein.

„Wenn du nicht brav bist, kommst du nach Bangs", droht man in Feldkirch schlimmen Kindern. Nur sechs Kilometer ist das Dorf von der Vorarlberger Grenzstadt entfernt. Wenn auch sonst überall in Österreich von einem westöstlichen Wohlstands- und Fortschrittsgefälle gesprochen werden kann, hier findet auf einmal eine Umkehrung dieses Prozesses statt. Bangs scheint etwas zu weit in den Westen gerutscht zu sein – und in die Vergessenheit. Zum Ausgleich erhielt es das Geschenk der heiligen Ruhe friedlicher Verlassenheit. Ein paar Bauern stechen Spargel und kümmern sich um ihr Rindvieh und schauen in die Berge. Wem das zu wenig war, der hat sein Haus zugesperrt und ist abgewandert. Selbst der Rhein förderte diesen Trend, als er vor ein paar Jahren die Brücke in die Schweiz hinüber wegriß. Für viel Geld wurde eine neue gebaut, aber lebendiger ist Österreichs fernster Westen dadurch nicht geworden.

Vor tausend Jahren regierte der Krummstab St. Gallens über dieses Land am Hochrhein, erst um 1200 erstarkten einzelne alemannische Geschlechter in diesem Raum, und die Grafen von Montfort begannen in Feldkirch mit dem Bau der Schattenburg. Der Doppeladler auf der alten Zollstätte in der Stadt verkörpert die Autorität der Habsburger, denen 1375 die Montfortsche Herrschaft zufiel. Das Exemplar, das von dem heutigen Gendarmeriegebäude herunteräugt, dürfte jedoch erst nach 1670 entstanden sein, als die auch für den Besitz jenseits des Arlbergs zuständige Tiroler Linie der Habsburger erloschen war. Denn die Inschrift unter dem Wappenvogel verkündet befehlend: „Allhier Gibt Man den Khayserlichen O. Ö. Zoll" – oberösterreichisch im Gegensatz zu vorderösterreichisch.

Von diesem inneren Kern Österreichs war damals auch der heutige östlichste Punkt der Republik ein gutes Stück entfernt. Er gehörte zu Ungarn. Und wenn Bangs den goldenen Westen eher verschlafen zu haben scheint, so entspricht die burgenländische Dreiländerecke, wo Österreich mit der Tschechoslowakei und Ungarn zusammenstößt, den Ostklischees wie aus dem Bilderbuch.

„Bei uns ist's nicht nur am östlichsten", sagt der Wirt in Deutsch Jahrndorf, dem man den Achtziger nicht ansieht, „bei uns ist's auch am trockensten von ganz Österreich, und die Landflucht ist auch am ärgsten." Selbst wenn er hier negative Eigenschaften aufzählt, so betont er sie doch mit jenem Stolz, den Superlative aller Art zu erregen vermögen. Auf den Grünflächen inmitten der niedrigen Häuserreihen, wo einmal der Anger war und sich die Gänse getummelt haben, tanzen die Fontänen der Rasensprenger. Die breite Straße ist leer. Im Schatten der Häuser dämmern auf Bänken ein paar alte Frauen und Männer vor sich hin. „Die Jungen gehen alle weg", klagt der Wirt. „Jetzt haben wir nicht einmal mehr einen Fleischhauer." Seit 1945 hat der Grenzort mehr als 700 Einwohner verloren – weil kaum mehr als eine tote Grenzfunktion geblieben ist, weil kein offener Weg weiter in den Osten führt, obwohl die pannonische Tiefebene dem Blick keine Grenzen setzt. Im gleißenden Nachmittagslicht verschwimmen die Konturen der Wachtürme, und der Rost des Stacheldrahtes wird stumpf. Die Tschechen sind leicht von den Ungarn zu unterscheiden. Ihre „Hochsitze" wurden aus Holz gezimmert. Die Ungarn aber leisten sich Metalltürme.

Schon auf der Fahrt zum Dorf warnen Schilder „Achtung Staatsgrenze!". Diese verläuft nämlich direkt an der linken Straßenseite. Ein Schritt in den Graben, und man befindet sich in der ČSSR. Der Drahtzaun und die Wachtürme sind so versteckt, daß fast die Illusion einer offenen Grenze entsteht. Wenn jedoch die slowakischen Felder bestellt werden, fehlen die Wachmannschaften nicht, die ihr Auge auf die Landarbeiter haben.

Die Straße am Ortsausgang von Deutsch Jahrndorf braucht keinen Asphalt. Außer ein paar Traktoren und einigen neugierigen Touristen stört dort keiner diesen erzwungenen, unheimlichen Frieden am Eisernen Vorhang. Die Hasen, die frech im Straßenstaub baden und erst im letzten Moment davonhoppeln, benehmen sich wie souveräne Tagwächter der Einsamkeit. Man ist jedoch nicht allein. Vom ungarischen Wachturm beobachtet einen der Posten mit dem Fernglas. Weit im Hintergrund erkennt man die flachen Gebäude der Grenzstation zwischen der ČSSR und Ungarn. Dort spannt sich auch der elektronische Vorhang, der den primitiven „Eisernen" zu altem Eisen werden ließ, das nun von Büschen überwachsen und überwuchert werden mag. Das beschönigende Wort „technische Sperren" verbirgt den Charakter einer solchen Grenze nicht. Und die Weite des Landes offenbart die Enge des Denkens, das diese Hindernisse motiviert. Man blickt nach Norden und sieht die Kette der Türme, und man blickt nach Süden und sieht die Kette der Türme, und steht am Ende der Welt oder besser am Ende der einen und am Anfang der anderen Welt.

Der Grenzstein an diesem Dreiländereck ist sicherlich der jüngste der vier Extrempunkte Österreichs. Er konnte erst Ende 1921 eingegraben werden, als das schwache österreichische Bundesheer in der sogenannten „zweiten Landnahme" die Autorität der Ersten Republik in dem von Ungarn abgetrennten Burgenland endgültig festigte. In den schlechten Zeiten nach dem Ersten Weltkrieg waren selbst die Grenzen, die die Sieger nicht antasteten, in Gefahr. Die Rheingrenze zur Schweiz etwa bedeutete den Vorarlbergern auf einmal gar nichts. Die triste materielle und politische Lage 1919 dämpfte den Patriotismus der Bewohner des „Ländles" so sehr, daß sie in einer Abstimmung zu 80 Prozent für einen Anschluß an die Schweiz eintraten. Doch weder die Regierung in Wien noch die Schweizer ließen sich von dem Volksentscheid beeindrucken. Auch bei den Friedensverhandlungen in St. Germain fanden die Vorarlberger bei den Siegermächten keine Gegenliebe. Die Grenzsteine bleiben, wo sie waren. Auf der südlichsten Grenzmarke Österreichs liest man jedoch diesen schicksalshaften Namen, und dieses historische Datum: 10. 9. 1919 St.-Germain-en-Laye.

Die alte Grenze zwischen den Kronländern Kärnten und Krain überquert man einige Kilometer weiter auf jugoslawischer Seite unten im Tal. Doch trotz einer Tafel wurde diese Stelle in der Zeit der Monarchie kaum als Grenze empfunden. Dazu hatten Kärnten und Krain zu oft ein gemeinsames Geschick und gemeinsame Herrscher. Über den Seebergsattel führten die Wege der Salztransporte in den Süden. Der Seebergsattel war auch der erste Übergang, über den 1469 die tatarischen Streifscharen der Türken nach Kärnten fanden. Seine Grenzposition war umstritten, als jugoslawische Truppen in der Zeit der Abwehrkämpfe nach dem Ersten Weltkrieg Unterkärnten besetzt hielten. Noch vorher wurde Seeland, auf der Hochebene südlich des Sattels, freiwillig an Jugoslawien abgetreten, weil die Bevölkerung hundertprozentig slowenisch war. Die Volksabstimmung im Jahr 1920 hat schließlich die Grenze fixiert. Auch jugoslawische Revisionsversuche nach dem Zweiten Weltkrieg vermochten daran nicht zu rütteln.

Störungen im Verhältnis zwischen den beiden Volksgruppen, der deutschen Mehrheit und der slowenischen Minderheit, sollten nicht vergessen machen, daß Slawen und Deutsche in diesem Raum mehr als tausend Jahre lang fast immer friedlich zusammengelebt haben. Auf den Kirchtüren ist hier die Gottesdienstordnung in slowenischer und in deutscher Sprache angeschlagen, und es wird auch auf die deutsche und slowenische Predigt verwiesen; auf den Zeitschriftenständen mit Selbstbedienung werden die Nichtzahler slowenisch und deutsch als Diebe angesprochen, nur mancher Bildstock am Wegrand kennt sein „Bitt' für uns" bloß in der Sprache der slowenischen Bauern, deren Vorfahren schon vor den ersten deutschen Siedlern in Kärnten Wurzeln geschlagen hatten. Doch die Dynamik der bayerischen Landsuche hat sie dann in ihrer Entwicklung gehemmt und zurückgedrängt. Fragt man im Gailtal nach den slowenischen Dörfern, erhält man die bezeichnende Antwort: „Die sind leicht zu finden, die sind immer auf der Schattenseite im Tal."

Während Österreich zur geographischen Bestimmung seiner West-Ost-Ausdehnung fast acht Längengrade braucht (von 9° 32' bis 17° 32') kommt es von Süden nach Norden mit nicht einmal drei Breitengraden aus. Der südlichste Punkt wird bei 46° 22' gemessen; wen es jedoch zum österreichischen „Nordpol" ins niederösterreichische Waldviertel zieht, der überquert kurz vor Gmünd den an der Bundesstraße markierten 49er-Meridian und muß für die eine Gradminute, die Österreich in nördlicher Richtung noch zusteht, an die 35 Kilometer zurücklegen.

Wieder läuft die Grenze neben der Straße, obwohl hier die unendlichen Wälder jede vom Menschen geschaffene Ordnung zu verneinen scheinen. Eine Zeitlang benützt man einen internationalen Weg, der Tschechen wie Österreichern offen ist, dann gehört der Wald wieder nur zu Österreich. Und wo er sich etwas weitet, wo ihm Ackerboden oder Weideland abgerungen worden ist, wird eine zivilisatorische Gegenbewegung sichtbar: der Mensch zieht sich wieder zurück, Bauernhäuser verfallen, der Regen rinnt durch löchrige Schindeldächer, und der Wald bekommt wieder sein Recht. Die paar weidenden Schafe, gehören sie einem armen Häusler, der nebenbei noch für die Schmalspurbahn in der Nachbarschaft arbeitet, oder sind sie einer der großen Adelsherrschaften zuzuzählen, die sich die Wälder hier oben an der böhmischen Grenze teilen? Der Weg ist längst nur mehr ein Steig, ein Zollwachtrittmeister biegt die Zweige auseinander: „Wo ist der Grenzstein bloß?" fragt er suchend. Nur ein schmaler, braunroter Bach scheidet die beiden Länder voneinander. Jeden Moment könnte man einer tschechischen Patrouille Aug in Aug gegenüberstehen. Der Bach ist nicht einmal einen Meter breit. Aber das unaufhörliche Bellen der Suchhunde klingt so nahe, als ob die ganze Meute hinter den einsamen Wanderern her wäre.

Der Bach macht einen Knick und mündet in ein etwas breiteres Wässerchen. Da ist er, der kleine Stein, der so selten Besuch erhält; der Regen hat sein Weiß verwaschen, aber das Ö und das CS und die Ziffern VII 29 sind noch deutlich zu erkennen. Eine Richtungslinie auf der Kuppe des Steines zeigt den Grenzverlauf mitten im Bach an. Die grüne Wildnis sieht hüben wie drüben aus. Und die Hunde heulen immer noch. Das trübe Wässerchen aber fließt und fließt. Auf verschiedenen Wegen gerät es in die Elbe und damit in die Nordsee. Der nächste Bach, dem man nach ein paar hundert Metern Rückweg wieder begegnet, mündet über Thaya und March in die Donau und ins Schwarze Meer.

Eine europäische Wasserscheide als natürliche Grenze? Nun, da oben im Norden ist das Wort von der historischen Grenze angebracht, auch wenn Böhmen fast vierhundert Jahre „bei Öst'reich war". Doch die heutige Grenze zur ČSSR entspricht in ihrer wesentlichen Linienführung der Ausdehnung der Babenbergermark. Eine Kette wehrhafter Burgen entlang der Thaya sicherte das österreichische Territorium gegen Böhmen ab, Ministerialen der Babenberger rodeten das Land, und im Waldviertel erzählen die Ortsnamen von diesem elementaren Ringen mit dem Wald: Abschlag, Grafenschlag, Gotthardschlag, Hirschenschlag, Kirchschlag, Walterschlag, Weikertschlag, Bernreith, Edelsreith, Frankenreith, Kainreith, Moritzreith, Münichreith, Pfaffenreith, Reitern, Roggenreith, Roithen, Sieghartsreith, Straßreith, Unterreith, Weißreith, Wiesenreith, Wolfenreith, Äpfelgeschwendt usw. . . . Monogramme der Kolonisation aus dem 12. und 13. Jahrhundert, bekannte und unbekannte Edelleute, Freibauern und andere „Partieführer" der Rodungskolonnen sind in den Namen dieser Dörfer verewigt. Trotz den Brandrodungen, den Axtschlägen und den aufgekrempelten Ärmeln eines fleißigen Volkes hielt sich die breite Waldscheide zwischen Böhmen und Österreich, obwohl auch böhmisch-deutsche Siedler in Richtung Süden Bäume gefällt haben.

Im westlichen Mühlviertel, wo die Macht der Babenberger nicht mehr hinreichte, waren es die Passauer Bischöfe und ihre Vögte und Dienstleute, die Ackerland auftaten, Dörfer gründeten und die grüne Flut zu dämmen suchten. Auch dort, wo

Österreich heute auf Bayern und Böhmen trifft, hat jeder Dorf- und Landschaftsname einen holzigen Klang. Einer der dort geboren wurde – auf der anderen Seite, bei den Quellen der Moldau –, liebte und verehrte diese Gegend, und sie ehrt ihn, weil man sie kaum noch anders betrachten kann als durch seine Augen. Adalbert Stifter beginnt seine traurig-schöne Geschichte „Hochwald" mit einer verträumten Grenzbeschreibung: „An der Mitternachtseite des Ländchens Österreich zieht ein Wald an die dreißig Meilen lang seinen Dämmerstreifen westwärts, beginnend an den Quellen des Flusses Thaya und fortstrebend bis zu jenem Grenzknoten, wo das böhmische Land mit Österreich und Bayern zusammenstößt. Dort, wie oft die Nadeln bei Kristallbildungen, schoß ein Gewimmel mächtiger Joche und Rücken gegeneinander und schob einen derben Gebirgsstock empor, der nun von drei Landen weithin sein Waldesblau zeigt, und ihnen allerseits wogiges Hügelland und strömende Bäche absendet. Er beugt, wie seinesgleichen öfter, den Lauf der Bergeslinie ab, und sie geht dann mitternachtwärts viele Tagesreisen weiter."[2]

Eine klare Grenze also, aber unter österreichischer Herrschaft war sie durchlässig wie ein Sieb. Da siegten die geschlossene Landschaft und die Einheit der Sprache über politische Einteilungen. Denn tschechisch wurde erst viel tiefer im Inneren Böhmens gesprochen – auch Mähren hatte zur Grenze hin einen Gürtel deutscher Dörfer und Städtchen. Für die adeligen Grundherren, deren Besitzungen sich diesseits und jenseits erstreckten, galt die Grenze nicht als Grenze. Adalbert Stifter war ein Produkt dieser gemeinsamen böhmisch-österreichisch-bayerischen Wäldlerwelt. Aus dem böhmischen Oberplan wurde der begabte Bub ins oberösterreichische Kremsmünster ins Stiftgymnasium geschickt. Der Dreisesselberg, im Bayerischen gelegen, wird ebenso zum Schauplatz seiner Geschichten wie der österreichisch-tschechische Grenzberg Plöckenstein, und nur ein paar Autominuten vom bayerischen Schlagbaum erhielt sich das Haus, von dem Stifter einmal schrieb: „Im ‚Witiko' I. Band steht ihr Waldhaus prachtvoll als Eigenthum eines bairischen Ritters i. J. 1138. – Nun, später ist es zerstört worden, es ist wieder Wald geworden und das jetzige erst in unseren Zeiten aufgebaut worden ..."[3] Der so adressierte Hausherr saß in Passau – Franz Xaver Rosenberger; und sein „Waldhaus", ein prächtiger Hof, das Rosenberger Gut in Lackenhäuser am Fuß des Dreisesselberges, lockt auch heute noch die Stifterleser an. In seinem Arbeitszimmer dort spürt man etwas von seinem Geist und wartet nur darauf, daß das Schreibzeug, das ihm bei seinem böhmisch-bayerisch-österreichischen „Witiko-Roman" gedient hat, wieder gebraucht wird. Nur der Blick aus dem Arbeitszimmer auf eine häßliche Bungalowsiedlung würde einen Stifter heute nicht mehr zu Naturschilderungen inspirieren. So sehr Stifter jedoch Lackenhäuser als Sommer- und Arbeitsrefugium schätzte, so schwer setzten ihm damals sein schlechter Gesundheitszustand und der Lauf der Welt (Königgrätz 1866, Cholera-Angst usw.) zu. Und manchmal schien die Natur die Weltlage zu imitieren: „Gestern waren an verschiedenen Stellen des Thales hier vier Gewitter (alle aus Osten), und spät abends sahen wir noch eines gegen Österreich hinaus blitzen, und hörten den Donner."[4] Vom einfachen Grenzleben jener Jahre erzählt hingegen einer der Briefe, die Stifter als „armer Bierdurstiger" an seinen Freund aus Lackenhäuser geschrieben hat: „Das hiesige Bier ist für mich völlig nicht trinkbar. Wollten Sie mir gütigst bei Flath ½ Eimer bestellen lassen, der Moosbauer-Knecht, der morgen nach Passau fährt, würde es mir heraus bringen ..." Und weiter geht's in einem bald darauf folgenden

Schreiben: „Das Bier, welches ich von Flath hieher bezogen habe, finde ich so vortrefflich, daß ich auch meiner Frau eines nach Linz zusenden möchte. Ich bitte daher recht freundlich, daß Sie die Güte haben, durch einen Ihrer Leute Herrn Flath in meinem Namen zu ersuchen, daß er unter der Adresse Frau Amalia Stifter Hofraths-gattin 1313 in Linz ½ Eimer mit dem Dampfschiffe ... abgehen lassen möge. Das leere Gebinde wird mit dem Dampfschiffe wieder zurückgesandt werden ..."[5]

Diese banale Stiftersche Biergeschichte soll nur dieses Hin und Her illustrieren, das Österreich ebenso mit Bayern wie mit Böhmen verband. Als man dem Dichter später inmitten seines heimatlichen Waldmeeres einen Gedenkstein errichtete, fragte man nicht, auf welchem Boden er nun stand. Daß das Böhmen war, wurde erst nach dem Zweiten Weltkrieg wichtig. Damals wurden die Deutschen aus ihren Böhmerwalddörfern vertrieben, und der Stifter-Stein befand sich auf einmal in einem fremden Land. Das Stift Schlägl, der größte Waldbesitzer in der Umgebung, bot den Tschechen 3000 Quadratmeter Land, die sie für den Moldau-Stausee dringend benötigten, gratis an – für den freien Zugang zum Stifter-Denkmal von österreichischer Seite aus. Doch die Tschechen zahlten lieber in harten Devisen für den Grund, als daß sie an ihrer Souveränität hätten rütteln lassen. Stifter erhielt einen neuen Granitobelisk, das Pilgerziel vieler Menschen, denen Stifters Wort das Heimweh nach dem verlorenen Land stillt oder noch um einen Grad schmerzhafter macht.

Die Sperrigkeit der alten neuen Grenze stellt sich wider den grenzüberwindenden Geist der Wäldler. Der tschechische Schranken öffnet sich heute höchstens für einige Holztransporte, die aus dem Böhmerwald über österreichisches Gebiet nach Bayern gehen. Auch in der Überlieferung des Stiftes Schlägl, das einstmals drüben wie hüben zu Hause war, wird diese austriakisch-bohemisch-bajuwarische Tradition greifbar. Die beiden Schlegel in seinem Wappen, die Faßbinder oder Bergknappen herbeirufen, stammen nur von einer Fehldeutung des von „Holzschlag" abgeleiteten Namens. Der Falke spreizt seine Flügel für die Falkensteiner, einem Passauer Ministerialen-geschlecht, das das Kloster gegründet hat, und die drei Rosen gehören den böhmischen Herren von Rosenberg, die von Krumau aus die Mönche mit reichen Schenkungen bedacht und auch mehrere Pfarren im Böhmischen gestiftet haben.

Trotz der paar Übergänge entlang der ČSSR-Grenze ist das Wechselspiel vergangener Zeiten nur noch Erinnerung, Fabel, etwas, wovon man mit einer gewissen Wehmut in der Stimme erzählt. Österreichs kleinste Stadt etwa, Hardegg, wird durch ihre Isolierung am Grenzfluß Thaya – von der Brücke sind nur noch die Balken und das Gestänge da, der Belag wurde abgetragen – von Jahr zu Jahr kleiner. Vor 1938 zählte das liebliche Nest am Fuß der Ritterromantik verheißenden Khevenhüller-Burg 410 Seelen, heute sind es knapp 170. In Laa an der Thaya, der Grenzfestung der Babenberger, denkt man in den vielen Wirtshäusern auf dem weitgedehnten Stadtplatz wehmütig an das verlorene Einzugsgebiet der südmährischen deutschen Dörfer. „Unser Ferkelmarkt war berühmt, da sind die Bauern aus Mähren jede Woche von weit und breit gekommen." Und nur drei Minuten von dem protzigen Rathaus aus den Tagen des francisco-josephinischen Kaiserjubiläums 1908, das dem „deutschen Bürgersinn" gewidmet ist, wächst über die Grenzstraße Gras.

Weiter östlich, wo die March zur Grenze wird und das historische Treffen zwischen Ottokar und Rudolf die Erde rot gefärbt hat, war es wieder das slowakische Element, das sich in dieser weinreichen, seit frühesten Zeiten besiedelten Lößlandschaft belebend ausgewirkt hat. In der Kellergasse zum Kirchberg von Stillfried wirken einige Preßhäuser mit eingeschlagenen Fensterscheiben und abbröckelndem Verputz störend – Zeichen des Verkommens und Verödens neben schmucken einladenden Trinkstätten. „Die haben Bauern von drüben gehört", heißt es. „Drüben", jenseits der March, ist die heutige Slowakei, war früher einmal Ungarn und bis 1945, und sogar noch kurz danach, trotz des Flusses leicht zu erreichen. Es war ja auch einmal eine Brücke da, heute ist sie zerstört. Und viele Bauern von drüben hatten ihre Weinberge seit eh und je auf österreichischer Seite, ebenso wie Stillfrieder Bauern drüben ihre Felder bestellten. „Ich hab' eine Zeitlang den Weinberg einer Familie von drüben bearbeitet, zu Weihnachten haben wir den Leuten Lebensmittel geschickt oder Wolle zum Stricken, oder was sonst rar war in der Slowakei", sagt ein Bauer. Andere Weingärten verrotten und verwildern. Und die Menschen in Stillfried und in anderen Grenzdörfern erinnern sich mit einer gewissen Bitterkeit daran, wie man sie nach dem Krieg drüben noch hatte anbauen lassen: „Wie es zur Ernte kam, nahmen sie uns alles weg." Beim Stichwort Ernte zitieren die Marchfelder aber auch das Heer bestiefelter slowakischer Taglöhner, die sich jeden Sommer nach Österreich verdingten. Früher haben die Slowaken ihre Kinder nach Stillfried in die Schule geschickt, damit sie deutsch lernten, und deutsche Kinder lernten am anderen Marchufer slowakisch. „Und am Sonntag in der Kirche, da waren bei uns oft mehr Slowaken als Einheimische", sagt ein alter Lehrer, der diese lebendige Grenze noch erlebt hat.

Obwohl die Grenze nun zu ist und durch die Marchmitte eindeutig definiert wird, entstanden durch die Regulierung des Flusses Unklarheiten: weil dabei mehrere Schlingen begradigt worden sind, war auf einmal ČSSR-Territorium auf österreichischer Seite und österreichisches Land am anderen Marchufer. Und so haben die Österreicher auch schon jenseits des Flusses ihr Holz geschlagen, und Slowaken nehmen dann und wann herüben dieses ihr Recht wahr. Ansonsten gehören die Marchauen Rehen und Fasanen und Hasen und Rebhühnern. Die Bernsteinstraße, die Jahrtausende hindurch vom Donauübergang bei Carnuntum hierherauf über Stillfried und Dürnkrut nach Mähren und weiter bis an die Ostsee führte, dient heute höchstens einigen Traktoren und lokalem Dorfverkehr. Bei Hollabrunn verschwindet sie im Nichts, eine ewige Straße verendet, haucht an einem Stacheldraht ihr Leben aus.

Die Donau aber hat sich ihre uralte Funktion als West-Ost-Straße bewahrt. Zollbooten begegnet man auf dem Strom nur im Westen zwischen Passau und Engelhartszell und im Osten bei Hainburg, wo die Ungarische Pforte immer schon ein natürliches Tor zu den Weiten Pannoniens gebildet hat. Das österreichische Donauufer schiebt sich gegenüber dem Thebener Felsen fast bis an die Vororte Preßburgs heran. Bei dem Schild „Achtung Staatsgrenze" kann man einen Blick hinein in die Stadt tun, und auch auf die tschechoslowakischen Bewacher dieser kurzen Donaugrenze: Soldaten mit grünen Matrosenmützen, die Vorstellungen von einer imaginären k. u. k. Gebirgsmarine erwecken.


Vom Dreisesselsberg im Norden bis zur Preßburger Donaupassage im Osten decken sich die Grenzlinien der Republik mit einer Karte, die die Umrisse Österreichs zwischen 976 und 1526 skizziert – bis zur Vermehrung um Böhmen und Ungarn – eine Grenze, seit tausend Jahren also durch Wasserscheiden, Waldkämme und Flußläufe definiert. Sobald man sich jedoch südwärts ins Burgenland begibt, beginnt die Grenze verrückt zu spielen. Sie fährt in wildem Zickzack durch eine völlig gerade, ebene Landschaft, auf der man die zwei Staaten mit dem Lineal hätte trennen können. Sie springt hin und her, verläuft in Schlangenlinien, schiebt sich vor, weicht wieder zurück und benimmt sich so, als ob bei der Grenzziehung 1920/21 jeder Stein und jeder Acker für sich ein Bekenntnis zu Ungarn oder Österreich hätte ablegen müssen. Obwohl damals nur über den aus dem Burgenland herausgeschnittenen Ödenburger Zipfel abgestimmt wurde, scheint an dieser Grenze doch jeder Meter mehr oder weniger Österreich das Ergebnis eines zähen Ringens gewesen zu sein. Die ungarischen Großgrundbesitzer setzten alle ihre Interessen und Beziehungen ein, um möglichst viel Land unter ungarischer Hoheit verbleiben zu lassen. Denn Österreich, dieser jungen Republik mit den starken Sozialdemokraten, diesem Staat, der Anhängern der kurzlebigen Räterepublik Béla Kuns Asyl gewährte, war nicht zu trauen. In Ungarn wähnten sie sich ihres Besitzes viel sicherer – bis dann die Ereignisse nach dem Zweiten Welkrieg ihre Welt auf den Kopf stellten und sie heute einzig aus dem Gewinn ziehen, was 1920 durch die neue Grenze an Österreich „verloren"ging.

Und so spürt man auch heute im Burgenland noch, daß es während so vieler Jahrhunderte ungarischer Selbständigkeit nicht Grenzland gegen Osten, sondern gegen Westen war. Die Burgen, denen das jüngste Bundesland seinen Namen verdankt, wurden erst im 16. Jahrhundert zu Bollwerken gegen die Türken umfunktioniert. Bis 1526 blickten ihre wichtigsten Basteien nach Westen, sollten sie Ungarn vor einem allzu starken deutschen Ostdrang bewahren – was allerdings nicht verhinderte, daß inzwischen fast ganz Westungarn von deutschen Bauern fruchtbar gemacht worden war. Und von den aus dem Osten angesiedelten Wehrbauern blieb nichts als ein fernes Echo in mehreren Ortsnamen. Das harmlos klingende Pöttsching nahe der Leitha – dem einstigen österreichisch-ungarischen Grenzfluß – verdankt seinen Namen den Petschenegen, den nomadischen Steppenreitern, die 1067 von den Magyaren hier als Grenztruppe seßhaft gemacht worden sind. Auch in Niederösterreich, im nördlichen Weinviertel bei Staatz, hören die Etymologen aus einigen Ortsbezeichnungen noch die Stimme ungarischer Wehrbauern: als nämlich die Offensivkraft der Magyaren gebrochen war, versuchten sie ihren Besitz westlich der Leitha durch einen Verhau, eine Kombination von künstlichen Wällen und Sperren und natürlichen Hindernissen, aufgestauten Bächen und versumpften Landstrichen, zu befestigen. Unterstützt wurde dieser „gyepü" genannte Westwall durch militärisch organisierte Dörfer. Davon hielt sich im Weinviertel, neben dem fast zu eindeutigen Ungarndorf, ein Fallbach – von falva = magyarisch Dorf, ein Schotterlee – von ungarisch satorle = Hügel des Zeltes, ein Gaubitsch – von ungarisch kovacs = Schmied. Und die ungarische Minderheit im Burgenland, vor allem in der Gegend um Oberwart, in diesem „Grenz-Wart", stammt von Grenzwächtern, von Szeklern, die von ungarischen Königen hierher verpflanzt worden sind.[6]

So färbt im Burgenland die Grenze tiefer auf jeden einzelnen Menschen ab. Einmal Grenze gegen Westen sein, dann wieder gegen Osten, das formt. Die größere Toleranz der magyarischen Herren im Gegensatz zu habsburgischem Absolutismus und gegenreformatorischem Bekehrungseifer ließ 15 Prozent der Bevölkerung am protestantischen Bekenntnis festhalten. Bis 1938 blühten Judengemeinden im Burgenland, und das Magnatentum der Eszterházy und Batthyány und anderer ungarischer Großer sorgte dafür, daß das Wort Herrschaft im Burgenland auch heute noch einen ganz anderen Klang hat als sonstwo in Österreich. Und dann die verschiedenen Völker: das Deutschtum, das sich der Magyarisierung widersetzte, die kroatischen Türkenflüchtlinge, die sich zwischen den beiden Staatsvölkern behaupteten, und das ungarische Erbe, geschickt vermarktet durch die burgenländische Fremdenverkehrsindustrie. Über allem steht, in Sichtweite der meisten Städtchen und Dörfer, eine moderne Grenze zwischen zwei Gesellschaftssystemen.

In dieses österreichisch-ungarische Mosaik fügt sich im Seewinkel die alte Eisenbahn, die jeden Morgen bei Pamhagen von Ödenburg herüberzuckelt – mit ungarischen Beamten bemannt, die den ganzen Tag lang zwischen Pamhagen, Neusiedl und Wulkaprodersdorf österreichischen Passagieren die Fahrkarten zwicken und den Burgenländern den lokalen Verkehr besorgen. Am Abend kehren sie wieder nach Ungarn zurück. Sie sind Angehörige einer seltsamen Institution, die von der Monarchie her überdauert hat: der Raab-Ödenburger-Eisenbahn, einer Privatbahn, an der neben österreichischen Gesellschaftern auch der ungarische Staat beteiligt ist. Das Züglein mit seiner Dampflokomotive, für die Eisenbahnmuseen Interesse zeigen würden, bringt den Ungarn harte Devisen und pfaucht gemächlich durch das brettelebene Land – mit einem magyarischen Lokführer, ungarischen Aufschriften, österreichischen Bahnhofsvorständen und österreichischen Passagieren, so als ob sich in den letzten 60 Jahren nichts geändert hätte. Nur die Ungarn, die zum Vergnügen von Ödenburg nach Frauenkirchen, Gols oder Neusiedl fahren, die gehen einem ab.

Ähnlich wie früher, wie in der Monarchie, ist der kleine Grenzverkehr im Südosten nur nach Jugoslawien hin lebendig – bei Bonisdorf, dem südlichsten Punkt des Burgenlandes, oder in Radkersburg, in der südländischen Szenerie der steirischen Weinstraße, und drüben jenseits der Waldbarriere der Sau- und Koralpe in Kärnten.

An einsamen Zollhäusern wacht ein einzelner Beamter, und nur die Bewohner der beiden Grenzbezirke dürfen mit einem eigenen Grenzübertrittsausweis hinüber und herüber. In den Nachtstunden wird meist zugesperrt. An einem Montagmorgen lehnen am Schlagbaum jedoch oft slowenische Taglöhner, die darauf warten, von burgenländischen, steirischen oder Kärntner Bauern engagiert zu werden. In Grenzgasthöfen werden am Sonntag vorher oft schon Lohn, Zeit und Ort ausgehandelt. Der Hof eines solchen Wirtshauses bei Bonisdorf ist auch mit landwirtschaftlichen Maschinen aller Art angefüllt. Geschickte Händler haben in Niederösterreich ausgediente Geräte aufgekauft, sie wiederhergerichtet und frisch streichen lassen. Und jugoslawische Bauern überqueren als dankbare Kundschaft die Grenze. Wie an der deutschen oder an der Schweizer Grenze wissen auch hier die Hausfrauen auf beiden Seiten, was jeweils wo billiger ist und wieviel man davon offiziell über die Grenze transportieren darf, und was man besser schwarz einführt. Grenzbewohner haben ein feines Empfinden dafür, und sie reagieren überaus schnell. Auch wenn sie an einer Grenze leben, die noch nicht von der Geschichte untermauert ist. Denn das Herzogtum Steiermark hat früher weit in den slowenischen Raum hineingereicht. Auch in Laibach spricht man vom östlichen Slowenien, von Marburg und Pettau, als der Steiermark.

Während sich Österreichs Nordwestgrenze gegen Bayern immerhin schon einer gewissen Vergangenheit erfreuen kann und in Tirol, aller bayerischen Begehrlichkeit zum Trotz, auf dem Stand des 16. Jahrhunderts geblieben ist, hat der südliche

Alpenkamm von Lienz bis zum Reschenpaß seine Aufgabe, Grenze zu sein, erst langsam lernen müssen. So schroff die schneebedeckten Ötztaler und Zillertaler Alpen auch sein mögen – zur Grenze wurden sie erst durch die Teilung Tirols durch den Friedensvertrag von St. Germain. Das Gesetz von der Wasserscheide gilt hier nicht, das Gerede von natürlichen Grenzen wird zur Unnatur. Und die Schlagbäume, Fahnenmasten und Kasernen am Brenner teilen diesem wichtigsten und bequemsten (1370 Meter) Übergang über den Alpenhauptkamm eine falsche Rolle zu. Dieser Paß, der immer nur Verbindung war und den Süden mit dem Norden verkuppelte, muß auf einmal als Scheidungsrichter und trennendes Element herhalten. Schon bevor der Brenner die Römer über die Alpen lockte, wurde er regelmäßig begangen. Über ihn führte einer der mittelalterlichen Wege ins Heilige Land, er lag auch am klassischen europäischen Pilgerpfad nach Santiago de Compostela; und die in den Süden drängenden deutschen Kaiser haben ihn 66mal überquert (und daneben benutzten sie auch einige Male den Reschen). Für den Handel über den Brenner war die direkte Linie Augsburg–Innsbruck–Venedig bedeutsam. Und auf beiden Seiten des Passes war – und ist – Tirol; das Land hat von diesem Übergang in vielfacher Weise gezehrt.

Als 1363 nach dem Aussterben der Tiroler Linie des Hauses Görz die Bayern nach diesem kostbaren Erbe greifen wollten, kam ihnen der Habsburger Rudolf IV. zuvor. Obwohl es Winter war, riskierte er die Brennerroute und ließ sich jenseits des Passes in Bozen vom Tiroler Adel huldigen. Durch den Vertrag von Bozen sicherte Rudolf Tirol für sein Haus. Erst später zogen sich die Landesfürsten über den Brenner zurück, um von Innsbruck aus, ungestört durch den im reicheren Süden beheimateten Adel, ein unumschränktes Regime führen zu können.

Auch die alten Zollstellen, die Maut bei Lueg ob Matrei oder bei Lurx nahe von Sterzing, sind keine Grenzrelikte. Der Warenzoll wurde früher nämlich nicht an der Grenze, sondern vor den größten Steigungen der Paßstraßen eingehoben. Die Landesfürsten, die ihn kassierten, garantierten dafür in Tirol völlige Sicherheit – die Habsburger hatten mit dem Raubritterunwesen aufgeräumt –, Geleitschutz und befahrbare Straßen. Von der Zollstätte, durch die man bei einem Tor hinein- und nach Ende der Prozedur beim anderen wieder hinausfahren mußte, steht am Lueg heute nur noch ein Wirtshaus, die eigentliche Klause wurde in den Franzosenkriegen zerstört. Das Kirchlein hat die Jahre überlebt, ebenso auch der Grabstein eines landesfürstlichen Zollbeamten.

„Auf der Weiterreise kamen wir zum herzoglichen Wachthaus ‚Im Lug' genannt, wo schwerer Zoll für alle von Venedig nach Schwaben gehenden Waren entrichtet werden muß. Da befindet sich eine große Waage mit mächtigen Ketten, auf der die schwersten Fuhrwerke mit allen ihren Lasten gewogen werden . . .", berichtete schon anno 1484 der Ulmer Dominikanerpater Felix Faber, der seine zwei Pilgerreisen ins Heilige Land ausführlich mit reizvollen Bemerkungen über Land und Leute beschrieben hat. Als einer der ersten Reiseerzähler hatte er auch Sinn für die Natur, für die Unbill des Wetters und die Monumentalität der Berge. Da liest man:

„In diesem Gebirgsgebiet sind mächtig hohe Bergspitzen, und im Winter, vor allem zur Zeit der Schneeschmelze, ist der Übergang sehr gefährlich, weil von den höheren Bergen die Schneemassen losbrechen und im Abstürzen zu ungeheuren Lawinen wachsen, die mit solcher Kraft und solchem Getöse zu Tal gehen, als würden die Berge mit Gewalt auseinandergerissen. Alles, was einer solchen Lawine in den Weg

kommt, reißt sie mit fort; Felsen hebt sie aus ihrem Lager, entwurzelt Bäume, erfaßt Häuser, reißt sie mit sich und überschüttet manchmal ganze Orte . . ."[7]
Dreihundert Jahre nach dem schreibfreudigen Dominikaner machte ein anderer feder-gewandter Reisender oben am Brenner Rast: Johann Wolfgang Goethe. Am 8. September 1786 notierte er von seiner „Italienischen Reise": „Von Innsbruck herauf wird es immer schöner, da hilft kein Beschreiben . . . Es liegen Dörfer, Häuser, Häuschen, Hütten, alles weiß angestrichen, zwischen Feldern und Hecken auf der abhängenden hohen und breiten Fläche . . . Nun wurde es dunkler und dunkler, das einzelne verlor sich, die Massen wurden immer größer und herrlicher, endlich, da sich alles nur wie ein tiefes geheimes Bild vor mir bewegte, sah ich auf einmal wieder die hohen Schneegipfel vom Mond beleuchtet, und nun erwarte ich, daß der Morgen diese Felsenkluft erhelle, in der ich auf der Grenzscheide des Südens und Nordens eingeklemmt bin . . ."[8]
Auch Hans Christian Andersen, der dänische Märchendichter, hat 1840 den Brenner nächtlicherweile bezwungen: „Am vierten Dezember gegen Abend fuhr ich, gut in Mäntel eingepackt und isländische Wollstrümpfe bis über die Knie, mit der Diligence den Berg hinauf. Oben würde es kalt sein, hatte man mir prophezeit, vielleicht läge der Schnee so hoch, daß man sich vorwärtsschaufeln müßte . . . Die Wagenspur führte dicht am tiefen schwindelnden Abgrund entlang, vor dem kein Geländer schützte, nur hier und da stand eine gewaltige Tanne, die sich mit ihren langen Wurzeln an den Abhang klammerte. Stille! Nur das Rieseln eines Baches war zu hören. Kein Wanderer begegnete uns, kein Vogel flog an uns vorüber, und bald wurde es so kalt, daß an den Fenstern der Kutsche Eisblumen froren und sich das Licht des Mondes an den Rändern der Blumen brach. In Steinach machten wir halt, drängten uns in der Gaststube um einen Kachelofen mit Messingkugeln darauf und nahmen eine bescheidene Freitagskost zu uns, während der Kutscher Heu in den Wagen füllte, damit wir später warme Füße hätten. Es lag nicht viel Schnee hier oben, aber bitterlich kalt war es. Gerade um Mitternacht passierten wir den Brenner, den höchsten Punkt, und obgleich die Kälte noch dieselbe war, empfanden wir doch weniger davon, denn wir saßen mit den Füßen im warmen Heu und mit dem Gedanken im warmen Italien, dem wir jetzt entgegenrollten . . ."[9]
Diese historische Brennerstraße, wo verlief sie, wie war sie, was entdeckt man von diesem ehrwürdigen Weg heute noch, wenn man sich über die Autobahn tragen läßt oder auch über die breite, ausgebaute Bundesstraße? Goethe und Andersen sind im Prinzip dieser zweiten Route gefolgt. Felix Fabers Weg hat sich damit noch nicht so völlig gedeckt, wenn auch der Ausbau der Straße durch Erzherzog Sigismund, den er erwähnt, bereits im wesentlichen mit dem Verlauf der späteren Bundesstraße übereingestimmt haben dürfte. Aber vielfach bewegten sich die Brennerpilger nicht so tief im Wipptal, sondern suchten Pfade an den Hängen und Höhen.
Als Wegweiser dienen einige Gedenksteine, die an wichtige und weniger wichtige Ereignisse an der Straße erinnern sollen. So ragt gleich nach Innsbruck ein Monument auf, das aus einem recht erfreulichen und friedlichen Anlaß gestiftet worden ist: Erzherzog Leopold, der Sohn Maria Theresias und spätere Kaiser Leopold II., hat hier vor der Innsbrucker Hochzeit seine Braut Maria Louise von Spanien zum erstenmal in die Arme geschlossen, das heißt, es wird wohl nur ein höflicher Handkuß gewesen sein oder ein zartes Berühren der Wangen.
Nicht weit davon wartet ein abgetakelter Gasthof auf seine Renovierung. 1809 war hier

das Nervenzentrum des Tiroler Widerstandes. Andreas Hofer hatte während der Bergiselschlachten im Gasthof Schupfen sein Hauptquartier aufgeschlagen. Und bei Schönberg, wo die Europabrücke ein ganzes Tal aufhebt, begegnet einem die erste Abweichung: gleich nach der heute eher unscheinbaren alten Stefansbrücke, die zu ihrer Zeit als Gipfel der Hochbautechnik gepriesen wurde, gerät man nach einigem Suchen hinter einer Fremdenpension auf einen steilen Weg, der für nichts anderes da zu sein scheint, als ein paar Bauernhäuser miteinander zu verbinden oder deutschen Touristen einen schattigen Spaziergang zu erlauben. Die Tafel, die dem Weg historische Bedeutung verleiht, kann man leicht übersehen. Sie erinnert an die Reise von Papst Pius VI. durch Tirol, als dieser 1782 nach dem Besuch bei Kaiser Josef II. in Wien über den Brenner nach Rom zurückkehrte. Die Inschrift weiß jedoch weiters von der alten Römerstraße zu erzählen, die hier hinaufgeführt hat. Und wenn man weiter oben bei Matrei oder Steinach die Bauern nach dem „Ur-Brennerweg" fragt, reden sie alle mit großer Selbstverständlichkeit von der „Römerstraße", auch wenn sie nicht genau unterscheiden, ob diese Pfade nun wirklich vom Tritt der Legionen erschüttert worden sind oder ob sie im Mittelalter die Kaiser des Heiligen Römischen Reiches über die Alpen gelotst haben. „Da drüben bei dem Kircherl am Gegenhang in Mauern war die alte Straße", heißt es in Steinach. Aber da denken die Leute wieder an die Salzroute aus Hall, die in die Brennerstraße einmündete. Und noch von einem anderen Weg berichten die Menschen hier, von einem Weg, der eigentlich kaum einer war – das Tuxer Joch. In einem vielstündigen Marsch haben die Bauern aus dem Tuxertal ihre Toten über die Berge getragen und rund um das Ursula-Kirchlein in Mauern bestattet. Im Winter, wenn das Joch verschneit war, wurden die Leichen eingefroren und in einer eigens dafür bestimmten Kammer abgestellt, bis der Weg ins Wipptal hinüber wieder frei war. Schaut man nun weiter durch das Tal, bemerkt man mehrere solcher würfelförmiger Kirchlein, die alle noch aus einer Zeit stammen, die sich mit Gott so eins war, daß sie keiner gewaltigen Bauwerke bedurfte, um seine Autorität zu mehren. Diese romanischen Kapellenkirchen, in denen nur für den Priester und ein paar Andächtige Platz war, während die übrigen Gläubigen draußen im Freien beteten, bilden eine Kette entlang der Straße – eine Kapelle in Sichtweite der nächsten, wie Wachtürme des lieben Gottes, jeweils mit einem der Pilgerpatrone (St. Leonhard, St. Jodok, St. Jakob und wie sie alle heißen) bemannt, damit die Wanderer guten Geleites sicher sein könnten. Das Martinskirchlein hinter Steinach knapp vor dem Brenner erhebt sich über einer Autobahnstation und der noch tieferliegenden Bundesstraße. Der alte Weg geht unmittelbar an dem schlichten Gemäuer vorbei. Der Bauer weist auf die nächste Höhe – dort ist die „Römerstraße" nichts als ein Kuhweg, auf dem das Vieh zur Weide getrieben wird, und so läßt sich die imaginäre Linie weiterdenken, der Könige und Kaiser gefolgt sind, wenn sie Italien für das deutsche Reich reklamierten oder selbst dem Glanz des Südens erlegen sind.

Die Wissenschaftler waren sich nicht immer ganz einig darüber, ob die Via Claudia Augusta (von Drusus begonnen und von Claudius um die Mitte des ersten Jahrhunderts nach Christus ausgebaut) nun über den Brenner oder weiter östlich über den 1510 Meter hohen Reschen angelegt worden war. Weil der Name für beide Strecken durch römische Meilensteine belegt ist, muß man wohl annehmen, daß sich die Claudia Augusta gespalten hat – der eine Ast über den Brenner bis zur Donau (bei Donauwörth) und der andere über den Reschen und weiter über den Arlberg zum

Bodensee und nach Ulm. Im Mittelalter war der Brenner (fast das ganze Jahr hindurch offen) wichtiger als der Reschen – 962 hat Otto I. zum erstenmal diese Kaiserstraße gewählt. 1158 schleuste Friedrich Barbarossa 15.000 Reiter und 100.000 Fußsoldaten über den Paß. Und um 1300 wurden jährlich 3000 Tonnen Fracht über den Brenner befördert – etwa 1000 Wagen zu je drei Tonnen. Bis 1859 stieg die Tonnagenziffer auf 60.000 – also 20.000 Wagen.

Zur Entlastung dieses sogenannten „Unteren Weges" hatte jedoch schon Maximilian I. den Ausbau des „Oberen Weges" über den Reschen angeordnet. Nach und nach erhielt die Straße den Inn entlang und dann im Engtal des Stillen Baches zum Reschen hinauf strategisches Gewicht als direkte Verbindung in die österreichische Lombardei – zwischen 1820 und 1825 wurde nämlich die Militärstraße über das Stilfserjoch fertiggestellt. Ein umfangreiches Festungssystem sollte diese Verkehrslinien gegen jeden feindlichen Zugriff absichern. An der Brennersüdseite wurde die gewaltige Anlage von Franzensfeste konstruiert – und sie beherbergt heute noch italienisches Militär. Etwas unter dem Reschen, auf auch heute noch österreichischem Gebiet, preßten die Ingenieursoffiziere des Kaisers das Sperrfort Hochfinstermünz in die Klamm. Und das drohende künstliche Granitgebirge erschreckt jeden, der um die Ecke biegt. Diese einzige Festung aus der Monarchie, die heute auf unserem Boden noch völlig intakt ist, war zwar nie erobert worden – niemals hatten sich Angreifer vor ihren Schießscharten befunden. Aber sie hätte beinahe vor der Zeit kapitulieren müssen. War sie schon in der Monarchie überflüssig und ein Ort öden, langweiligen und feuchtkühlen Festungsdaseins, so wurde sie nach dem Ersten Weltkrieg völlig unnötig. Während auf der anderen Seite Mussolini die Straße mit mächtigen Bunkerbauten „dekorierte", zeigte das österreichische Bundesheer der Ersten und der Zweiten Republik wenig Interesse an den Mauern im Fels. Die deutsche Wehrmacht und später die Franzosen deponierten hier Munition. An die Wände haben Bundesheersoldaten ihre Langeweile gekritzelt, als sie dort während der Südtirolkrise Anfang der sechziger Jahre auf Wache geschickt wurden. Dann stand die Festung offen, und wenn nicht ein Museumskustos aus Telfs sein Herz für Hochfinstermünz entdeckt hätte, wäre sie wohl völlig demontiert und ruiniert worden. Seiner privaten Initiative ist es zu verdanken, daß der Bau nicht völlig dem Verfall preisgegeben ist. Der Mann hat sich selbst eine rot-weiß-rote Fahne genäht und auf dem Fort gehißt und die Tür zu den Kasematten schwarz-gelb gestrichen. Auch den Doppeladler, der einmal die Festung schmückte, hat er gerettet. Als man 1919 nicht genau wußte, wo am Reschen die Grenze verlaufen würde, holten ein paar Burschen aus einem nahen Dorf den schweren gußeisernen Wappenvogel herunter und stellten ihn bei Pfunds auf einem Sockel wieder auf. Nun ist dieses Symbol habsburgischer Macht nach Hochfinstermünz zurückgekehrt. „Schaun S'", sagt der Tiroler Festungsherr, „jeder Kopf schaut anders, und der eine schaut so richtig bissig über den Reschen . . ."

Grenzen, die früher einmal wirklich verteidigt werden mußten, hat das heutige Tirol jedoch nur im Norden. Goethe mußte einen „steinernen Vorhang" passieren, als er bei Scharnitz von Bayern nach Österreich gelangte: „Die Grenze ist mit einem Walle geschlossen, der das Tal verriegelt und sich an die Berge anschließt. Es sieht gut aus: an der einen Seite ist der Felsen befestigt, an der andren steigt er senkrecht in die Höhe . . ."[10] Diese „Porta Claudia" lag ursprünglich auf Freisinger Gebiet. Die

Landesfürstin Claudia von Medici strebte nämlich während des Dreißigjährigen Krieges einen besseren Grenzschirm an; so erlangte sie von Freising die Erlaubnis, an einer günstigen Engstelle dieses Hindernis zu errichten. Erst später wurde das Land auf dem Tauschweg erworben. Die Bayern haben die Porta jedoch 1703 erobert, und 1805 gelang es den Franzosen, sie durch Verrat zu umgehen. Jetzt sind von ihr nur noch ein paar Steinbrocken übrig.

Auch die übrige Nordgrenze Tirols wird zu einer Chronik bayerisch-habsburgischer Auseinandersetzungen um den Besitz Tirols. Heutzutage denken Österreicher im Zusammenhang mit Kufstein vor allem an schnelle Skier und an die bequemste Verbindung zwischen Wien und Innsbruck durch das bayerische Inntal. Früher diente die Stadt jedoch hauptsächlich als Bollwerk gegen Bayern, das heißt, nachdem die Habsburger den Wittelsbachern die Festung abgenommen hatten. Denn die wie ein Topf oder eine Gluckhenne über Kufstein sitzende Feste war samt dem Unterinntal wittelsbachisch – und erst nach einem langen Erbstreit wurde sie österreichisch.

Bevor es aber soweit war, mußte der Kaiser im Herbst 1504 mit 9000 Mann ausrücken und seine beiden schwersten Geschütze aus dem Innsbrucker Zeughaus per Schiff herbeiholen lassen. Je 32 Pferde waren nötig, um „Purlepaus" und „Weckauf" – so muntere Namen dichtete man diesen Tod und Verderben speienden Ungetümen an – in Schußposition zu bringen. Das Gewicht der einzelnen Eisenkugeln soll zwischen 100 und 150 Kilogramm betragen haben. Als die Festung endlich mürbe war und kapitulierte, veranstaltete Maximilian ein wenig akklamiertes Blutgericht unter den Verteidigern und ließ die Heldentaten in seinem gemalten Triumphzug feiern und auch auf seinem Grabmal in der Innsbrucker Hofkirche verewigen.

Das nächstemal rannten wieder Bayern gegen die Festung an. Sie war inzwischen von Maximilian durch den so markanten runden Kaiserturm – ein Wunderwerk der Statik – verstärkt worden. Doch 1703 entdeckten die Bayern eine Bresche, und ein kühner Grenadier-Stoßtrupp überraschte die kaiserliche Besatzung. 1809 belagerten dann wieder Österreicher Kufstein – die Tiroler Bauern unter Josef Speckbacher brachten es jedoch trotz zweimaligen Versuchs nicht zuwege, den Abwehrwillen der bayerischen Besatzung zu brechen.

Diese zog erst 1814 ab, als Napoleons europäische Ordnung nichts mehr galt. Daß Kufstein dann einem anderen Ordnungselement unterworfen war, daran wird man sofort erinnert, wenn man ungarische Touristen trifft, die nach dem Kaiserturm fragen. Jedes ungarische Kind lernt in der Geschichtsstunde den Namen Kufstein. Und auch in polnischen Geschichtsbüchern ist die Tiroler Grenzstadt verzeichnet. 1848 dichtete ein liberaler Wiener Poet: „Auf Kufsteins steiler Felsenfeste, im engen, düsteren Gemach, da seufzen noch die edlen Polen in tiefster unverdienter Schmach."[11] Nachdem nämlich unter Josef II. das schrecklichste Gefängnis der Monarchie, der Brünner Spielberg, aufgelassen worden war, suchten die Behörden bald nach einer anderen sicheren Unterbringungsstätte für politische Gegner; da bot sich der dritte Stock des Kufsteiner Kaiserturms an. Kriegsgefangene preußische Generäle waren die ersten, die während des Siebenjährigen Krieges diese „Unterkunft" kennengelernt hatten, dann wurden die ungarischen Jakobiner und andere unruhige Geister in den Turm gesperrt; die nächste Welle bildeten polnische Aufständische, und nach deren Freilassung wurde Kufstein zum Schreckenswort für die österreichischen und ungarischen Revolutionäre von 1848/49.

Die Grenzen habsburgischer Liberalität standen in jenen bitteren Nachrevolutionsjahren umgekehrt zur Ausdehnung des Reiches. Seiner Größe wurde man in Kufstein nur durch die verschiedenen Sprachen und Geburtsorte der Gefangenen gewahr. Die politische Polizei des Kaisers sperrte unliebsame Personen zwar in eine Grenzfestung, doch die größten Gefahren drohten der Monarchie damals von innen. Und die Grenzen des heutigen Österreich hat seit dem Marsch der ungarischen Honveds in Richtung Wien anno 1848 überhaupt nur ein einziges Mal ein Feind überschritten: 1866 die Preußen. Nach der Niederlage von Königgrätz und der Einigung über einen Waffenstillstand wurde am 22. Juli 1866 um zehn Uhr vormittags im Haus Nr. 33 in Eibesbrunn in Niederösterreich der Verlauf der Demarkationslinie festgelegt. Preußischerseits unterzeichnete Generalquartiermeister General von Pidbielski, für Österreich signierte der Generalstabschef Feldmarschalleutnant Baron John das Abkommen. Die Preußen standen entlang der Donau von Krems bis zur Mündung des Göllersbaches bei Stockerau, dann zurück bis zum Rußbach, und diesem entlang im Marchfeld bis zur Eisenbahnbrücke über die March und zur ungarischen Grenze. Die Besatzungszeit, deren schrecklichste Folge eine Choleraepidemie war – sie griff von der preußischen Armee auf die Bevölkerung über –, dauerte jedoch nur bis Ende Juli 1866. Am 12. August verließen die letzten preußischen Truppen im nördlichsten Zipfel bei Litschau niederösterreichischen Boden.[12]

Und im Ersten Weltkrieg? Nun, während der Kampfhandlungen hat damals kaum ein feindlicher Soldat seinen Fuß auf den Boden der heutigen Republik gesetzt. Nur eine Ecke der Lienzer Dolomiten und die Karnischen Alpen mit dem Plöckenpaß und dem Naßfeldjoch waren Front. Die Italiener wollten nachher diesen Eindruck etwas verwischen. An allen großen Paßstraßen weihten sie kurz vor der Grenze Heldengedenkstätten ein, Ossarien, in denen die Überreste von Soldaten beigesetzt wurden, die entweder nach dem Waffenstillstand vom 4. November 1918 bei der Besetzung Südtirols ums Leben gekommen waren oder die man einfach von der Front bis an den Brenner, bis auf die Malser Heide am Reschen oder aufs Toblacherfeld bei Innichen „vorverlegt" hatte. Es sollte so aussehen, als hätten die Italiener dieses Land kämpfend erobert.

Auch die Marmortafel im gut Südtiroler Gasthof Stafler in Mals kurz vor Sterzing ist ein Zeugnis dieser Form psychologischer „Nachkriegsführung". Sie erinnert daran, daß hier Luigi Cadorna, der Marschall Italiens (der Oberbefehlshaber der Armee in den Isonzoschlachten von 1915 bis 1917), in seinen letzten Jahren Ruhe gesucht hatte: „Qui: presso il Brennero sacro" – hier, nahe dem heiligen Brenner.

Konkreter gerät man ins Kampfgeschehen oben am 1530 Meter hohen Naßfeldjoch. Gleich neben dem Zollschranken vor einem Kirchlein, einer Soldatenkapelle, auf Befehl eines Generals 1916 gebaut, sind die Namen der Gefallenen und Toten der Kämpfe hier heroben verzeichnet; Namen, die kaum aus der Gegend stammen; die Tafel wird zum Spiegel des Völkergemischs der alten Armee; da sind Ukrainer dabei und Polen und Ungarn und Tschechen und Juden und Deutsche. Denn in jenen späten Maitagen des Jahres 1915 nach der Kriegserklärung Italiens wurde jeder verfügbare Mann in die Berge geworfen – zu lange hatten die Generalstäbler auf sogenannte „unzugängliche" weiße Zonen im Gebirge vertraut. Doch dann waren sie darüber belehrt worden, daß dieser Bergkrieg den Begriff „unzugänglich" nicht duldete. Bevor jedoch die Regimenter aus den Hochgebirgsländern von der Ostfront abgezogen werden konnten, mußte jeder herhalten. In Tirol wurden die Standschützen zu den Waffen gerufen – Burschen, die noch nicht wehrpflichtig waren, und Männer, die es nicht mehr waren.

In Kärnten mußte ein solcher „Volksturm" überhaupt erst organisiert werden. Aber auch aus Salzburg und aus der Steiermark wurden Freiwilligeneinheiten herbeigeschafft. Und im Berliner „Tagblatt" schwärmte ein Kriegsberichterstatter: „Man sieht in den Dörfern hinter der kärntnerischen Front keine jungen Burschen und Männer mehr, nicht weil Österreich keine Mannschaft mehr hätte, sondern weil sie es nicht erwarten konnten, gerufen zu werden, weil sie sich vorgedrängt haben. Sie haben freiwillige Schützenscharen gebildet, wie die Tiroler alle Standschützen geworden sind. Sie sind fort, die Kärntner Burschen und Männer, in die Berge, dorthin, wo die Italiener ihre schweren Granaten hinschleudern, die ‚walischen' ".[13] Die letzten Überlebenden der Bergschlachten von beiden Seiten – Landschützen und Alpini – treffen sich einmal im Jahr am Naßfeld, unter dem Motto „Reich mir die Hand, Kamerad". Aber es werden ihrer immer weniger und weniger. Und diese Grenze ist heute ausgesprochen friedlich geworden. Im Winter wird sie überhaupt zugesperrt. Nur Bergwanderer und Zollpatrouillen stoßen noch auf alte Laufgräben, Kavernen, Patronenhülsen und vielleicht auch einmal auf einen verlorenen Stahlhelm.

Grenzkonflikte kennt Österreich nicht mehr. Die Grenzen zu den beiden kommunistischen Nachbarn Moskauer Schule sind bis auf die paar Übergänge zu, nur die lebendige jugoslawische Grenze liefert vielleicht manchmal Zündstoff. In Salzburg trauert mancher Patriot noch um den sogenannten „Rupertiwinkel", um die Ecke des Reichenhaller und Berchtesgadener Landes, das wie ein Stück aus einem Puzzlespiel aus Österreich herausgebrochen ist. (Metternich soll diesen Teil des Salzburger Kirchenfürstentums beim Wiener Kongreß leichtfertig an Bayern verloren haben, weil er wegen einer Liebesnacht mit der Herzogin von Sagan den Vertragsabschluß verschlafen habe, heißt es. In Wirklichkeit wollte er durch dieses Opfer verhindern, daß die Bayern eine Entschädigung in Italien erhielten.) Im Kleinen Walsertal zahlen Österreicher ihre Steuern an den österreichischen Staat in D-Mark und erhalten bei der Post für deutsches Geld österreichische Briefmarken. Sie brauchen nur zwei verschiedene Vorwahlnummern zu wählen und sind entweder im deutschen oder im österreichischen Inlandnetz, zum Inlandtarif. Aber wenn ein Kleinwalsertaler seiner Wehrpflicht nachkommt und über die Bundesrepublik in seine Vorarlberger Garnison fährt und dabei seine Uniform mitnimmt, so verstößt er gegen die Gesetze der Bundesrepublik. Ein deutscher Staatsbürger, der im Kleinen Walsertal wegen irgendeiner Straftat festgenommen wird, muß von der Gendarmerie per Hubschrauber ausgeflogen werden, damit es zu keiner Verwicklung mit den deutschen Behörden kommt usw. usw. Das sind die Probleme eines österreichischen Tales, das vom übrigen Österreich nur über Gebirgspfade zu erreichen ist. Deshalb feiert man dort heute noch das historische Datum des 1. Mai 1891, des Tages, an dem der Zollschranken zu Bayern fiel und das Kleine Walsertal zollmäßig an das Land angeschlossen wurde, zu dem es weit offensteht.

Nicht ganz unproblematisch ist auch die Bodenseegrenze, obwohl dort der Unterschied zwischen dem Schweizer und dem österreichischen Ufer unübersehbar ist – drüben dichte Bebauung, herüben ein Grüngürtel, ein Schutzgebiet, ein Stück freier

Natur. Aber Österreicher und Schweizer werden sich nicht einig, ob der See nun durch eine gedachte Linie geteilt wird (die Schweizer Auffassung), oder ob er außerhalb der Uferzone im Kondominium verwaltet werden soll – was die österreichischen Finanzbehörden vorziehen würden. Doch gegen die Schweiz hin sind die Grenzen wenigstens von keinen Erinnerungen belastet. Da war immer Grenze, da war drüben niemals Österreich. Oder doch? Wer durchs Inntal in das Engadin strebt, wird, schon ein gutes Stück in der Schweiz, überrascht sein, Doppeladler und Bindenschild von den Mauern des Schlosses Tarasp leuchten zu sehen. Erst seit 1803 ist die Herrschaft Tarasp schweizerisch (das heißt, heute gehört das Schloß der Familie Hessen), 1464 hatte es Herzog Sigismund von Tirol gekauft, und 1686 gaben es die Habsburger an den österreichischen Fürsten von Dietrichstein weiter, ein rot-weiß-roter Vorposten also im oft so austro-feindlichen Bündnerland.

Wenn man jedoch in Kärnten vom Naßfeld hinunter ins Kanaltal stößt, um die alte Grenze zu suchen, kommt man nach Pontebba, wo der Stadtteil jenseits des Flusses Pontafel geheißen und die Zöllner des Kaisers beherbergt hatte. Und ein Stück weiter an der Nordsüdstraße bei Tarvis sollte einen ein Name stutzig machen: Laglesie San Leopoldo. Hinter dieser Italianisierung verbirgt sich nämlich der babenbergische Landespatron, der heilige Leopold. Ein Abstecher lohnt. Das Kindergeschrei neben dem Dorfbrunnen folgt einer italienischen Melodie. Und vor dem Laden zeigt sich das deutsche Element nur durch die unter dem abbröckelnden Kalk durchschimmernde Aufschrift. Aber am Friedhof wird mit dem Tod und mit den Hinterbliebenen fast nur deutsch geredet. Und drinnen in der Kirche, die nach ihrer Zerstörung im Ersten Weltkrieg wiederaufgebaut worden ist, trifft man ihn dann, den Babenbergermarkgrafen aus dem fernen Niederösterreich. In weißem Marmor steht er da, mit der Klosterneuburger Kirche auf der offenen Handfläche, wie es sich für den Schutzheiligen eines Dorfes, das einmal Leopoldskirchen geheißen hat, gehört. Die Meßordnung ist deutsch und italienisch angeschrieben. Und es wird auch deutsch gepredigt. Der Pfarrer, der sich in einem Bauernhaus bei einem gemütlichen Schwatz stören läßt, hat Italienisch zur Muttersprache. Er hat erst hier deutsch gelernt. „Wissen Sie, das war furchtbar schwer, als ich damals kurz vor dem Krieg hierher versetzt worden bin. Mein Vorgänger, ein Tiroler, ist aus politischen Gründen von den Faschisten ausgewiesen worden – später hab' ich ihn einmal in Osttirol besucht, da hat er geweint. Und die meisten Leute waren damals gegen mich. Ich habe Drohbriefe erhalten. Was sollte ich machen? Ich habe mich bemüht, Vertrauen zu gewinnen. Es war nicht leicht, weil die Nazis ihnen allen den Kopf verdreht haben. Aber langsam sind wir uns näher gekommen, Schritt für Schritt. Ich fing an, deutsch die Beichte zu hören und dann auch deutsch zu predigen, und so haben wir uns zusammengerauft, zusammengelebt und zusammengebetet . . .“ Der Pfarrer schließt seine Kirche. Die Frau, die am Friedhof das Heu in einen Korb tut, sagt „Grüß Gott“, und er dankt ihr ebenfalls deutsch, brummelt dann etwas italienisch vor sich hin und wandert gemächlich seinem ärmlichen Pfarrhaus zu, nach mehr als 45 Jahren braven Dienens selbst ein Stück von Leopoldskirchen, so wie das Kirchlein und wie dieser italienisierte Erzösterreicher, der heilige Leopold.

PETER PONGRATZ

# DIE ÖSTERREICH FORMTEN

**H**och wie der Himmel, fest wie der Glaube, weit wie das Herz der Kirche, oder wie es sein sollte: Ein größeres Gotteshaus hat die Herrschaft Österreich nicht gekannt. St. Stephan in Wien wuchs erst später über die Basilika der Lilienfelder Zisterzienser hinaus. Die Bauleute, die ihr Handwerk und ihre Kunst noch gelernt hatten, als die Bogen rund und die Säulen dick und klobig waren, begannen sich gerade in der neuen Technik des Spitzbogen zu üben – zuerst in den Winkeln und Ecken, die den Blicken der Betenden verborgen blieben; und es stimmt da und dort auch nicht alles so zusammen, wie es der Meister auf dem Plan entworfen hatte. Aber in den nicht ganz dreißig Jahren von der Gründung des Stiftes, 1202, bis zur Weihe des Klosters und des Ostteils der Kirche mit Chor und Querschiff am 30. November 1230 haben sich die Bauprinzipien der Gotik klar gegen alle konservative romanische Tradition durchgesetzt. Der Stifter des Klosters, Herzog Leopold VI. (1198–1230) hat dieses Fest, zu dem Erzbischof Eberhard von Salzburg und die Bischöfe Gebhard von Passau und Rudigier von Chiemsee in das stille Tal am Rande der Alpen gekommen waren, nur noch als Leiche „erlebt". Nach der Konsekration erfolgte die Beisetzung des Fürsten. Im Sommer war er in San Germano in Italien gestorben, als er in diplomatischer Mission erfolgreich zwischen Kaiser und Papst vermittelte. Heute steht der Sarkophag aus dunklem Marmor mit dem Herzogshut als einzigen Schmuck vor dem Hochaltar: schwarzglänzende Trauer von ehrfürchtiger Einfachheit, die der Barockzeit sonst nicht zu eigen war. Denn dieses leere Gefäß des Todes wurde erst 1746 anstelle eines gotischen Kenotaphs errichtet. Wer davor stumm des Babenbergers gedenkt, sollte jedoch auch wissen, daß der Herzog nicht unter dem sargartigen Steingebilde liegt. Ja, eine Zeitlang wußte man überhaupt nicht, wo seine Gebeine zu suchen waren. Als nämlich vor ein paar Jahren

die Grabkammer vor dem Hochaltar – aber nicht direkt unter dem Sarkophag –

geöffnet wurde, kamen die Anthropologen zur eindeutigen Erkenntnis, daß hier nur eine Frau bestattet worden war.

Die Verehrung, die die barocken Grabforscher dem herzoglichen Stifter zollten, wurde durch keine solchen wissenschaftlichen Zweifel getrübt. Dem Drang ihrer Zeit entsprechend – oder aus der damals alles auf den Kopf stellenden Bauwut heraus – hatten sie 1739 die Grabkammer geöffnet. Und sie glaubten die sterblichen Reste Leopolds vor sich zu haben. Sie wunderten sich zwar über die vielen Kräuter, die den Leichnam bedeckten, fanden jedoch eine logische Erklärung dafür: Leopold war von San Germano nach Lilienfeld überführt worden. Die Kräuter mußten etwas mit der Konservierung der Leiche zu tun haben. So wurde es dann auch aufgeschrieben. Und die Nachwelt mußte es glauben, bis noch einmal Wissenschaftler die Toten in ihrem Schlaf störten.

Aber das Bild, das sich den neuen Eindringlingen bot, hat vielleicht manchen von ihnen bis in den Schlaf verfolgt. Die natürliche Zerstörungskraft des Todes war nämlich durch ein menschliches Zerstörungswerk noch verstärkt worden. 1739 hatte man zum Verschalen der Grabkammer grünes Holz verwendet, das bald zu verfaulen begann, zusammenfiel und den hölzernen Sarg eindrückte. So verrottete das schwer beschädigte Gerippe inmitten von Holztrümmern und Kräuter- und Textilresten. Die Fotos davon könnten der Schauersequenz eines Horrorfilms entnommen sein. Zu allem Unglück war der Herzog dann gar nicht der Herzog.[1]

Eine Untersuchung brachte schließlich Klarheit: die Kräuter waren nicht aus dem Süden importiert, sondern im Lilienfelder Tal gepflückt worden. Das Skelett ist weiblich, und die Dame stammte auch nicht aus dem Geschlecht der Babenberger. Es muß sich wohl um Zimburgis von Masovien handeln, einer ob ihrer Stämmigkeit und Kraft berühmten polnischen Prinzessin, die die Frau des Habsburgerherzogs Ernst des Eisernen wurde und Mutter Kaiser Friedrichs III. Als Großmutter Maximilians I. wurde sie auch unter die Frauengestalten der „Schwarzen Mander" am Grab des „letzten Ritters" in der Innsbrucker Hofkirche aufgenommen. 1429, während einer Wallfahrt nach Mariazell, erkrankte sie und starb im nahen Türnitz, und so wurde Lilienfeld zur letzten Station ihres Lebens.

Wo aber war nun der Herzog geblieben, für dessen Seelenheil die weißen Mönche hier seit mehr als siebenhundert Jahren beten? Man wollte schon kapitulieren. Als der Kirchenboden jedoch zur Installierung einer Heizung noch weiter aufgerissen werden mußte, hatte ein Steinmetzmeister plötzlich jenes instinktive Gespür, dem wir so viele Entdeckungen verdanken: „Da hinten, unter der Steinbalustrade, da müssen Grabkammern sein", sagte er. Ein paar Schläge ins Mauerwerk genügten. Schon erblickte man die ersten Gebeine. Zwei Gräber taten sich auf: das einer Frau, Margaretes von Österreich, der Tochter Leopolds, Witwe König Heinrichs VII. und Frau König Ottokars von Böhmen; negativ populär dadurch, daß ihr in Grillparzers „Ottokars Glück und Ende" eine der undankbarsten Frauenrollen der deutschen Bühnenliteratur zugeteilt worden ist. In der anderen Kammer aber lag der Herzog: Leopold VI., der Glorreiche. Seine Mönche hatten ihn mit einem schlichten Pilgerstab zur letzten Ruhe gebettet. Daß er in seinem Leben noch etwas mehr als nur ein Pilger war, ließ sich lediglich aus einer adlergeschmückten Schmuckschnalle schließen.

Der Glorreiche, der Erhabene, der Sieghafte, der Tapfere, der Schöne, der Fromme oder Heilige, der Freigebige, Jasomirgott, der Tugendhafte, der Katholische, der

Streitbare – patriotische Geschichtsschreiber waren in späteren habsburgischen Jahren mit dem Verleihen von Ruhmestiteln an die Babenberger nicht knausrig. Diese Etikettierung vergangener Herrschergestalten diente meist zur Imagepflege der gegenwärtigen. Die Untertanen sollten sich ihre Herren gut merken – die ganze lange Reihe; sie sollten daran erinnert werden, daß sie immer Untertanen gewesen waren und es auch in Zukunft bleiben würden. Farbige Beinamen werden zur praktischen Gedächtnisstütze. Außerdem sind die braven Bürger und Bauern dadurch auch angehalten, die Herren nur so zu sehen, wie es eine offizielle Sprachregelung empfiehlt – nach der Regel: „Denk über deinen Kaiser, König oder sonstigen Fürsten nur so, wie dein Herr wünscht, daß du denkst!"

Daß sich der Mann in dem Lilienfelder Grab den „Glorreichen" redlich verdient hat, wird kaum jemand bestreiten. Knapp zweihundert Jahre nach dem Tod des ersten Liutpald oder Leopold war das Herzogtum ein blühendes Staatswesen und sein Herzog einer der ersten Fürsten des Reiches. Wien, für das er vergebens die Lösung von Passau und einen eigenen Bischofssitz reklamierte, nannte er in seinem Bewerbungsschreiben an den Papst „nach Köln die vornehmste Stadt, die der schönen Lage und der vielen Einwohner wegen keine ihres Gleichen habe in ganz Deutschland".[2] Und Walther von der Vogelweide klagte, daß ihm „die Paradiesespforte versperrt" sei, weil er an Leopolds Hof keine Aufnahme fand. Trotzdem pries er Herzog und Land überschwenglich:

„Die Freigebigkeit des Fürsten von Österreich
erquickt gleich dem milden Regen
Leute und Land.
Es ist wie eine schöne buntgeschmückte Wiese,
von der man eine Unmenge Blumen pflückt.
Bräche darunter mir ein Blättchen
seine freigebige machtvolle Hand,
so könnte ich ein Loblied singen auf diesen strahlenden Anblick."

Und neben der Großzügigkeit Leopolds lobt Walther auch noch den „wunderschönen Hof zu Wien" und versprach, nicht zu ruhen, bis er seiner als würdig geachtet werde.[3]

Nun, es war ein weiter Weg von den rauhen Kriegern, die auf dem Melker Granitfelsen genistet und ihren Markgrafendienst geleistet hatten, bis zu den von einer byzantinischen Prinzessin beeinflußten verfeinerten Sitten des höfischen Lebens zu Wien. Den Widerstreit zwischen Leopolds Neigung zur Repräsentation und Prunk und der klösterlichen Strenge erahnt man noch heute in Lilienfeld. Der herzogliche Stifter scheint sich mit dem harten Gebot zu Schlichtheit und Schmucklosigkeit des zisterziensischen Reformgeistes schwergetan zu haben. Weil Leopolds Schönheitssinn nicht mit luxuriösem Beiwerk befriedigt werden konnte, mußte Lilienfeld in jeder Beziehung größer sein als alles, was vorher gebaut worden war. „Das Kloster hat in all den Jahrhunderten mit dieser überdimensionalen Konzeption zu ringen gehabt", sagt Abt Norbert Mussbacher in einer der noch immer gewaltigen gotischen Hallen, die schon im 15. Jahrhundert aus praktischen Gründen durch ein Zwischengewölbe verkleinert worden ist. Auch der der Zisterzienser Baugesinnung widersprechende Chorabschluß der Basilika durch ein halbes Zehneck dürfte eine Zutat des Stifters gewesen sein, so wie eben ein Fürst sich den Plan zum Schluß vorlegen läßt und, um seine Autorität zu üben, eigenhändig eine „Verbesserung" einzeichnet.[4]

So ist dieser Babenberger in Lilienfeld noch immer präsent und fühlbar – wie Tassilo in Kremsmünster. Und es hat den Anschein, als ob im Mittelalter ein Fürst gar nichts Besseres hätte tun können, um sich der Nachwelt zu erhalten, als ein Kloster zu stiften. Wie die Lilienfelder Ausgrabungen lehren, begnügt sich die moderne Wissenschaft jedoch nicht mehr mit den Früchten einer segensreichen Regierung oder mit Urkunden oder Chroniken. Die Frühgeschichtler und Archäologen veranstalten heute gerne einen Totentanz. Nicht nur Leopold, auch andere Babenberger mußten es sich gefallen lassen, daß ihre Gebeine in diesem 20. Jahrhundert ans Licht der Welt kamen. Am eindrucksvollsten, am aufregendsten, am spannendsten wurde die Begegnung mit den ersten Markgrafen in Melk. Dort haben die Anthropologen die Knochen zum Reden gebracht.

Auf dem Klosterberg über der Donau waren die ältesten Babenberger, die sich damals noch nicht so genannt haben, daheim. Und sie sind bis heute dort anzutreffen. Das Epitaph aus rotem Marmor in einer Seitenkapelle der Kirche nennt elf Familienmitglieder, die hier auf das Jüngste Gericht warten: Leopold I., die Markgrafen Heinrich (994–1018), Adalbert (1018–1055) und Leopold II. (1075–1095), ihre Frauen Richarda, Swanhild, Adelheid, Mechthild und Frowiza, und ein Mädchen Juditha. So ist es auch in den 1123 geschriebenen Melker Annalen verzeichnet.

Die Historiker bezweifelten diese Angaben jedoch. Liutpald oder Leopold wurde nämlich 994 bei einem Turnier in Würzburg durch einen Armbrustschuß, der eigentlich einem anderen galt, ermordet – und er eröffnete damit die Reihe so vieler dramatischer babenbergischer Todesfälle. Liutpald wurde im Würzburger Dom begraben. Auch Leopold II. ist auf seiner Burg Gars am Kamp bestattet worden. Eine Knochenschau sollte 1968 Klärung schaffen.

Auf den ersten Blick schien dies eine unlösbare Aufgabe zu sein. Als in der Barockzeit die Babenberger umgebettet worden waren, hatte man sie nämlich alle fein säuberlich in eine Steinkiste verpackt – die Schädel auf der einen Seite, die langen Röhrenknochen auf der anderen und darüber den Rest der Knochen. Für Johann Jungwirth, den damaligen Leiter der Anthropologischen Abteilung des Naturhistorischen Museums, begann ein mühsames Puzzlespiel. Tagelang waren er und seine Mitarbeiter mit dem Sortieren der Gebeine beschäftigt. Die Anthropologen sind heute jedoch anhand der Knochenbeschaffenheit und -form und durch den Verlauf der Schädelnähte in der Lage, Geschlecht und Alter (bis auf fünf Jahre genau) zu bestimmen. Nach einer Woche hatten sie dann das erste Resultat: die Steinkiste barg die Reste von fünfzehn Menschen. Acht Skelette waren vollständig. Wer aber war nun wer?

Da hatte Johann Jungwirth vor allem die Skelette zweier kräftiger, hochgewachsener Männer vor sich. Ja, das war schon besonders bemerkenswert: Wer nämlich im frühen Mittelalter, bei einer wesentlich geringeren Durchschnittsgröße, 1,80 Meter maß, mußte unter seinen Zeitgenossen als Riese gegolten haben. Und das war bei beiden der Fall. Der anthropologische Befund beschreibt sie als kräftig, athletisch gebaut, körperlich gestählt und muskelbepackt (was sich durch die Muskelansätze diagnostizieren läßt). Auch einige Frauen waren überdurchschnittlich groß. Was läßt sich daraus schließen? Das harte Gewerbe des Markgrafen war nur echten Kämpfernaturen, die auch über außergewöhnliche körperliche Voraussetzungen verfügten, anzuvertrauen. Es mußten eiserne Männer sein, die im Kampf an der Spitze ihrer Untertanen fochten. Und die Skelette der beiden großen Männer paßten genau in dieses Bild. Auf Grund des von den Anthropologen ergründeten Alters konnten die Historiker die Gebeine identifizieren.

Der ältere, zum Zeitpunkt seines Todes etwa sechzig Jahre alt, mußte Adalbert sein, der jüngere sein Sohn Ernst. Markgraf Adalbert starb 1055 – er litt an schwerer Gelenkskrankheit, wie seine Knochen verrieten. Markgraf Ernst ist jedoch knapp fünfzigjährig 1075 in der Schlacht an der Unstrut, als er für König Heinrich IV. gegen die aufrührerischen Sachsen kämpfte, gefallen. Und die Anthropologen wissen auch genau wie. Die vier Verletzungen an seinem Skelett ermöglichen eine klare Vorstellung von den letzten Minuten des Babenbergers. Ernst der Tapfere wurde von den Sachsen buchstäblich zusammengeschlagen.

Etwa so könnte der Film des Geschehens abgelaufen sein: Hoch zu Roß stürzt sich Markgraf Ernst ins Kampfgetümmel. Vielleicht ist sein Pferd ins Stolpern geraten. Auf jeden Fall trifft die Streitaxt eines zu Fuß kämpfenden Sachsen die Sturmhaube mit voller Wucht. Sie durchschlägt das Metall, und Ernst sinkt vom Pferd. Noch im Fallen erhält er von einem zweiten Gegner einen Schwerthieb über das ungeschützte blutende Haupt. Schon auf der Erde liegend wird Ernst von einem weiteren Schwertstreich in den Oberschenkel getroffen. Ein Schlag mit einer Wurfkeule besorgt den Rest.

So steht es in keiner Chronik, und kein Trauergesang besingt diesen Schlachtentod mit derartiger Kenntnis aller Einzelheiten. Das alles haben wir neunhundert Jahre danach durch Ernsts sterbliche Überreste erfahren. Denn jede Waffe hinterläßt andere Spuren. Der entscheidende Hieb stammte sicher von der Streitaxt, die die linke Schädelseite zerschmetterte. (Auf dem etwa um die gleiche Zeit entstandenen Bildteppich von Bayeux fand Jungwirth eine ähnliche Szene: ein Sachse zu Fuß holt mit seiner Streitaxt einen normannischen Reiter vom Pferd.) Der Schwerthieb in die Schädeldecke hat eine begrenzte, viel glattere Wunde hinterlassen. Man glaubt beinahe, die durch keinen Helm mehr behinderte scharfe Schneide des Schwertes im Knochen zu sehen. Daß Ernst schon am Boden gelegen sein muß, als er zum drittenmal getroffen wurde, läßt sich aus anatomischen Überlegungen ableiten: der Schwertstreich hat den linken Schenkelhals durchtrennt – bei einem Reitenden hätte durch die gegrätschte Beinstellung daher auch das Becken angesprengt werden müssen. Das ist jedoch unversehrt. Der letzte Schlag durchhieb den linken Schulterknochen. Doch da war schon alles vorbei, Ernst wälzte sich bereits mit tödlichen Verletzungen in seinem Blute.

So hat die Detektivarbeit der Forscher den Babenberger in seinem Sterben lebendig werden lassen. Von dem dritten in Melk begrabenen Markgrafen – oder besser dem ältesten und ersten –, nämlich Liutpalds Sohn Heinrich, haben sie kein solches „Bilderbuch". Ein einzelner Knochen, der zu keinem der Skelette paßte, ist jedoch von Brandspuren geschwärzt, die vom Melker Klosterbrand im Jahre 1297 stammen könnten. Vielleicht ist das alles von den Gebeinen Heinrichs, was damals dem Feuer entgangen ist.[5]

Bis zu diesen anthropologischen Entdeckungsfahrten unserer Zeit kamen frommen und geschichtsbewußten Österreichern im Zusammenhang mit babenbergischen Gerippen höchstens die Knochen des heiligen Leopolds in den Sinn. Wie seine ritterliche Gestalt mit der Fahne und einem Kirchenmodell in Händen viele barocke Altäre flankiert, so haben auch die Leopold-Reliquien eine breite Streuung. Bis heute wird jedoch dem Haupt des dritten babenbergischen Leopold (1095–1136) am „Leopoldifest", am 15. November, Verehrung gezollt. Zu weniger festlichen Zeiten ist der Schädel des Markgrafen in der Klosterneuburger Schatzkammer verschlossen: auf einem prächtigen prälatenroten Prunkkissen thront der hehre Rest. Ein reich mit Rubinen, Smaragden, Diamanten und Perlen besetztes Mäntelchen verwehrt den Blick in die leeren Augenhöhlen des Fürsten. Dieser teure „Gesichtsschleier" läßt nur ein Stück Stirn frei: gelblich glänzend, von vielen Küssen glattpoliert, eher an ein Straußenei aus einem barocken Kuriositätenkabinett als an etwas Menschliches erinnernd. Als Klosterneuburg 1936 das achthundertjährige Gedenken des Todes seines Stifters feierlich beging, wurden zum erstenmal moderne wissenschaftliche Methoden an Babenberger-Gebeinen erprobt. Nach einer genauen Untersuchung rekonstruierte eine Bildhauerin das Gesicht des Heiligen, und das Anthropologenteam Viktor Lebzelter und Gabriele Thalmann verfertigte ein respektvolles Gutachten: „Die Tradition, daß der hl. Leopold ein sehr hochgewachsener Mann gewesen ist, wird bestätigt. Die Körperlänge betrug 177–180 cm. Die außerordentlich starken Knochen beweisen, daß der hl. Markgraf Leopold von athletischem Körperbau gewesen ist, wie denn das sehr lange Schlüsselbein auch einen Rückschluß auf breite Schultern und einen kräftig entwickelten Brustkorb gestattet . . . Das ziemlich stark abgekaute Gebiß zeigt, daß der hl. Markgraf Leopold wohl im allgemeinen die einfache Nahrung seiner Untertanen teilte. Damals war nämlich infolge des primitiven Mahlverfahrens das Mehl stark mit feinen Sandkörnern vermengt . . . Die Gehirnhöhle ist mit 1560 ccm Inhalt sehr geräumig. Gewiß hängt die geistige Leistungsfähigkeit nicht davon ab. Die Form des Schädels gestattet keinen Rückschluß auf bestimmte Anlagen und Fähigkeiten – mit einer einzigen Ausnahme. Die Wölbung der Schläfen bzw. die Vorwölbung der dritten Schläfenwindung ist ein Beweis für ein besonders differenziertes Tonerfassungsvermögen. Der hl. Leopold hatte gewiß musikalisches Verständnis . . . Innerhalb der ererbten rassenmäßigen Grundlagen gilt das alte Dichterwort, daß es der Geist ist, der sich den Körper formt, und die feinen, vergeistigten Gesichtszüge, für die bereits die Grundlage im Knochenbau gegeben ist, verbinden sich mit hoher Stirne und dem athletischen Körperbau zu einer harmonischen Einheit, die prädestiniert war, das zu werden, was der hl. Markgraf Leopold geworden ist: Ein Herrscher und ein Heiliger."[6]

Die Neigung zu solch hymnischen Formulierungen ist den Wissenschaftlern von heute etwas abhanden gekommen. Der Befund bleibt dennoch eindeutig – wie seine Vorfahren gehört auch Leopold III. zu jener Herrscherkaste, die Europa damals unter sich aufgeteilt hatte. Diese Menschen zeichneten sich durch ihre Körpergröße aus – was vielleicht auch durch die Ernährung bedingt war, weil der Adel im Gegensatz zu den Untertanen dank der Jagd stets mit Fleisch versorgt war. Und sie waren das Produkt einer systematischen „Zucht" durch die Heiratspolitik der regierenden Häuser. Der britische Biologe C. D. Darlington spricht von „zehn oder zwanzig Generationen legitimer Fortpflanzung mit freier Auswahl", und davon, „daß man in diesen Generationen viel über sexuelle Auswahl und Paarung nachgedacht hatte. Es war eine Menschenrasse entstanden, die Europa im Mittelalter regieren sollte . . . Die Ausbreitung der königlichen Ehen über ganz Europa wurde durch die Einmischung des Heiligen Stuhles in die Heiratsbestimmungen unterstützt, wenn nicht gar bestimmt. Die Forderung, daß Heiraten unter Verwandten nur von Vettern und Basen siebten Grades an möglich sein sollte, vereitelte die Bildung einer abgeschlossenen kleinen Kaste von Königen innerhalb des Reiches. Sie machte es notwendig, daß sich die Könige entweder in weiterer Ferne oder bei niederen Schichten der feudalen Hierarchie nach Partnern umsehen mußten ..."[7]

Obwohl sie es selbst nie zur Königs- oder gar Kaiserwürde bringen sollten, bildeten die Babenberger eine jener großen Familien, einen jener Clans, denen damals das Recht auf Herrschaft reserviert war. Ihre Macht, ihren Einfluß und ihr Ansehen, und das ihres Landes, bauten sie zum Großteil auf eine berechnende und kluge Abschätzung des fürstlichen Heiratsmarktes. Die Babenberger haben sich auf vielen Schlachtfeldern tapfer geschlagen. Ihre größten Siege feierten sie jedoch im Ehebett. Wenn den Habsburgern später die hohe Kunst ihrer Heiratspolitik nachgerühmt wurde, so haben sie sich als gelehrige Schüler der Babenberger erwiesen. Österreichs Eigenständigkeit hat auf jeden Fall gezielten Eheverträgen viel mehr zu verdanken als gewonnenen Kriegen.

Das Meisterstück gelang jedoch ebenjenem Leopold, der einmal der Heilige heißen sollte. Als Dreißigjähriger, vermutlich war er bereits verwitwet, erlangte er 1106 oder 1107 die Hand der Tochter Kaiser Heinrichs IV. aus dem Hause der Salier, der Schwester Heinrichs V. Da Leopolds Braut Agnes in erster Ehe mit dem Staufer-Herzog Friedrich von Schwaben verheiratet war, stand der österreichische Markgraf mit einem Schlag mit den zwei bedeutendsten Herrschergeschlechtern Deutschlands in engster verwandtschaftlicher Beziehung. Er erlebte noch, daß sein Stiefsohn Konrad (III.) Kaiser wurde. Und dessen Bruder Friedrich wieder heiratete in die Familie der Welfen ein und wurde der Vater von Friedrich I. Barbarossa. Das klingt alles etwas kompliziert. Aber durch all diese Verknüpfungen und Ehebande wurden fortan die Angelegenheiten des Reiches meist auch zu Familienangelegenheiten der Babenberger. Für Leopolds Sohn Heinrich war deshalb keine Braut zu gut – und nach dem frühen Tod seiner ersten Frau Gertrud, der Tochter Kaiser Lothars und Witwe des Welfenherzogs Heinrich des Stolzen, vermählte sich der Österreicher mit Theodora, der Nichte des byzantinischen Kaiser Manuel I. Komnenos. Vornehmer konnten die Babenberger nicht mehr werden. Dazu wurden zwei Schwestern Heinrichs einem polnischen und einem böhmischen Herzog angetraut, eine dritte bekam einen Markgrafen von Montferrat, und ein Sohn hatte eine Böhmin zur Frau. Diese auf acht Kinder fußende dynastische Familienstrategie Leopolds wurde noch in kirchlichen Bereichen abgerundet, indem zwei Söhne die Bistümer Freising und Passau bzw. später Salzburg erhielten. So waren die Babenberger also mit Kaisern und Königen verschwägert, veronkelt und vervettert; und sie nutzten diese Bindungen zur Mehrung ihres Besitzes und zur Förderung der Selbständigkeit Österreichs, wo sie nur konnten.

Am Anfang dieses Heiratskarussells steht ein kühner Entschluß Leopolds III., den ihm auch manche als Verrat auslegen. Für die Zukunft Österreichs war das Geschehen 1106 am Flusse Regen vor Regensburg jedoch von entscheidender Bedeutung. Der Streit zwischen dem alten Kaiser Heinrich IV. und seinem Sohn Heinrich V. erlebte seine Endphase. Eine kriegerische Auseinandersetzung schien unvermeidlich. Die Hauptmacht des Kaisers bestand aus den Kontingenten des Herzogs von Böhmen und des Markgrafen von Österreich. Die beiden Heere waren nur durch den Fluß getrennt, und Otto von Freising, der gelehrte Sohn Leopolds und einer der größten Geschichtsschreiber des Mittelalters, fängt die Stimmung dieses Vater-Sohn-Konfliktes in bewegten Worten ein: „Als so das Reich in sich selbst kläglich gespalten, aus seiner gesamten Mannschaft die Heereskraft vereinigt, als mit Feuer und Schwert gräulich das

Land verwüstet war, lagen sich am Ufer des Flusses Regen, beide, Vater und Sohn, feindlich gegenüber. Schon errichtet man das Lager, schon ordnet man die Schlachtreihe, schon wird zum verruchten Verbrechen der Vater gegen den Sohn, der Sohn gegen den Vater von den Seinen gereizt. Aber durch den Fluß wurden die schändlichen Pläne gehindert. Da hättest du beweinenswerte und beklagenswerte Rüstungen sehen können, wie die Welt heller als das Tageslicht in ihren Bezeugungen die Verachtung ihrer selbst zeigte, weil nämlich gegen das Gesetz der Natur der Sohn gegen den Vater sich erhob, gegen die Regel der Gerechtigkeit der Vasall den König, der Knecht seinen Herren zu bekämpfen sich rüstete, der Bruder gegen den Bruder, der Blutsverwandte gegen den Blutsverwandten im Felde stand und daran dachte, das Blut des eigenen leiblichen Blutsverwandten zu vergießen . . .“

Nach dieser Jeremiade läßt Otto jedoch seinen Vater auftreten: „Während also am Ufer des genannten Flusses beide Heere sich gelagert hatten und einige, die im Fluß selbst einander entgegentraten, den Tod fanden, überredete Heinrich der Jüngere, da er sah, daß alle Macht seines Vaters auf dem Herzog Boriwoy von Böhmen und Markgraf Leopold beruhte, diese beiden auf viele Weise zum Abfall vom Vater, indem er seine Schwester dem Markgrafen zur Gattin versprach.“[8]

Wie sich dieses diplomatische Hin und Her zwischen den beiden Heerlagern abgespielt hat, läßt sich nur erraten. Das Angebot verfehlte seine Wirkung nicht. Leopold wechselte die Fahne, das Gemetzel blieb erspart, und die Glorie des Hauses Babenberg strahlte heller denn je. Die Motive Leopolds? Berechnung oder auch der Wunsch, Frieden zu stiften? Floridus Röhrig, der Klosterneuburger Historiker, verteidigt die Haltung des Markgrafen und vergleicht sie mit einem Beispiel aus der neueren österreichischen Geschichte: „Vielleicht wollte er bewußt ein sinnloses tragisches Blutvergießen verhindern (was ihm ja auch gelang), welches nur das Reich geschwächt und unabsehbare Folgen nach sich gezogen hätte. Gerade wenn man die stets ausgleichende, friedliebende Politik des Markgrafen in Rechnung stellt, gewinnt diese Haltung an Wahrscheinlichkeit. Es zeigt sich hier eine gewisse Parallele zur Haltung des Kaisers Karl im Ersten Weltkrieg, wenngleich die Sixtus-Affäre nicht den erhofften Erfolg brachte. Gemeinsam wäre dann den beiden frommen Herrschern, daß sie um eines höheren menschlichen Zieles willen das Odium des Verrates auf sich nahmen, um ihren Völkern Frieden zu schenken.“[9]

Eine sehr österreichische Deutung, aber Leopold war eben ein Österreicher, und das nicht nur wegen seiner angeblichen Musikalität. Als erster Babenbergerfürst hat er österreichisch gedacht und sich als Österreicher gefühlt. Die ersten vier Babenberger betrachteten sich eher als treue Dienstleute des Kaisers, die die Grenzen zu schützen und sich im Namen des Reiches mit Ungarn, Böhmen und anderem feindlichen Volk herumzuschlagen hatten. Erst Leopolds Vater, Leopold II., entschlug sich unter dem Einfluß des Passauer Reformbischofes und Gründers von Göttweig, Altmann, dem kaiserlichen Gehorsamsgebot und trat im Investiturstreit, in diesem schicksalhaften Ringen um die Vormacht von Kirche oder Kaisertum, auf die Seite des Papstes. Öffentlich sagte er sich 1081 in Tulln vom Kaiser los. Das hätte auch das Schlußkapitel einer allzu kurzen Geschichte Österreichs sein können, denn Heinrich „feuerte“ Leopold und übergab die Mark dem Böhmenherzog Wratislaw. Der schickte einen Heerbann los, um das Land in Besitz zu nehmen, und bei Mailberg – lange auch Mordberg geheißen – im niederösterreichischen Weinviertel erlitten Leopold und sein

# DIE SAAT, DIE AUFGING

65 Monatszeichen (Mai). Aus der Chronologischen und Astronomischen Sammelhandschrift. Geschrieben um 818 in Salzburg, eines der ältesten frühmittelalterlichen schriftlichen Zeugnisse aus dem österreichischen Raum. Wien, Nationalbibliothek. Cod. 387.

66 Ausgrabungen in der Laurentius-Kirche in Enns (Lorch) brachten Reste einer Steinkirche aus karolingischer Zeit (um 800) zutage, unter diesen eine frühchristliche Bischofskirche (4. Jh., neu adaptiert 5. Jh.) und schließlich den Stadttempel aus römischer Zeit (2.–4. Jh.) – ein in Österreich einmaliges Beispiel einer ohne Bruch fortwirkenden Kulturtradition.

67 Enns an der Donau. Schon in vorrömischer Zeit gab es an dem strategisch wichtigen Punkt am Zusammenfluß von Enns und Donau eine Siedlung. Um 50 n. Ch. entstand hier das römische Militärlager Lauriacum, eines der Zentren der Provinz Noricum. Unter dem Wirken des hl. Severin wird Lauriacum Bischofssitz. Von hier aus erfolgt 488 der Exodus der romanisierten Bevölkerung nach Italien. Um 800 bildet die Enns die Grenze der Awarischen Mark Karls des Großen; Lorch bleibt kirchliches Zentrum, ein neuer Ort – Enns – entsteht und wird nach 995, der Abwehr der Magyarengefahr, der bedeutendste Handelsplatz donauabwärts. Es ist ursprünglich Hauptort der ottonischen Ostmark; sein Stadtrecht (1212, neun Jahre vor Wien) ist das älteste Österreichs. Als die Babenbergermark sich nach Osten ausdehnt, wird die Enns wieder Grenze – sie teilt die zwei Österreich „ob der Enns" und „unter der Enns". Und nach dem Zweiten Weltkrieg, 1945–1955, verläuft hier die Demarkationslinie zwischen russischer und amerikanischer Besatzungszone, zwischen Ost und West, wie schon viele Male vorher in der Geschichte.

68 Die Martinskirche auf dem Römerberg, Linz, urkundlich erwähnt 799, ist die älteste erhaltene Kirche Österreichs. Am Ort eines römischen Gebäudes errichteten Bajuwaren nach 500 eine offene Thinghalle, von der vier Pfeiler und sechs Bogen in der Seitenwand der Kirche überdauert haben.

69 Raffelstetten an der Donau. Hier ungefähr war vor der Flußbegradigung die Stelle, wo 903–905 geistliche und weltliche Große im Auftrag des ostfränkischen Königs die Raffelstettener Zollordnung beschlossen, die den gesamten Handel des südlichen Ostfrankenreiches regelte.

70 Telfs-Pfaffenhofen, Oberinntal. Grabungen unter der Pfarrkirche „Zu unserer lieben Frauen Himmelfahrt" brachten den Nachweis einer spätantiken Bischofskirche aus der Mitte des 5. Jhs. Nach 537 wurde der Bischofssitz nach Teriolanum verlegt.

71 Schloß Martinsbühel und Martinskirche, Oberinntal. Gegenüber des fast senkrecht abfallenden Felssturzes der Martinswand, in der Kaiser Maximilian sein durch die Legende verklärtes Jagdabenteuer bestand, war der Platz des römischen Castellum Teriolis. Unter dem Chor der Martinskirche wurden Reste der Bischofskirche aus der Mitte des 6. Jhs. gefunden. Bereits nach 576 wurden der Bischofssitz von Teriolanum nach Säben im Eisacktal verlegt, von dort dann 992 nach Brixen.

72 Salzburg, Ausgrabungen im Dom. Hrotberts (Ruperts') Gründung wurde 732 als Diözese bestätigt. Bischof Virgil baute 767–774 den ersten Dom, von dem in jüngster Zeit Reste freigelegt wurden. Unter Virgils Nachfolger Arno wurde Salzburg 798 Erzbistum. Die Salzburger Kirchenprovinz umfaßte auch die Bistümer Passau, Regensburg, Freising und Brixen.

73 Das „Rupertuskreuz" im Pfarrhof von Bischofshofen, Land Salzburg. Mit dem hl. Rupertus, der um 700 auf den Trümmern des römischen Juvavum die heutige Stadt Salzburg begründete, hat dieses Kreuz aus Pappelholz mit getriebener, vergoldeter, emaillierter Kupferblechverkleidung nur den Namen gemeinsam. Es ist etwa hundert Jahre später, um 800, entstanden.

St. Gerold im Großen Walsertal. In der Probsteikirche befindet sich das um 1600 errichtete Kenotaph des Namensgebers des Ortes, eines Grafen Adam, der 949, von Kaiser Otto I. geächtet, sich hier als Einsiedler niederließ. Bei Ausgrabungen stieß man auf zwei Gräber (unten), deren eines vermutlich das des Heiligen ist. 74

Die Ruine Hohenbregenz auf dem Gebhardsberg, seit der Mitte des 10. Jhs. Sitz der Udalrichinger. Der Name Gebhardsberg erinnert an den hl. Gebhard, Bischof von Konstanz, das bedeutendste Mitglied dieses Geschlechts (995). Die Burg, später Sitz landesherrlicher Vögte, wurde im Dreißigjährigen Krieg von den Schweden in die Luft gejagt. 75

Oben: Eine Seite (=fol. 89r) aus dem Mondseer Traditionsbuch mit Eintragungen über Besitzungen des Klosters im Traungau. Das aus dem 9. Jh. stammende Traditionsbuch (= Aufzeichnungen über Schenkungen) ist das älteste Österreichs. 76
Wien, Haus-, Hof- und Staatsarchiv, Hs. Bl. 70.
Unten: Detail vom Fuß des Tassilokelches mit dem ersten Marien-Porträt in der deutschen Kunst.

Der Tassilokelch aus dem Kloster Kremsmünster, Geschenk des Bayernherzogs Tassilo III., zu dessen Hochzeit er 764–768 angefertigt wurde. Dieser älteste erhaltene Abendmahlkelch besteht aus Kupfer und ist mit vergoldeten Ornamenten und niellierten Silberplatten geschmückt, die Christus, die Evangelisten und verschiedene Heilige darstellen. 77

St. Prokulus bei Naturns. In diesem Kirchlein im Vintschgau in Südtirol sind die ältesten Wandmalereien des deutschen Sprachraums erhalten (8./9. Jh.). Die künstlerische Gestaltung läßt auf Zusammenhänge mit der zeitgenössischen irischen Buchmalerei des Klosters St. Gallen schließen. 78

Die sogenannte Adlerkasel aus dem Diözesanmuseum in Brixen. Seide, byzantinische Arbeit, um 900. Der Name „Kasel" für das Meßgewand kommt vom lateinischen Casula, „Hüttchen". 79

St. Benedikt zu Mals. Die Fresken in dieser Kirche, am Fuße des Reschenpasses, die wie der ganze oberste Vintschgau bis ins 17. Jh. dem Graubündner Bistum Chur botmäßig war, gehören zu den ältesten im deutschen Sprachraum (um 800). Die Details zeigen (oben) den weltlichen Stifter des Gotteshauses, (unten links) eine Szene aus dem Leben König Davids: David läßt die Philister schlagen. Die Lokaltradition sah darin die Züchtigung der unehrlichen Bäcker. Unten rechts: St. Stephanus. 80

St. Benedikt zu Mals. Gesamtansicht des Kirchenraums mit den erhaltenen Fresken. 81

Oben: Filialkirche St. Peter am Bichl, Kärnten. Die karolingischen Flechtwerksteine über dem Eingang, ursprünglich Chorschrankenkrönungen, stammen aus der benachbarten Pfalz Karnburg. 82
Unten: Die Pfarrkirche von Karnburg, die älteste Steinkirche Kärntens, dessen Namen – Carantanien – sich von hier ableitet. Die Karolinger errichteten hier zu Beginn des 9. Jhs. eine Pfalz, die als königlicher Sitz bis gegen das Jahr 1000 bestand. Auf dem im Pfalzgelände befindlichen „Fürstenstein" (heute im Landesmuseum, Klagenfurt) fand die Herzogseinsetzung statt. Aus den Reihen der Edlinger, wehrhafter Freibauern, wurde der „Herzogbauer" gekürt, der auf dem Fürstenstein Platz nahm und den neuen Herzog erwartete, der sich in Bauernkleidung näherte und dem Herzogbauern Rede und Antwort stand. Dann durfte er den Fürstenstein besteigen und damit von seinem Land Besitz ergreifen.

Der Herzogstuhl auf dem Zollfeld. Hier nahm der Herzog nach seiner Einsetzung auf dem Fürstenstein Platz; hier beschwor er die Freiheiten des Landes; hier nahm er die Huldigung der Stände entgegen. Nur der Herzog, der auf dem Stuhl gesessen hatte, wurde von den Ständen als Landesfürst anerkannt. 83

Bruckneudorf, Burgenland: Die karolingische Kirchenruine Königsbrunn. Die kroatische Bevölkerung nennt die Stelle „Crikavka" (= Kirchstätte). Von dem kleinen Rechteckbau mit hufeisenförmiger Apsis sind die Grundmauern erhalten geblieben. 84

T CAPITULAE DEPAGO TRUNGAUUE
DEUSGAUUAE

Quicquid ad loca scōrᵹ afidelibus datur sci
ant se aeterna retribuctone esse remunerari
dos. quappe Indi nomine ego engilphius
diaconus trado atque transfundo adsēm
michahelem archangelum quicquid habeo
Inloco qui dicitur grunnpah et inpago
qui dr usgauui. cum terris. pratis. pascuis.

# DAS KLEINGEWORDENE IMPERIUM

87 Blick vom Sternstein über den Böhmerwald.
„Wie eine glänzende Wüste zog der heitere Himmel hinaus über alle Wälder weg, die wie riesenbreite, dunkle, blähende Wogen hinauslagen, nur am äußersten Gesichtskreise gesäumt von einem Hauche eines fahlen Streifens . . . und endlich geschlossen von einem rechts in das Firmament ablaufenden Duftsaume . . ."

*Adalbert Stifter, Hochwald.*

88 Die Grenze nach Mähren bei Schattenburg, NÖ.

89 In der nordöstlichen Ecke des Viertels unter dem Manhartsberg, wo die reichen Weingründe übergehen in fruchtbares Ackerland, sind die Grenzsteine zwischen Österreich und dem böhmischen Mähren seit Jahrhunderten unverrückt geblieben.

90 Blick vom Braunsberg bei Hainburg auf Preßburg, die alte Krönungsstadt Ungarns.

91 Auf mannigfache Art ist Preßburg mit dem Schicksal Österreichs verbunden: Hier setzten die Magyaren mit der Vernichtung eines bayerischen Heerbanns 907 der Awarischen Mark ein Ende; hier sicherte Maximilian I. 1491 seinem Haus die Erbfolge in Ungarn und Böhmen; hier wandte sich 1741, in der Stunde tiefster Bedrängnis, die junge Maria Theresia an die ungarischen Stände („. . . vitam et sanguinem pro rege nostro! . . ."); hier endlich wurde Österreich 1805, im Frieden zu Preßburg, die Rechnung für die verlorene Schlacht bei Austerlitz präsentiert.

92 Der Eiserne Vorhang.
Ungarischer Wachtturm und Grenzzaun bei Mogersdorf im Burgenland, unweit vom Schauplatz der Türkenschlacht von 1664, über die ein Augenzeuge vermeldet: „Es ist hiebey zu mercken, daß das Christliche Läger in einem ebenen Acker logiret gewesen, hatte hinter sich hohe Berge und dicken Wald und hinter demselben die Lauffnitz . . .; vor sich aber hatte es die Raab zum höchsten etwa 20 Schritt breit, welche uns von den Türken scheidete . . ."

93 An der steirischen Weinstraße bei Ehrenhausen.
Von südlicher Heiterkeit ist das Land hier; sanfte Hügelketten, oft von Gehöften gekrönt, zu denen in Terrassen die Rebstöcke aufsteigen. Und der Glast der Sonne über den Windischen Büheln.

94 Die Karawanken vom Zollfeld aus.
Wie der aufgeworfene Rand einer Schüssel ragen die Kalkschründe der Karawanken im Süden des fruchtbaren Drautals, der Lebensader Kärntens, gegen den Himmel.

95 Der Paßübergang über das Timmelsjoch, einer der höchsten der Ostalpen, verbindet das Ötztal mit dem Passeier.
Die beiden Zollhäuser mit der österreichischen und der italienischen Fahne können dennoch nicht vergessen machen: hüben und drüben, diesseits und jenseits des Grenzschrankens leben dieselben Menschen, Tiroler.

96 Oben und unten: Von der Kette der befestigten Plätze, die die Grenzen gegen fremden Übergriff sicherten, sind heute nur wenige noch in ihrer ursprünglichen Gestalt erhalten. Die Wehranlage der einstigen Zollfeste Sigmundseck, Hochfinstermünz, mit der Brücke über den Inn.

97 Blick von Finstermünz hinein ins graubündische Engadin.
„Der Inn entspringt im Engadin
Und fließt durch eine Felsenwand
Die Finstermünz genannt . . ."
– das war eines der Verslein, mit denen die Schulkinder vor hundert Jahren österreichische Geographie lernten.

98 Der Bodensee vom Gebhardsberg bei Bregenz.

# DES REICHES WEHR
# IM OSTEN

101 Pfarrkirche St. Ulrich, Wieselburg a. d. Erlauf: das Oktogon. Ursprünglich ein vorromanischer Zentralbau, erbaut um 993/94 vermutlich vom hl. Wolfgang, Bischof von Regensburg, auf dessen Namen die Schenkungsurkunde Kaiser Ottos II. aus dem Jahre 976 ausgestellt ist. Die Fresken an Wänden und Kuppeln stammen aus derselben Periode. Heute bildet das Oktogon den Chor der um 1500 erbauten gotischen Hallenkirche.

102 Stiftskirche Lilienfeld: Deckel des Grabmals Herzog Leopolds VI., des Glorreichen, der das Zisterzienserstift 1202 gründete, mit dem österreichischen Herzogshut. Das Kenotaph stammt aus der Barockzeit. Neben Leopold sind in der Stiftskirche auch dessen Tochter Margarete, erste Gemahlin Přemysl Ottokars, sowie Zimburgis von Masovien bestattet, die Mutter Kaiser Friedrichs III., von der es heißt, sie habe die „Habsburgerlippe" in die Familie gebracht.

103 Stiftskirche Lilienfeld, Portal. Der 1263 vollendete Bau ist die größte Kirche Niederösterreichs.

104 Der Verduner Altar in der Stiftskirche von Klosterneuburg. Meister Nikolaus von Verdun schuf ihn 1181 als Verkleidung für den Lettner der Stiftskirche; 1331 wurde er zu einem Flügelaltar umgestaltet. Eines der Hauptwerke mittelalterlicher Emailkunst; Gruben- und Zellenschmelz auf vergoldetem Kupfer. Die 1331 auf der Rückseite angebrachten Temperagemälde sind die ältesten datierbaren Tafelbilder in Österreich.

105 Der Schädel Herzog Leopolds III., des Heiligen, der um 1108 das Stift Klosterneuburg gründete. Mit seiner mit Edelsteinen und Perlen reich geschmückten Kopfhülle und dem Herzogshut ist er ein treffendes Beispiel für das typisch barocke Nebeneinander von Schaugepränge und Todesmahnung. Am „Leopolditag" wird das Reliquar in feierlichem Umzug durch den Kreuzgang getragen.

Zwei Szenen aus dem „Stammbaum der Babenberger" im Stift Klosterneuburg. Dieses spätgotische Monumentalgemälde entstand 1489–1492. Ein goldener Baumstamm umschließt mit seinen Zweigen 27 Rundbilder, deren jedes einen Babenberger in einer Szene aus seinem Leben darstellt und ein anschauliches Bild vom Leben im ausgehenden Mittelalter bietet.

106 Heinrich II. Jasomirgott (1141–1177), Markgraf, ab 1156 Herzog von Österreich, zieht ins Heilige Land. Im Hintergrund das Stift Unserer Lieben Frau zu den Schotten, das Heinrich gründete und in dem er begraben liegt. Heinrichs Wappenschild trägt die fünf Adler, das persönliche Wappen des Herzogs, die rotweißen Binden derer von Machland, das nachmalige Wappen von Oberösterreich, sowie die weiß-blauen bayrischen Rauten (Heinrich war bis 1156 Herzog von Bayern).

107 Friedrich II., der Streitbare (1230–1246), der letzte Babenberger, fällt in der Schlacht an der Leitha unweit von Wiener Neustadt. Im Hintergrund eine (topographisch getreue) Ansicht Wiens.

108 Sechs Frauenfiguren aus dem Babenberger-Stammbaum:
Oben links: Gerberga, Tochter Leopolds II., Gemahlin Boriwois von Böhmen.
Oben rechts: Kunigunde, die Mutter Ottokars von Traungau, des ersten Herzogs der Steiermark.
Mitte links: Gertraud und Theodora, die beiden Gemahlinnen Heinrich Jasomirgotts.
Mitte rechts: Eine (historisch nicht belegte) Polenprinzessin, Gemahlin des sagenhaften Albrecht des Leichtfertigen.
Unten links: Frowiza, Schwester des Ungarnkönigs Peter, Gemahlin Adalberts I.
Unten rechts: Elisabeth, Tochter Leopolds III.

Erhard Altdorfer, Die Auffindung des Schleiers, 1509/10. Im Auftrag des Stiftes Klosterneuburg malte der jüngere Bruder Albrecht Altdorfers die Legende vom Schleier der Markgräfin Agnes, den der Wind vom Söller der Burg auf dem Leopoldsberg hinunter ins Tal geweht hatte. Am Fundort des Schleiers soll Leopold III. das spätere Augustinerchorherrenstift Klosterneuburg gegründet haben. Die historisch nicht belegbare Legende kam gegen Ende des 14. Jhs. auf und hat sich bis heute gehalten. Eine Babenbergerburg auf dem Leopoldsberg (Kahlenberg) ist nicht nachzuweisen. 109

Ruine Pottendorf. Die 1136 erstmals erwähnte Burg war ein Glied in der Kette von Befestigungsanlagen zur Sicherung der Grenze gegen Ungarn, die sich von Wiener Neustadt über Ebenfurth, Ebreichsdorf, Wien, Orth a. d. Donau hinein ins Marchfeld bis hinauf zur mährischen Grenze fortsetzte. 110

Burg Heidenreichstein im Waldviertel. Als Grenzfeste gegen Böhmen um 1200 erbaut, hielt die Burg, eine der stärksten Wehrbauten des Landes, allen Kriegsläuften stand: sie wurde niemals erobert oder zerstört. 111

Neuhofen a. d. Ybbs. In der Schenkungsurkunde Kaiser Ottos III. an den Bischof von Freising über einen Hof und 30 Huben „in loco Niuwanhova" tritt uns 996 zum erstenmal der Begriff ostarrichi entgegen. 112

Der Burgfelsen von Melk. Erstmals 831 erwähnt, wird der verkehrsmäßig günstig gelegene Ort (Wasser- und Straßenmaut!) Regierungssitz des Babenbergers Liutpald, als dieser 976 mit der bairischen Ostmark belehnt wird. Leopold II. gründet 1089 das Benediktinerkloster, während die markgräfliche Residenz weiter nach Osten verlegt wird – zuerst nach Gars am Kamp und unter Leopolds Nachfolgern nach Klosterneuburg und schließlich nach Wien. 113

Oben: Stiftskirche Mariä Himmelfahrt, Kleinmariazell im Wienerwald. Vom Reichtum und der Bedeutung des unter Josef II. säkularisierten Benediktinerklosters zeugt das prächtige Portal aus der Mitte des 13. Jh. Unten: Tulln, Portal der Dreikönigskapelle (ehemaliger Karner). Der zweigeschossige spätromanische Bau gilt als einer der schönsten Österreichs. Um 1260 errichtet, ist er wahrscheinlich zusammen mit den Pfarrkirchen von Wiener Neustadt, Kleinmariazell, dem Westwerk von St. Stephan in Wien, dem Karner in Mödling und anderen Bauten das Werk einer Bauhütte. 114

Mödling, Karner St. Pantaleon, Mitte des 13. Jhs. Reiches dreifach abgetrepptes Rundbogenportal mit zwei Doppelsäulen mit Knoten und normannischen Verzierungen wie in Kleinmariazell. Das Steinrelief über dem Portal – ein Reiter, der einen Hirsch verfolgt – soll Theoderich darstellen. Über den eleganten Spitzbogenarkaden ein Rundbogenfries mit Dreiblättern. 115

Pfarrkirche St. Peter im Moos, Muthmannsdorf a. d. Hohen Wand, Detail aus den Fresken im Turmgewölbe, um 1200: Christus und die Apostel. 116

Pfarrkirche Mariä Geburt, Schöngrabern, NÖ. Apsis mit in ihrer Art einzig dastehenden Außenskulpturen aus dem Beginn des 13. Jhs., die Darstellungen aus der Heilsgeschichte bringen, eine Biblia pauperum. In ihrer naiven Unmittelbarkeit sind die Schöngraberner Figuren einer der kostbarsten Besitze aus romanischer Zeit in Österreich. 117

Die große Linde in Weng bei Admont. Aller Wahrscheinlichkeit stand sie schon, als 1074 das Kloster Admont gegründet wurde. 118

TEMPLUM
HONORIBUS
B.MARIÆ.V.
ASSUMTÆ
DICATUM

hainrich Joch lamrgow
·19·

# HABSBURG, HABSBURG ÜBER ALLES

121 Das Privilegium Maius. Das hier abgebildete Titelblatt (= fol. 1 v) der Beglaubigung (Vidimierung) der Österreichischen Freiheitsbriefe, die die Stadt Wien 1512 für Kaiser Maximilian I. anfertigen ließ, zeigt Bindenschild und Herzogshut vor einer Berglandschaft mit Jagdmotiven, die an die Miniaturen in dem Jagd- und Fischereibuch Maximilians erinnern. Wien, Haus-, Hof- und Staatsarchiv, Allgemeine Urkundenreihe.

122 Reitersiegel (Revers) Ottokars II., Königs von Böhmen, Herzogs von Österreich und der Steiermark, auf der Schenkungsurkunde an Ulrich von Kapellen am 17. Juli 1273 im Lager von Preßburg. Wien, Haus-, Hof- und Staatsarchiv, Allgemeine Urkundenreihe.

123 Das Marchfeld bei Dürnkrut und Jedenspeigen. Hier verlor am 26. August 1278 Przemysl Ottokar II. Schlacht und Leben; hier wurden für die nächsten 650 Jahre die Weichen für Österreichs Schicksal gestellt.

124 Oben: Eleonore von Portugal, Gemahlin Friedrichs III. Gemälde von Hans Burgkmair. Unten: Kaiser Friedrich III. (1440–1493). Detail aus der Deckplatte des Hochgrabs im Wiener Stephansdom, zu Lebzeiten des Kaisers (1467–1473) angefertigt von Niklas Gerhaert van Leyden. Linz, Schloßmuseum.

125 Ansicht von Wien. Ausschnitt aus dem Tafelbild „Die Flucht aus Ägypten" (Zyklus „Marienleben") des Meisters des Wiener Schottenaltars, um 1470. Eine der frühesten authentischen Darstellungen des spätmittelalterlichen Wien.

126 Details aus dem Maximiliangrab in der Hofkirche zu Innsbruck. 1508–1550. Oben: König Rudolf I. Im Hintergrund
127 Herzog Albrecht II., der Weise. Mitte: Maria von Burgund, erste Gemahlin Maximilians. Unten: Maria Blanca Sforza, seine zweite Gemahlin. Rechte Seite: Durchblick auf das leere Marmorkenotaph (der Kaiser ist nicht hier, sondern in Wr. Neustadt begraben) mit der knienden Bronzefigur Maximilians, 1582. Mit dem Rücken zum Beschauer die Statuen (links) Gottfrieds von Bouillon und (rechts) König Albrechts I.

128 Der Schatz des Ordens vom Goldenen Vlies ist eine der Hauptattraktionen der Schatzkammer in der Wiener Hofburg.
129 Der heute noch bestehende Orden wurde 1429 von Herzog Philipp dem Guten von Burgund gestiftet. Von den Burgunderherzögen ging die Ordenssouveränität auf die Habsburger über; auch nach Abschaffung der Monarchie ist das jeweilige Familienoberhaupt der Habsburger auch Chef des Ordens. Linke Seite: Das Meßornat des Ordens, Prunkstücke mittelalterlicher „Nadelmalerei": Gold-, Silber- und farbige Seidenfäden auf Samt und Leinen, dazu Perlenstickerei. Niederländische Arbeit, vor 1477. Rechte Seite: Die Ordenskette des Goldenen Vlieses.

130 Graz, Mausoleum Ferdinands II. Untere Gruftkapelle. Der zu Lebzeiten des Kaisers 1614–1632 errichtete Bau ist eines der Hauptdenkmäler des Manierismus in Österreich. Der mit reichen Stukkaturen ausgestattete Kuppelraum wurde nach 1689 angelegt.

131 Kaiser Karl V. (1519–1556) im Alter von 32 Jahren. Dieses 1532 geschaffene Gemälde von Jakob Seisenegger, dem Hofmaler von Karls Bruder Ferdinand, diente als Vorlage für Tizians berühmtes Porträt des Kaisers im Madrider Prado. Wien, Kunsthistorisches Museum.

132 Aus dem Zeughaus zu Graz. Eingerichtet als Rüst- und Waffenkammer der steirischen Stände zur Abwehr der seit 1469
133 akut gewordenen Türkengefahr, ist das Steiermärkische Landeszeughaus, in seiner jetzigen Form 1643–1645 errichtet, das einzige Zeughaus der Welt mit heute noch intakt erhaltener Einrichtung. In vier Stockwerken beherbergt es die größte und vollständigste Sammlung von Kriegsgerät aus dem 16. und 17. Jh.: 29.000 Stück Waffen, von Kanonen und Feldschlangen bis zu Hieb-, Stich- und Handfeuerwaffen. Prunkstück der Sammlung sind die 3300 Rüstungen, Harnische und Kürasse. Links: Rüstung eines Streitrosses (Mitte 16. Jh.). An den Deckenbalken die sogenannten Zischäggen, Reiterhelme mit Nackenschutz aus dem 17. Jh. Rechts: Riefelharnische, um 1520.

Ausschnitte aus dem Gemälde „Die Entsatzschlacht von Wien 1683". Unbekannter zeitgenössischer Meister. 134
Anders als beim Schottenmeister ist hier die Ansicht der Stadt Wien (unten rechts) nicht der Wirklichkeit entsprechend.
Wien, Heeresgeschichtliches Museum.

Oben: Türkenzelt mit Vordach, Klapptisch und Sessel. 135
Burg Forchtenstein, Burgenland.
Unten: St. Margareten, Burgenland. Türkenkopf. Mauerschmuck an einem Wohnhaus.

Zur Ratifizierung des Friedens von Szöni (1627) zog Hans Ludwig Frhr. von Kuefstein 1628 mit einem großen Gefolge 136
von Kavalieren, Künstlern und Professionisten, insgesamt über 150 Personen, auf dem Landweg nach Stambul. Die Reise
dauerte vier Monate. Nach neunmonatigem Aufenthalt an der Hohen Pforte kehrte er im Dezember 1629 nach Wien
zurück. In Anerkennung seiner Verdienste ernannte ihn Kaiser Ferdinand II. zum Landeshauptmann von Oberösterreich
und verlieh ihm 1634 den Grafentitel. Oben: Einzug der Gesandtschaft in Stambul, 25. November 1628. Unten:
Gastmahl zu Ehren des Gesandten im großherrlichen Diwan.

Prinz Eugen von Savoyen, Gemälde von Johann Kupetzky (1660–1740). 137
Wien, Heeresgeschichtliches Museum.

Prunksaal der Nationalbibliothek, Wien. Erbaut 1723–1726 von Johann Bernhard Fischer von Erlach und dessen Sohn 138
Joseph Emanuel.

Die erste Verleihung des militärischen Maria-Theresia-Ordens am 3. März 1758. Gemälde von Carl von Blaas 139
(1815–1894). Kaiser Franz I. verleiht den Orden an Feldmarschall Graf Daun. Im Hintergrund Kaiserin Maria Theresia
und Thronfolger Erzherzog Josef, der nachmalige Kaiser Josef II.
Wien, Heeresgeschichtliches Museum.

Hofburg, Wien, Reichskanzleitrakt. Das Arbeitszimmer Kaiser Franz Josephs I. (1848–1916) mit dem Stehpult, an dem 140
der Kaiser die zur Audienz Zugelassenen empfing.

Die Große Galerie des Schlosses Schönbrunn (erbaut um 1760).
Schloß Versailles war das Vorbild aller Fürstenresidenzen Europas im 18. Jh. Auch Schönbrunn machte da keine 141
Ausnahme. Die Große Galerie folgt dem Prinzip des Spiegelsaales in Versailles.

Das Automobil, in dem der Erzherzog-Thronfolger Franz Ferdinand von Este und seine Gemahlin saßen, als am 28. Juni 142
1914 am Appelkai in Sarajewo die tödlichen Schüsse fielen.
Heeresgeschichtliches Museum, Wien.

Kommandoturm des k. u. k. Unterseebootes U 20. Im Arsenal von Pola erbaut und im Oktober 1917 in Dienst gestellt, 143
wurde es mit einer Besatzung von 3 Offizieren und 15 Mann am 4. Juli 1918 vor der Tagliamentomündung in der Adria
durch Torpedotreffer versenkt. Nach seiner Bergung im Jahre 1962 wurde der Turm vom Heeresgeschichtlichen
Museum, Wien, erworben und ausgestellt.

Blick auf das Obere Belvedere. Das Sommerpalais des Prinzen Eugen, 1721/22 erbaut von Johann Lukas von 144
Hildebrandt, diente vor dem Ersten Weltkrieg dem Erzherzog-Thronfolger als Residenz. Hier wurde 1955 der
Staatsvertrag unterzeichnet, der Österreich seine volle Souveränität wiedergab.

AVSTRIA: COR: ET:
CLYPEVS: SACRI: RO: IMP

ARCHIDVX · AVSTRIAE ·
RO · IMPERII · SVPREMVS
· VENATOR ·

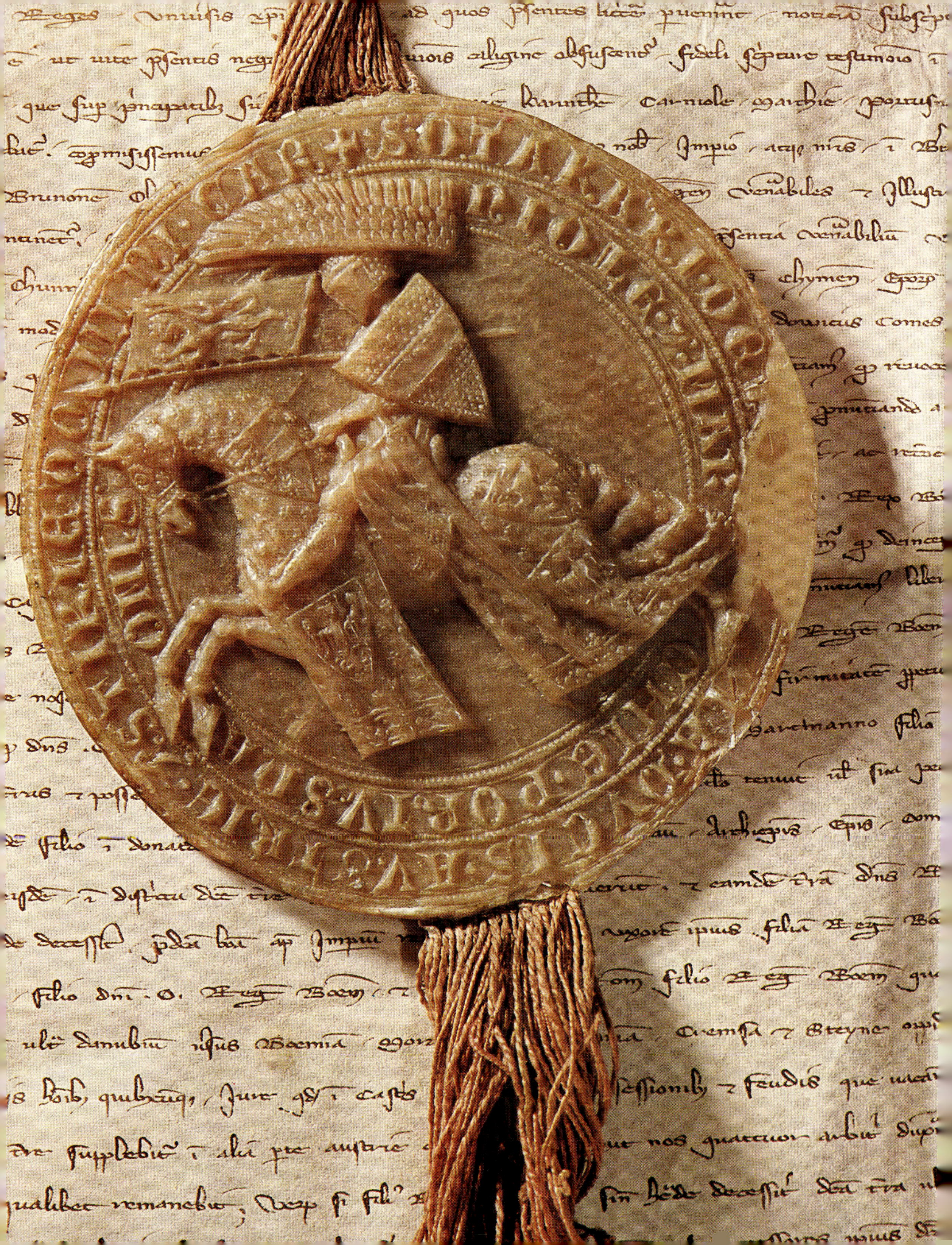

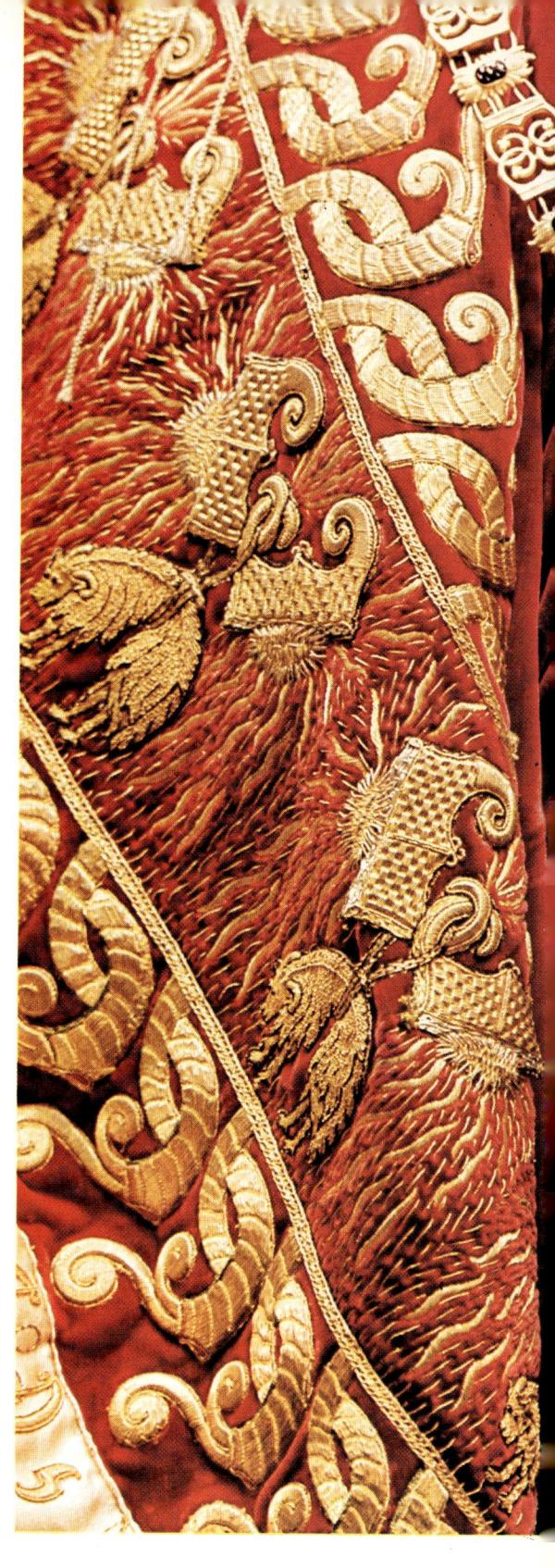

128

Heer eine blutige Niederlage. Trotz dieser Schlappe muß sich jedoch ein österreichisches Wunder ereignet haben. Leopold glich sich mit dem Kaiser wieder aus und durfte dafür die Mark bis auf ein Stück an der Thaya behalten.

Diese Erfahrungen werden auf den Sohn und Nachfolger Leopold III. ihren Eindruck nicht verfehlt haben. Seine ganze lange Regierungszeit hat er sich kluger Zurückhaltung befleißigt, Großmachtträume den Interessen seines Landes hintangestellt und einer durchaus modernen Form österreichischer Neutralität gehuldigt. Leopold war sicher ein aktiver, entschlußfreudiger und tatkräftiger Landesfürst, oft lag seine Bedeutung jedoch in dem, was er nicht tat. Aus heutiger Sicht erscheint es verdienstvoll und bewundernswert, daß sich Leopold von der allgemeinen Kreuzfahrer-Hysterie nicht anstecken ließ. Obwohl die wilden Haufen des ersten Kreuzzuges die Donaustraße benutzten und die Mark überschwemmten, hielt Leopold der Verführung stand, alle Brücken abzubrechen und um das Heilige Grab zu fechten, und blieb zu Hause. Nur seine Mutter Ita wurde von der frommen Begeisterung gepackt. Sie schloß sich einer Kreuzfahrertruppe an – und verschwand im Orient. Auch aus dem Investiturstreit hielt sich Leopold geschickt heraus. Sein Status im Reich wurde dadurch nur verbessert. 1122 hatte er beim Abschluß des Wormser Konkordates, des Friedensschlusses zwischen Kaiser und Papst, eine wichtige Vermittlerfunktion. Und drei Jahre später, nach dem Tode Heinrichs V., gehörte ein Babenberger zum erstenmal zu den Königskandidaten. Ein zeitgenössischer Bericht von der Königswahl in Mainz erzählt von dem Zusammenströmen der Großen des Reiches: „Die Sachsenfürsten hatten am Ufer des Rheines zahllose Zelte aufgeschlagen und lagerten dort stattlich; weiter oben hatten sich Markgraf Leopold von Österreich und Herzog Heinrich von Baiern mit großer Ritterschaft niedergelassen. Auf dem anderen Rheinufer lag Herzog Friedrich mit dem Bischof von Basel, den übrigen Fürsten von Schwaben und einer Reihe von Edelleuten . . . Sie nannten der Versammlung von allen Fürsten drei durch Reichtum und Tüchtigkeit ausgezeichnete Männer: den Herzog Friedrich, den Markgrafen Leopold und den Herzog Lothar . . . wer von diesen dreien allen genehm sei, der solle zum König erkoren werden. Herzog Friedrich war nicht zugegen, die beiden anderen erklärten voll Demut unter Tränen und kniend, sie würden die angebotene Würde nicht annehmen . . .“[10] Nun, Lothar wurde dann kurz darauf durch Akklamation gewählt. Leopolds Verzicht dürfte jedoch mehr als eine rhetorische Höflichkeitsgeste gewesen sein. Er wollte sich nach Ansicht der Historiker eine sichere Niederlage ersparen, weil zu diesem Zeitpunkt die Sachsen mit ihrem Kandidaten Lothar die stärkste Partei bildeten, und die Bayern, die Leopold stützten, dagegen nicht ankonnten. Das seltsame – ebenfalls überlieferte – Argument Leopolds, daß er sich wegen seiner vielen Kinder nicht um die Krone bewerben könne, hat schon zur Annahme geführt, daß Familienstreitigkeiten sein Leben belasteten. Die Kaisertochter Agnes wird nämlich als eine überaus herrschsüchtige und streitbare Person beschrieben. Und nach dem Tode Leopolds ist das Haus Babenberg in Klosterneuburg von schweren Zwistigkeiten erschüttert worden. Der Papst selbst fühlte sich zu einem Beschwichtigungsbrief an die Witwe veranlaßt.

Leopold hatte 1125 keine Chance versäumt, sondern nur sehr klug die Grenzen seiner Macht abgeschätzt. Und in der letzten Phase seiner langen Regierungszeit konzentrierte er sich vor allem auf den Ausbau eines österreichischen Landesfürstentums, richtete sich in Klosterneuburg eine neue Residenz ein – deren Maße nach jüngsten

Messungen genau denen der Wartburg, dem Sitz des Landgrafen von Thüringen, entsprachen –, vergrößerte seinen persönlichen Besitz durch die Güter ausgestorbener Adelsfamilien und erwarb auch die Stadtherrschaft von Wien. Sicherlich hat er auch beabsichtigt und angestrebt, Österreich aus der kirchlichen Abhängigkeit von Passau zu lösen und ein eigenes Landesbistum zu schaffen. Das brachte jedoch erst 1468 jener Kaiser zuwege, der den Papst veranlaßte, den Babenberger-Markgrafen zur Ehre der Altäre zu erheben: Friedrich III.

Weil jede große Nation ihren Heiligen hat und weil es sich schickt, einen Landespatron aus einer eigenen Herrscherfamilie zu besitzen, hatte sich schon Herzog Rudolf IV., der Stifter, um eine Kanonisierung Leopolds bemüht. Denn der Ruf seiner Frömmigkeit hat sehr bald einen Leopolds-Kult an seinem Klosterneuburger Grab erweckt. Kerzen wurden gestiftet, Messen gezahlt und Bitten deponiert. Es muß wohl auch ein wenig Dankbarkeit dabei gewesen sein gegenüber einem Fürsten, der seinem Land in kritischen Zeiten in vorbildlicher Weise den Frieden gesichert hatte. Der Bedarf nach einem Landespatron wurde auch noch dadurch verstärkt, daß der provisorische Schutzherr Österreichs, St. Koloman, nicht nur ein Ausländer war, sondern von den Österreichern umgebracht worden ist – der irische Pilger war bald nach dem Jahre 1000 nahe von Stockerau für einen ungarischen Spion gehalten und in einer Art Lynchjustiz getötet worden.

Friedrich III. benutzte die Romreise, die ihm die Erhebung Wiens zur Diözese eintrug, zu einem ersten Vorstoß beim Papst. Ernsthaft wurde die Angelegenheit jedoch erst, als sich die Klosterneuburger Chorherren einschalteten. Im Gegensatz zu den meistens unter Geldmangel leidenden Habsburgern konnte sich das Stift ein solches Unternehmen auch wirtschaftlich leisten. Die Klosterneuburger bedienten sich nun lediglich des kaiserlichen Namens, betrieben die Sache mit zwei Gesandtschaften jedoch in eigener Regie. In Rom herrschte ein gewisses Mißtrauen, weil der Papst hinter dem österreichischen Eifer lediglich politische Interessen witterte. Das heißt, nicht der Papst, sondern die Päpste, denn zwei waren inzwischen verstorben. Und erst eine kräftige finanzielle Injektion des ungarischen Königs Matthias Corvinus brachte unter dem neuen Papst Innozenz VIII. den Heiligsprechungsprozeß wieder ins Rollen. 2200 Gulden hatte Matthias, der ja auch Österreich beanspruchte und sich so bei der Bevölkerung Popularität verschaffen wollte, dafür springen lassen. Am Dreikönigstag 1485 fand in Rom der feierliche Heiligsprechungsakt statt – und die drei Klosterneuburger Gesandten traten als Sprecher des Kaisers auf. Im selben Jahr eroberte Matthias die Stadt Wien. Leopold jedoch war dem Habsburger wie dem Ungarn gleich heilig.[11]

Die Österreicher freuten sich ihres Patrons, ohne Rücksicht darauf, wer sie gerade regierte. An Leopold konnten sie sich halten. Er war auf jeden Fall einer der Ihren. Wie sehr verdienen Leopold und seine Nachkommen wirklich die Bezeichnung Österreicher? Daß sie ein süddeutsches Idiom gesprochen haben, das entfernt auch der weichen gedehnten heutigen Sprechweise hierzulande ähnelte, ist wohl anzunehmen. Als der Minnesänger Hugo von Trimberg 170 Jahre nach Leopold die deutschen Mundarten bedichtete, fehlt auch das Österreichische in seiner Aufzählung nicht: „. . . Schwaben ihre Wörter spalten, die Franken ein Teil sie falten, die Baiern sie zerzerren, die Thüringer sie aufzerren, die Sachsen sie wegzucken, die Rheinleut sie verdrucken, die Wetterauer sie würgen, die Meissner sie wohl schürgen, Egerland sie schwenket, Österreich sie verschränket, Steierland sie besser lenket, Kärnten ein Teil sie senket ..." usw.[12] Was mit diesem „verschränken" gemeint ist, wer kann es sagen? Stellen wir uns eben vor, daß an Leopolds Hof, wie bei den Habsburgern das Schönbrunnerdeutsch, ein Klosterneuburgerdeutsch die Unterhaltungen geprägt hat. Hugo von Hofmannsthal, der die zur Lautmalerei gewordene arrogante Bescheidenheit, dieses durch nasale Lässigkeit unterspielte Auftrumpfen habsburgisch-höfischen Parlierens bühnenreif gemacht hat, lieferte auch eine Definition des Österreichertums, an der man die Gestalt Leopolds messen sollte. 1917, als die ursprüngliche Viribus-unitis-Begeisterung schon etwas gedämpfter war, verglich Hofmannsthal das Wesen der Preußen mit dem der Österreicher.[13] Während die Preußen zu Leopolds Zeiten noch damit beschäftigt waren, christliche Missionare umzubringen, lassen sich Hofmannsthals Kriterien ohne weiteres auf den Markgrafen anwenden: die traditionelle Gesinnung des Österreichers, der historische Instinkt (der den Preußen abgeht), diese Eigenschaften besaß Leopold zweifellos. Er bestimmte die Zukunft, indem er auf Vergangenem fußte. Das Handeln nach Schicklichkeit (bei den Preußen ist's Handeln nach Vorschrift), also das Erfassen der günstigsten Gelegenheit, hat Leopold immerhin zu einer kaiserlichen Braut verholfen. Der Sinn für Balance und die Fähigkeit, sich im Dasein zurechtzufinden, sind charakteristische Merkmale der Karriere Leopolds, ebenso das Talent, Krisen auszuweichen (die Preußen drängen laut Hofmannsthal zu Krisen und sind unfähig, sich in andere Menschen hineinzudenken). Den Österreichern hingegen bescheinigt der Dichter, daß sie sich in das Denken anderer bis zur Charakterlosigkeit hineinversetzen können. Auch darin scheint Leopold im diplomatischen Umgang mit Fürstenkollegen – siehe seine ausgleichende Tätigkeit in Reichssachen – einige Übung gezeigt zu haben. Und daß er sich im Gegensatz zu den Preußen, von denen sich jeder einzelne als Träger eines Teiles der Autorität betrachtet, wie jeder Österreicher als Träger der ganzen Menschheit fühlte, verrät Leopolds tätige Friedenssehnsucht. Andere grundösterreichische Merkmale wie Selbstironie, Witz, Eitelkeit und, konträr zu preußischer Selbstgerechtigkeit, Anmaßung und Schulmeisterei, auch ein gewisser Grad an Verschämtheit, lassen sich weder aus den Quellen noch aus den Gebeinen herauslesen.

Leopolds Witz hat uns niemand überliefert. Wir wissen nur, dank der Minnesänger, daß es an den Höfen seiner Söhne, Enkel und Urenkel fröhlich zugegangen ist. So hilft uns nur noch ein Analogieschluß weiter: wenn der Babenberger die Qualifikation zum Erzösterreicher gemäß der Hofmannsthal-Skala in so vielen Punkten schafft, wird er wohl auch mit seinen weniger bekannten Zügen in dieses Bild passen.

Trotz dieser nun so klar abgesteckten „Austriazität" Leopolds ließ die offizielle Geburtsstunde Österreichs nach dem Tode des Fürsten noch zwanzig Jahre auf sich warten. Der Umweg dazu war wieder ein sehr österreichischer: Scheinbarer Machtzuwachs, zweifelhafte Größe und schließlich weise Diplomatie, ein Sichanpassen an die Realität, ein Verzicht, der Vorteil brachte, eine Degradierung, die zur Beförderung wurde.

Die kluge Politik Leopolds trug Früchte; das Ansehen seines Hauses, seine unumstrittene Stellung im Osten des Reiches, seine verwandtschaftlichen Bindungen zum Kaiserhaus brachten seinem Sohn Leopold IV. ein gefährliches Geschenk – der österreichische Volksmund würde auch treffend sagen „eine schöne Bescherung": das Herzogtum Bayern. Obwohl die Mark sich größter Selbständigkeit erfreute, war sie bis dahin nur ein Teil Bayerns. Die ewigen Streitigkeiten mit den welfischen

Bayernherzögen entschied Kaiser Konrad III., indem er die bayerische Herzogswürde dem Welfen Heinrich dem Stolzen zugunsten des Babenbergers Leopold IV., seines Halbbruders, entzog. In den paar Jahren seiner Herrschaft bis zu seinem frühen Tod 1141 nutzte sich dieser in Kämpfen mit den Welfen um Bayern ab. Ein Sieg des energischen Babenbergers, dem die Quellen ausgezeichnete Führerqualitäten nachsagen, und ein längeres Leben hätten vielleicht ein für allemal eine eigenständige Entwicklung Österreichs verhindert. Die Mark wäre nichts als ein Anhängsel Bayerns geworden, und die Babenberger hätten wahrscheinlich die bayerische Hauptstadt Regensburg zum Sitz erwählt. Leopolds frühes Ende und die etwas schwächere Persönlichkeit seines ihm nachfolgenden Bruders Heinrich (obwohl er der ältere war, hatte der Vater Leopold bevorzugt), beeinflußten jedoch den Lauf der Geschichte. Auch Heinrich hatte von Bayern nur Zank und Streit und mußte 1145, wie schon Leopold vor ihm, „seine" Hauptstadt Regensburg sogar belagern. Der versuchte Ausgleich mit den Welfen mißlang, weil Heinrichs Frau Gertrud, die Witwe Heinrichs des Stolzen, die den Besitz Bayerns blutmäßig hätte legitimieren sollen, sehr bald starb. Schließlich brachte das Eingreifen des neuen Königs und Kaisers Friedrich I. Barbarossa (ab 1152) die Wende. Er brauchte Heinrichs Rivalen, den ebenfalls mit ihm verwandten Welfenherzog Heinrich den Löwen, als Bundesgenossen. Außerdem störten die dauernden kriegerischen Auseinandersetzungen im Süden des Reiches seine weltpolitischen Pläne. So entschied Friedrich den Streit und führte trotz der Proteste des Babenbergers 1155 Heinrich den Löwen in Regensburg in die bayerische Herzogsgewalt ein. Davon unbeirrt schmückte sich der österreichische Heinrich weiterhin mit dem Titel des Bayernherzogs. Da es sein kaiserlicher Neffe jedoch nicht auf einen Bruch mit dem Onkel ankommen lassen wollte, suchte er den Ausgleich. Ein Jahr später gelang der Kompromiß nach komplizierten Verhandlungen, an denen auch Otto von Freising wesentlich beteiligt gewesen sein dürfte. Heinrich sollte Herzog bleiben, aber eines neuen Herzogtums, des Herzogtums Österreich, das mit Bayern nichts mehr zu tun hatte.

Der feierliche Akt, der zu jenen geschichtlichen Augenblicken gehört, in denen äußerliche Handlungen, ein Ritual, ein Zeremoniell zur Summe einer historischen Entwicklung werden, fand in Regensburg statt; das heißt außerhalb der Stadt, denn Heinrich hätte es unter seiner Würde gefunden, die widerspenstige Hauptstadt seines Rivalen zu betreten. Otto von Freising, selbst Mitakteur und wissender Zeuge, schilderte diesen Tag, an dem Österreich seine Selbständigkeit erhielt:

„Mitte September kamen die Fürsten in Regensburg zusammen und warteten einige Tage auf die Ankunft des Kaisers. Als dann die Begegnung zwischen dem Kaiser und seinem Oheim auf freiem Felde stattfand – dieser blieb nämlich zwei Meilen vor der Stadt in einem Zeltlager –, wurde in Gegenwart aller Vornehmen und Großen die Vereinbarung, die man seit geraumer Zeit geheimgehalten hatte, veröffentlicht. Soweit ich mich erinnern kann, war ihr Inhalt folgender: Heinrich der Ältere (der Babenberger) verzichtete auf das Herzogtum Bayern durch Übergabe von sieben Fahnen in die Hand des Kaisers. Nachdem diese dem jüngeren Heinrich (dem Welfen) überreicht worden waren und dieser mit zwei von diesen Fahnen die Mark samt den von alters her zu ihr gehörenden Grafschaften zurückgegeben hatte, schloß der Kaiser diese Mark mit den vorgenannten Grafschaften nach dem Spruche der Fürsten zu einem Herzogtum zusammen und belehnte durch Überreichung von zwei Fahnen mit diesem neugeschaffenen Herzogtum nicht nur den Heinrich, sondern auch seine Gemahlin Theodora. Der Kaiser bestätigte ihm noch kraft eines eigenen Privilegs, daß keiner seiner Nachfolger jemals diese Regelung abändern oder umstoßen könne . . . Hierauf kehrte der Kaiser nach Erfüllung seines alten Wunsches, daß der Streit zwischen seinem Oheim und Sohne seines Onkels von mütterlicher Seite ohne Blutvergießen beigelegt werde, fröhlich in die Stadt zurück . . .‟[14]

Ein fröhlicher Tag also, dieser 8. September 1156 – das Datum findet sich in anderen Quellen – am Ufer der Donau. Man muß sich diese Versammlung vor Augen rufen: alle mit dem Südosten verbundenen Fürsten des Reiches waren erschienen. Die beiden Heinriche wahrten das Gesicht und benahmen sich so, als hätte es in diesem Konflikt keinen Verlierer gegeben. Und dann das bedeutungsschwere Spiel mit den Fahnen – ein Stück Tuch auf einer Lanze wird zum Symbol für Land und Lehen. Was die Zeitgenossen damals jedoch am meisten in Erstaunen versetzt haben muß – und auch später haben Generationen von Historikern darüber ihre Kombinationen angestellt –, war die Belehnung auch der Frau Heinrichs, der byzantinischen Prinzessin Theodora. Auch sie mußte die Fahnenlanzen ergreifen; und im „Privilegium Minus‟, dieser berühmten österreichischen „Unabhängigkeitserklärung‟, die die rechtlichen Bestimmungen des Regensburger Aktes enthielt, ist die Herzogwürde nicht nur in männlicher, sondern auch in weiblicher Linie erblich; dazu können der Herzog und seine Gemahlin im Falle der Kinderlosigkeit ihren Nachfolger bestimmen.

Größere Sicherheitsklauseln hätte der Kaiser den Babenbergern nicht bieten können. Die hohe Abkunft der Herzogin hatte bei der Abfassung dieses so weitgehenden Privilegs wohl ein gewisses Gewicht gehabt. Friedrich wollte es sich weder mit den Byzantinern noch mit dem Österreicher verderben. Und Heinrich dürfte sich in den Verhandlungen als ein überaus zäher Partner erwiesen haben, der seinen Vorteil geschickt zu wahren wußte. Der Babenberger hatte auch allen Grund, in Erbfolgefragen vorsichtig zu sein. Das Trauma, ohne Erben zu sterben, war ihm nicht fremd. Immerhin hätte schon in der ersten Leithaschlacht 1146 das passieren können, was genau hundert Jahre später dann an eben diesem Grenzfluß mit Ungarn geschah: das Ende der Babenberger-Dynastie durch den Schlachtentod des erbenlosen Fürsten. Heinrich, der damals für Kaiser Konrad gegen die Ungarn gezogen war, rettete bei diesem Debakel sein Leben nur durch die Flucht über die Fischa in Richtung Wien. Sein Tod hätte das Kapitel Babenberger schon um hundert Jahre früher geschlossen. Auch zu Regensburg 1156 war Heinrich noch ohne männlichen Erben. Er war Vater einer Tochter, und seine Frau erwartete ein zweites Kind, das erst im Jahr danach geboren wurde (Leopold).

Das Privilegium enthielt also genügend „Unabhängigkeitssubstanz‟, um diese Einheit Österreich, diesen selbständigen Körper im Verbande des deutschen Reiches auch nach dem Aussterben der Babenberger vor dem Zerfall zu bewahren. Und nicht nur das. Das Herzogtum wuchs sich bereits unter Heinrichs Nachfolgern (der Herzog starb 1177) zur Keimzelle einer europäischen Großmacht aus. Die Habsburger mußten nur darauf aufbauen.[15]

Der Weg wurde auch durch Heinrichs Wahl der neuen Hauptstadt vorgezeichnet – Klosterneuburg war ihm anscheinend nicht herzoglich genug, deshalb verlegte er seine Residenz nach Wien. Aus Regensburg importierte er irische Benediktiner und kümmerte sich auch sonst um die aufgewertete Stadt. Daß ihm das Volk schon damals wegen seines Leibkraftwortes den Beinamen „Jasomirgott" angehängt hat, dürfte jedoch eine Legende sein. Man leitet ihn heute eher von einem fehlinterpretierten byzantinischen oder arabischen Ausdruck ab (in einer arabischen Chronik tritt der Kreuzfahrer Heinrich als „der verfluchte Jasan el-Kund Harri" auf, und daraus soll das „Jochsamergot" der spätmittelalterlichen Quellen geworden sein).[16]

Diese Namensdeutung würde sich auch gut zu diesem Schuß von Orientalischem fügen, der den Babenbergern dank ihrer Kreuzzugabenteuer und ihrer Verbindungen zum byzantinischen Hof eigen ist. Manchmal fiel ihnen auch die Wahl schwer, ob sie sich dem verführerischen Duft der weiten Welt ergeben und neuen Ruhm im Heiligen Land erwerben oder sich mehr um ihre heimischen Besitzungen kümmern sollten. Daß jedoch ein Babenberger noch heute im angelsächsischen Raum jedem Schulkind geläufig sein sollte, dafür ist das berühmt-berüchtigte Wiener Finale des Kreuzfahrerstreites zwischen Leopold V. und Englands König Richard Löwenherz verantwortlich. In Akkon hatte Richard Leopolds Banner in den Schmutz zerren lassen. Der Österreicher war daraufhin wutentbrannt heimgekehrt. Als Richard jedoch auf dem Rückweg nach Europa in Seenot geraten war, entschloß er sich, verkleidet den Landweg durch Österreich zu riskieren. Kurz vor Weihnachten 1192 passierte es dann. Der Mönch Radulf aus der englischen Zisterzienserabtei Coggeshall, der durch einen Begleiter Richards über den Hergang der Gefangennahme informiert wurde, erzählt: „Von Hunger gezwungen, machte Richard bei Wien halt, wo eben zum Unglücke für ihn der Herzog von Österreich weilte. Als nun der Knecht des Königs beim Einkaufen mehrere Byzantiner (Goldstücke) hervorzog, wurde er festgenommen und gefragt, wer er sei. Er antwortete, er diene einem schwerreichen Kaufmanne, der in drei Tagen in der Stadt eintreffen werde. Nach seiner Freilassung stahl er sich in die heimliche Herberge des Königs und riet ihm zu schneller Flucht. Doch dieser wollte nach den Strapazen, die er zu See erduldet hatte, hier einige Tage ruhen. Als nun der Knecht wiederholt auf dem Markte notwendige Einkäufe machte, wurden an seinem Gürtel die Handschuhe seines königlichen Herren, die er unvorsichtig sehen ließ, bemerkt (worauf der Knecht durch Folterqualen zum Eingeständnis der Wahrheit gezwungen wurde). Sofort wurde dem Herzog alles gemeldet und die Herberge des Königs umzingelt. Man forderte ihn mit heftigen Worten auf, sich freiwillig zu ergeben. Trotz allen Geschreies und Tumultes blieb der König furchtlos. Da er aber einsah, so vielen Barbaren gegenüber könne er sich nicht behaupten, verlangte er, der Herzog solle kommen, ihm allein werde er sich ergeben. Als dann der Herzog erschien, ging ihm der König einige Schritte entgegen und übergab sich ihm mit seinem Schwerte. Der Herzog freute sich höchlich, bezeigte ihm seine Ehrerbietung, nahm ihn mit sich und ließ ihn durch seine besten Ritter bewachen, die mit gezücktem Schwerte Tag und Nacht nicht von der Seite des Gefangenen wichen."[17]

Die weitere Geschichte ist bekannt: Richard wurde an den deutschen König Heinrich VI. ausgeliefert und erst nach einem weltpolitischen Tauziehen gegen ein Lösegeld von 100.000 Silbermark (das er nur zum Teil bezahlte) im Spätherbst 1193 freigelassen – Leopold stand von dieser Summe (Silberbarren im Gewicht von 35.070 Kilogramm) die Hälfte zu.

So erzählt's die Schulbücher. Was aber sagt die moderne Forschung? Ehre, Heldenmut, gekränkter Stolz sind wohl die geringsten Antriebskräfte bei dieser Geiselnahme gewesen. Nach dem Fall der zwei Jahre hindurch belagerten Festung

Akkon stritten Richard und Philipp August von Frankreich um die Verteilung der Beute. Wer nicht im Lager der beiden Könige stand, sollte leer ausgehen. Und natürlich auch Leopold. Nach Heinrich Fichtenau hatte dieser Nachzügler auch wenig Anspruch. Er gehörte „mit seiner Handvoll Ministerialen nur zu den Statisten vor Akkon, die den Taten der Könige zusehen durften, nützlich für die Grabenwache, ohne Anspruch auf Ruhm und Beute . . ."[18] Anscheinend hat Leopold nach der Kapitulation irgendwo in der Stadt seine Banner aufgepflanzt, um so seine Beuteansprüche zu reklamieren. Das soll nun wieder die Zornreaktion des Engländers ausgelöst haben, wie bei mehreren Chronisten nachzulesen ist.

Leopold brachte der Streit mit Richard nur Vorteile. Weil er verfrüht aus dem Heiligen Land zurückkehrte, kam er gerade rechtzeitig, um das steirische Erbe anzutreten. Schon 1186, am 17. August, war auf dem Georgenberg in Enns der Erbvertrag mit Otakar IV., dem Herzog von Steiermark, geschlossen worden. Danach sollte die Steiermark (zu der damals auch das Land um Steyr und Gebiete jenseits des Semmerings gehörten) nach dem Tod des Herzogs, der kinderlos und unheilbar krank war, ungeteilt an die Babenberger fallen. Und nun war der letzte aus dem Haus der Otakare gestorben, und Leopolds Herzogtum hatte sich mit einem Schlag flächenmäßig mindestens verdoppelt.

Das Lösegeld Richards enthob den Herzog aller Budgetsorgen, und er befestigte damit Hainburg und Wiener Neustadt, erneuerte die Mauern Wiens und verlegte die Kremser Münze nach Wien, wo die Silberbarren zu Wiener Pfennigen umgeschmolzen wurden. Zusätzliches Prestige sollte Leopold noch durch die Vermählung eines seiner Söhne mit einer englischen Prinzessin erwerben – auch das hatte Richard vor seiner Freilassung geloben müssen. Als Leopold jedoch siebenunddreißigjährig am Silvestertag des Jahres 1194 bei einem Turnier in Graz vom Pferd stürzte, sich ein Bein brach und nach einer Amputation wenige Tage darauf starb, sprachen die Briten von einer gerechten Strafe des Himmels, und die Prinzessin, Eleonore von der Bretagne, die sich bereits auf dem Weg nach Österreich befand, kehrte wieder um und starb fast fünfzig Jahre später unvermählt in England.[19]

Die Babenberger schien jedoch nichts mehr aufhalten zu können. Nach dem frühen Tod Friedrichs I. auf einem Kreuzzug erlebte Österreich unter Leopold dem Glorreichen eine Periode des Wohlstandes und der Stabilität. Und sein Sohn Friedrich II. hätte das Werk nur fortsetzen müssen. Der junge Herzog war jedoch nicht wie sein Vater Diplomat, sondern ein Kriegsmann. In den sechzehn Jahren seiner Regierung von 1230 bis 1246 befehdete er alle seine Nachbarn inklusive der kirchlichen Herren, dazu seine eigenen Ministerialien, die gegen ihn rebellierten, die Stadt Wien und Kaiser Friedrich II., der die Reichsacht über den jungen Friedrich verhängte. Den „Streitbaren" als Beinamen hat er sich redlich verdient. Wenn schon das Kriegerische nicht sehr österreichisch war, so hatte er zumindest eine unglaubliche Überlebensfähigkeit aus dem Schatz nationaler Eigenschaften mitbekommen. Friedrich brachte den Kaiser schließlich sogar auf die Idee, das Herzogtum als Versöhnungsgabe in ein erbliches Königstum umzuwandeln. Auch hätte er beim Papst beinahe ein eigenes Landesbistum für Wien bewirkt. Doch der Veitstag des Jahres 1246 ließ jenes Geschlecht verlöschen, das die Mark im Osten, dieses kleine Ostarrichi, zum großen bedeutsamen Österreich geformt hat. Friedrich hatte nie an ein so frühes Ende gedacht. Aber er trägt eben „unverkennbare Zeichen einer alternden Generation an sich", schreibt Hugo Hantsch in einem etwas professoralen Tadelston: „Er ist keine harmonische Persönlichkeit, und es fehlt ihm die Beständigkeit eines in sich geschlossenen Charakters. Vielleicht übte das halborientalische Blut, das von seiner Mutter und Urgroßmutter her in seinen Adern floß, beträchtliche Wirkung aus. Er kam auch viel zu jung zur Regierung und scheint niemals ein ausgereifter Charakter geworden zu sein. Eigentlich rettete ihn aus seinen fürchterlichen Bedrängnissen nur die Anhänglichkeit der Untertanen an das alte Geschlecht, das seit Menschengedenken in Österreich und Steiermark regierte ...“[20] Und eines hat Friedrich vor allem gefehlt, als er Mitte Juni 1246 gegen die Ungarn König Belas in Richtung Leitha zog: ein Erbe. Zwei Ehen waren kinderlos geblieben. Nun wollte sich der etwa fünfunddreißigjährige Friedrich mit einer bayerischen Prinzessin verheiraten.

Das Treffen am Fluß war keine der großen Schlachten, die die Völker bewegen. Selbst sein Ort ist umstritten. Friedrich dürfte bei Ebenfurth, 14 Kilometer von Wiener Neustadt, den Fluß überquert haben. Das Gefecht begann, und Friedrich endete, ohne daß man so recht weiß, wie. Der Minnesänger Ulrich von Liechtenstein läßt Friedrich noch eine anfeuernde Ansprache an seine Leute halten. War er von sich selber so hingerissen, daß er die Übersicht in dem darauf folgenden Stechen und Dreinhauen verlor? Ulrich: „... der fürste leider übersach, dazu dar gesprangte der Reuzzen schar (daz übersach er leider gar), die wile er hie di sinen mant. der Reuzzen schar da kom gerant hinden uf den fürsten rich: da von gelac er jaemmerlich ...“ Während seiner Rede übersah Friedrich also, daß die Reussen – irgendwelche östliche Hilfsvölker der Ungarn – ihm plötzlich in den Rücken fielen. Und im nächsten Augenblick „lag er da jämmerlich“. Anscheinend hat in dem Getümmel niemand den Tod des Fürsten bemerkt. Erst später, als Ulrich von Liechtenstein die Reussen in die Flucht geschlagen hatte, entdeckte Heinrich der Schreiber den Leichnam: „den vant sit ligende jaemmerlich sin schriber, der hiez her Heinrich“.

Nach Ulrich fand man Friedrich ohne Rüstung und auch ohne Unterkleider. Es waren auch keine schweren Verletzungen zu erkennen. Heinrich hüllte den Herzog in seinen Mantel, band ihn auf ein Pferd und brachte ihn so nach Wiener Neustadt. Dort wurde er ins Haus eines Bürgers geschafft, bekleidet und ohne viel Lärm in der Kirche aufgebahrt. Friedrichs Krieger erfuhren von seinem Tod erst, als sie die Schlacht bereits gewonnen hatten. Und noch lange hielten sich die Gerüchte, daß der Babenberger von einem eigenen Mann ermordet worden sei.[21]

Mehr wird über seine letzten Stunden wohl kaum zu erfahren sein. Friedrich wurde in Heiligenkreuz bestattet. Steif und klobig wirkt seine Gestalt auf der Sandsteinplatte der Gruft. Die Leitha blieb Grenze, zuerst zwischen Österreich und Ungarn, heute zwischen Niederösterreich und Burgenland. Auch die Suche nach dem Schlachtfeld ist vergebliche Mühe. Wegen des nahen Neufeldersees dehnt sich in der Umgebung Ebenfurths eine „Erholungslandschaft“ mit Campingplätzen, Wohnwagenkolonien und Bungalows. Statt der Lagerfeuer glüht die Kohle unter dem Grill, der Schlachtenlärm dringt von einer Fußballübertragung aus dem Fernsehapparat, anstelle des Schwertgeklirrs tönt das ewige Ping-Pong der Tischtennisbälle, und Kindergeschrei ersetzt heisere Kriegsrufe. Wo Blut floß, fließt der Heurige, und die Stätte, an der die erste Familie Österreichs nach zweihundertsiebzigjähriger Herrschaft ihr Ende fand, wurde siebenhundert Jahre später zu einem gemütlichen Platz, an dem Herr und Frau Österreicher konfliktlose Wochenendbehaglichkeit suchen.

HANS FRONIUS

# DAS HAUS,
# DAS ÖSTERREICH HEISST

Das Feld ist ein Feld geblieben, nur daß das Getreide nicht von Pferden niedergestampft, sondern von einem Regenguß flachgelegt worden ist. Weizen, Zuckerrüben und Mais bedecken die Erde, aus der dann und wann Bauern ein Stück Metall hervorpflügen, eine Pfeilspitze, ein zerbrochenes Schwert, einen Rüstungsteil. Fruchtbar ist dieses langgezogene Rechteck zwischen der March im Osten und den sanften Weinbergen im Westen, zwischen Jedenspeigen im Norden und Dürnkrut im Süden. Gut zum Wachsen, und wohl auch gut zum Sterben. Im April 1945 kämpften hier sowjetische Truppen um den Marchübergang. Aber das war bereits ein entschiedener Krieg. Vor siebenhundert Jahren jedoch, an jenem 26. August 1278, mußte dieser natürliche Turnierplatz als Arena eines Machtkampfes herhalten, bei dem es um Reich und Österreich, um Kronen und Dynastien ging und darum, wer nun der erste Mann im Herzen Europas sein sollte, Przemysl Ottokar II. von Böhmen oder dieser strebsame Süddeutsche, der es bereits zum König gebracht hatte und noch mehr sein wollte: Rudolf von Habsburg.

„Das Feld, das rings sich breitet, heißt Marchfeld, ein Schlachtfeld, wie sich leicht kein zweites findet, doch auch ein Erntefeld, Gott sei gedankt! Und dafür soll es immerdar dir gelten! Dort fließt die March; dort wo noch Nebel ringt, liegt Wien die Stadt, die Donau blinkt daneben, von vielen Inseln mannigfach geteilt . . ."[1] Franz Grillparzer legt diese Schlachtfeldbeschreibung Rudolf in den Mund, am Morgen des großen Tages. Der König spricht zu seinen Söhnen, obwohl in Wirklichkeit keiner der beiden anwesend war. Doch in diesem größten Lobgesang auf Österreich und auf Habsburg hat sich Grillparzer manche dichterische Freiheit genommen. Daß die Zensur das Stück von „König Ottokars Glück und Ende" fast zwei Jahre lang zurückgehalten hatte – weil die Böhmen darin schlecht wegkämen – und erst eine Zufallsintervention der Kaiserin eine Aufführung am Burgtheater ermöglichte (1825), hat man heute schon vergessen. Denn wie ließe sich der Ruhm jenes Hauses besser in Verse fassen als in diesem Przemysl-Drama, das zu einem Habsburg-Hymnus wurde. Man war sich damals anscheinend auch nicht darüber im klaren, wo die Schlacht eigentlich stattgefunden hatte. Als nämlich ein Pfarrer von Jedenspeigen 1857 von Kaiserin Karoline Augusta, der Witwe Kaiser Franz' I., einen Zuschuß zur Erweiterung der Kirche erbat, verlangte sie vorerst den Beweis dafür, daß Jedenspeigen und nicht Marchegg der Schlachtort sei. Der Pfarrer raffte zusammen, was er an historischen Belegen erhalten konnte, und übersandte der Kaiserin sein Material. Die Kaiserin ließ sich überzeugen und spendete 800 Gulden.

Überzeugend, eindrucksvoll und klar ist auch das Schlachtfeldpanorama, wenn man die flachen Höhen über Dürnkrut ersteigt. Das Wesen einer Schlacht im Gelände zu verstehen, erfordert oft harte Gedankenarbeit und stellt einige Ansprüche an die Vorstellungskraft. Bei Dürnkrut glaubt man wie vor einer Riesenleinwand Zeuge des Getümmels werden zu können. Und zwischen den Weinstöcken und Obstbäumen des Hochfeldes nimmt man nicht nur einen Logenplatz ein, man ist gleichzeitig auch mitten im Geschehen, ja am entscheidenden Punkt überhaupt.[2]

Schlachten glichen damals eher Turnieren. Man stellte sich nach starren Prinzipien auf – erstes Treffen, zweites Treffen, drittes Treffen, die Panzerreiter waren die wichtigste Waffe, das Fußvolk bewachte das Lager. Beide Seiten flehten vorher zum gleichen Gott um den Sieg, die einen hatten als Zeichen ein weißes Kreuz auf die Brust aufgenäht, die anderen ein grünes. Für unkonventionelles strategisches Denken war wenig Raum ausgespart. Es galt, die Form zu wahren, sich an die Regeln zu halten und danach zu gewinnen oder zu verlieren. Rudolf dachte jedoch nicht so schematisch. Er hatte Ottokar schon zu Beginn des Feldzuges getäuscht, als er sich nicht an Wien klammerte, sondern die Stadt ungeschützt ließ, von Hainburg aus die Donau übersetzte und sich im Marchfeld mit den Ungarn vereinte. Wie das babenbergische Finale eine österreichisch-ungarische Angelegenheit war, so auch der erste Akt des Habsburg-Festspiels. Nur, daß diesmal die Ungarn als Freunde kamen und Rudolfs Heer den Böhmen halbwegs ebenbürtig machten. Jeder König dürfte an die 30.000 Mann befehligt haben, Ottokar konnte allerdings auf mehr Ritter und Panzerreiter zählen; diese Überlegenheit an „schweren Waffen" glichen die kumanischen Reiterscharen der Ungarn aus – eine „schnelle Truppe", die die Schlachtordnung des Feindes verwirren sollte. Schon beim ersten Aufeinanderprallen setzte Rudolf diese unkonventionelle leichte Kavallerie geschickt ein. Der Pfeilhagel der Steppenreiter lichtete das vorderste Treffen Ottokars, das vor allem aus böhmischen und mährischen Rittern bestand, beträchtlich. Die geniale Idee, die vielleicht dafür verantwortlich ist, daß heute jedermann das Wort „Habsburg" mit Kaiser oder Reich oder Weltreich gleichsetzt, kam Rudolf jedoch im Zusammenhang mit der Verwendung der Reserven. Möglicherweise war es schwäbisch-schweizerische Vorsicht, die ihn dazu veranlaßte. Der Habsburger zweigte nämlich 60 Panzerreiter unter den beiden steirischen Ministerialen Ulrich von Kapellen und Konrad von Sumerau von seiner Hauptmacht ab. Sie hielten sich in den Weingärten des Hochfeldes verborgen – als letzte Einsatzreserve, mit der Ottokar nicht rechnete. Der Ort war blendend gewählt. Nirgends ist die Übersicht besser, dabei kann man selber ungesehen bleiben. Hinter dem Kamm des Hügelzuges bleibt genügend Raum für eine Bereitschaftsstellung – und schließlich ist der Abfall zur Ebene nicht zu steil. So war es auch diesen eher unbeweglichen Kriegsmaschinen – man darf die in Eisen geschlossenen Ritter auf ihren ebenfalls gepanzerten Pferden wohl so bezeichnen – möglich, in vollem Galopp hinunterzupreschen und wie ein Sturmwind ins Schlachtengeschehen einzugreifen.

So kam es dann auch: als sich nämlich nach zwei Stunden die „Panzer"-Überlegenheit Ottokars auszuwirken und Rudolfs Ritter unter dem Druck zu wanken begannen und Ottokar sein noch völlig ausgeruhtes drittes Treffen aufs Feld schickte, erhielt Ulrich von Kapellen das vereinbarte Signal. Für die Böhmen völlig überraschend brachen die Ritter in ihre Flanke: Verwirrung, Chaos und Flucht waren die Folge. Von Panik erfaßt, drängte ein Teil des böhmischen Heeres zur schlingenreichen March, und Hunderte, wenn nicht Tausende, ertranken. Ottokars Leiche lag nackt und verstümmelt auf der Erde. Rudolf, der selbst einmal vom Pferd gestürzt war, sprach später an seiner Bahre ein Gebet.

Und wenn die Schlacht von Dürnkrut oder Jedenspeigen oder, wie sie auch heißt, auf dem Marchfeld einen anderen Ausgang genommen hätte, wenn statt Ottokar Rudolf auf der Bahre gelegen wäre? Ein moderner, absolut regierender Fürst hätte von der Ostsee bis zur Adria geherrscht und nach dem Sieg über den gekrönten deutschen König auch dem Reich, oder dem, was sich dafür hielt oder davon geblieben war, seinen Willen diktiert, sich dabei aber auf eine slawische Hausmacht gestützt, die deutsche Führungsansprüche ein für allemal zunichte gemacht hätte. Ottokar hatte ja erreicht, wovon die Panslawisten des 19. Jahrhunderts träumten. Er hatte den deutschen Keil zwischen Nord- und Südslawen durchbrochen und damit die Basis für ein slawisches Großreich geschaffen. Die Habsburger wären jedoch geblieben, was sie waren: ein schwäbisch-schweizerisches Geschlecht, das gut mit Geld umzugehen wußte und einmal einen vergeblichen Versuch gewagt hatte, über die provinzielle Enge seiner Umgebung etwas hinauszuwachsen.

Rudolf war der Sieger. Die überragende Führergestalt im mitteleuropäischen Raum hatte jedoch bis zu diesem Zeitpunkt Ottokar geheißen. Der Przemyslide hatte, noch bevor er Böhmens König wurde, mit einem sicheren Instinkt für Macht die herrenlose Babenbergerherrschaft für sich beansprucht. Die Adeligen in Österreich und in der Steiermark begrüßten zuerst diese neue Ordnungsgewalt. Um seinen Gebietserwerb auf eine rechtliche Grundlage zu stellen, heiratete der Böhme die um zwanzig Jahre ältere Margarete, Schwester Friedrichs des Streitbaren. Bald dehnte sich Ottokars Reich von der Ostsee bis zur Adria. Der König, der im Namen der ostpreußischen Stadt Königsberg steckt, ist ihr Gründer Ottokar. In Wien begann er mit dem Bau der Hofburg, auch am romanischen Kern des Stephansdomes hat der Böhmenkönig seinen Anteil. Die heutige Grenze zwischen Steiermark und Niederösterreich geht auf Ottokar zurück. Im Streit mit den Ungarn um die Steiermark überließ er ihnen das Land bis zum Semmering; was diesseits des Passes steirisch war, fiel an die österreichische Herrschaft. Ein paar Jahre später revidierte Ottokar diese Entscheidung mit der Waffe, holte sich die ganze Steiermark wieder zurück und erbte 1269 nach dem Tod des letzten Kärntner Herzogs aus dem Geschlecht der Spanheimer Kärnten und Krain. Ottokar profitierte vom Interregnum im Reich und von der Schwäche der Schattenkönige, die nichts weiter waren als Kreaturen einer Partei. In seinem zentralistischen Staatsdenken eilte er seiner Zeit weit voraus; Grillparzer haben vor allem die Parallelen zur Gestalt Napoleons zum Ottokar-Drama angeregt.

Seinem politischen Konzept gemäß stärkte Ottokar alle neuen Kräfte in der Gesellschaft, die Bürger in den Städten, den Dienstadel, der die Rolle der Beamten übernahm – und das auf Kosten des eingesessenen Hochadels, der sich in der Anarchie der herrscherlosen Zeit viele Privilegien angemaßt und vor allem vom landesfürstlichen Besitz so manches gute Stück eingesteckt hatte. Das straffe Regime Ottokars erzeugte deshalb Widerstand. In den ersten Jahren seiner Machtübernahme hielt sich der Herrscher noch etwas zurück, da respektierte er die Gefühle seiner Untertanen noch. Dann ergriff ihn jedoch die Krankheit der Usurpatoren, der von einem übersteigerten Ich getriebenen selbstherrlichen Führerpersönlichkeiten: die Hybris, der tragische Übermut, der den Willen und die Idee mit der Wirklichkeit verwechselt und dadurch jedes Maß verliert. Grillparzer hat die wahnwitzige Selbstüberschätzung solcher Machtmenschen von Alexander bis zu Napoleon und Hitler mit dem einen Wort Ottokars, das der König auf sich bezieht, entlarvt: „Nun, Erde, steh mir fest! Du hast noch keinen Größeren getragen!"[3]

Auch Rudolf von Habsburg dürfte der Ehrgeiz, der hinter jeder politischen Karriere steht, nicht fremd gewesen sein. Eine der vielen Legenden, die eine patriotische Geschichtsschreibung später um ihn rankte, erzählt vom Ausspruch des Bischofs von Basel, als dieser die Nachricht von Rudolfs Wahl zum deutschen König erhielt: „Nun, lieber Gott, sitz fest auf deinem Throne, sonst setzt sich unser Rudolf drauf." Der Bischof hatte guten Grund, über den Habsburger nicht zu positiv zu urteilen. Denn Rudolf war gerade dabei, Basel zu belagern, als ihm ein Bote die Kunde von der Entscheidung der Kurfürsten in Frankfurt überbrachte.

Warum war die Wahl an diesem 1. Oktober 1273 ausgerechnet auf den süddeutschen Grafen gefallen? Warum nicht auf Ottokar, der sich als der mächtigste und größte des Reiches dieser Krone sehr wohl für würdig erachtete? Nach einer Periode völliger Rechtsunsicherheit und einer anarchischen Entwicklung im Reich herrschte bei den Kurfürsten – die auch vom Papst gedrängt wurden – wohl Bedarf nach einer stärkeren Autorität, aber ein Mann wie Ottokar war ihnen zu stark. Rudolf hingegen wirkte wie maßgeschneidert: ein vornehmer Herr, nicht mehr ganz jung (55), dessen Ambitionen nicht zu gefährlich schienen. Er würde Verständnis für die Wünsche des Hochadels haben, gehörte er ihm doch selber an. Er verfügte auch über genügend Vermögen. Und das Königliche war ihm schon in die Wiege gelegt worden – durch seinen Taufpaten Friedrich II.; und dazu erfreute er sich allüberall eines guten Rufes.

Das soll nicht heißen, daß Rudolf als diese lammfromme Engelsgestalt durch die Geschichte lief, zu der ihn habsburgtreue Hymnendichter aufgebaut haben. Seine bisherige Laufbahn war von der aktiven Teilnahme an vielen Fehden gekennzeichnet. Rudolf versuchte seinen Besitz nach Standesart zuerst einmal mit dem Schwert in der Hand zu mehren. Nebenbei dachte er auch daran, seine sechs Töchter günstig zu verheiraten. Ein „armer Graf" war er höchstens aus der imperialen Sicht Ottokars. Seine Familie hatte im Elsaß, in Schwaben und in der Schweiz einen eindrucksvollen Besitzstand erworben, ererbt, errafft, erstritten und erheiratet. Der Kern der späteren österreichischen Vorlande im oberen Donau- und Rheinraum bestand aus altem habsburgischen Familienbesitz. Und vielleicht hat Rudolf schon vor seiner Wahl zum deutschen König mit dem Gedanken des Ausbaues einer Territorialmacht, einer Hausmacht im süddeutschen Raum gespielt, die Reichtum und Land in politische Stoßkraft umsetzen sollte. Als Rudolf in Aachen die Krone aufs Haupt gedrückt wurde, hat er sicher gewußt, was er wollte, für sich und für sein Haus.

Das Haus war jedoch noch nicht das Haus Österreich, es war das Haus Habsburg, und das hatte auch ein Haus, das Habsburg hieß – eben die Habsburg. Später soll es sogar eine Zeit gegeben haben, da die Habsburger von sich lieber als vom „Haus Österreich" sprachen, weil sie das Wort „Habsburg" zu sehr an den schmerzlichen Verlust ihrer Stammlande in der Schweiz erinnerte. So soll der Luxemburger König Sigismund Erzherzog Ernst einmal sehr betont und eher mit der Absicht, ihn zu verspotten, begrüßt haben: „Seid willkommen, der von Habsburg!" Darauf antwortete ihm der Erzherzog: „Gott dank euch, Herr von Lützelburg" – beide spielten darauf an, daß ihre Stammburgen nicht mehr in ihrem Besitz waren.[4]

Die Habsburg ist bis heute fest in Schweizer Hand, obwohl man dort im Herzen des Aargau so weit das Auge reicht nur auf habsburger Relikte stößt. Die meisten Namen sind jedoch auch mit dem Gedenken irgendeiner Niederlage verknüpft, die die Fürsten durch eidgenössische Bauernheere erlitten haben. Ein Sommersonntag auf der Habsburg: Über den Feldern „rütteln" Habichte oder anderes Raubzeug. Wenn die Ableitung von „Habichtburg" auch umstritten ist, Habichtrufe und Bussard- und Falkenschreie sind rund um den klobigen Burgfried ein vertrautes Geräusch. Und der Weingarten an der Sonnenseite des Burgberges läßt eher an Gutsherren als an Könige und Kaiser denken. Im Vergleich zu dem, was der Name für die Geschichte bedeutet, nimmt sich die Burg eher wie der Horst kleiner, unbedeutender Landedelleute mit Raubrittergewohnheiten aus. Sie wird zur Illustration des kleinen Anfangs einer großen Erfolgsstory. Ottokars „armer Graf" hätte in dieser Burg wohl nur mit Weib und Kindern und einigen wenigen Knechten wohnen können, ein echter Kleinhäusler unter den Burgbesitzern seiner Zeit! Das heutige Bild täuscht jedoch: der Turm und der Hof mit den dazugehörigen Gebäuden, das alles ist nur ein verschwindend kleiner Rest von dem, was dieser Grafensitz einmal war: man kann sich Ansichtskarten mit einer Rekonstruktion der alten Burg kaufen – da bedecken ihre Mauern, Wälle und Höfe und Wohn- und Stalltrakte den gesamten Burgberg bis hinunter ins Tal. Die Schweizer haben da jedoch gründlich aufgeräumt, und dichtes Baum- und Buschwerk überwuchert die Ruinen – wenn überhaupt noch welche vorhanden sind.

Die steilen Treppen im Turm knarren, doch die Aussicht lohnt – ein habsburgischer Rundhorizont. Denn in diesem Zwickel vor dem Zusammenfluß von Aare und Reuß soll sich der Sage nach Guntram der Reiche aus dem Elsaß und Breisgau zurückgezogen haben, weil er von Otto I. geächtet worden war. So soll die Habsburg entstanden sein – nicht weit von der römischen Garnisonsstadt Vindonissa (mit Amphitheater usw.), aus der das Dörfchen Windisch wurde. Und die Umgebung ist völlig habsburgisch: das Kloster Königsfelden, das an der Stelle errichtet wurde, wo Rudolfs Sohn König Albrecht I. 1308 von seinem Neffen Johannes Parricida ermordet worden war; und dort ist auch der in der Schlacht von Sempach 1386 gefallene Herzog Leopold III. begraben.

Von dem Augenblick an, da Rudolf auszog, das Reich zu gewinnen, hatten sich die Gewichte verlagert. Der rechnerische Verstand dieses Alemannen konzentrierte sich auf erreichbare Ziele und verlor sich nicht in unerfüllbaren Träumen. Als junger Mann hatte er im Gefolge des Staufers Friedrich II. die gefährliche Luft Italiens geatmet. Er versprach dem Papst auch den Romzug zur Kaiserkrönung – und hatte sogar schon einen Vorschuß auf die „Reisekosten" eingesteckt. Er gelobte auch einen Kreuzzug. Aber andere Dinge kamen ihm dazwischen, für Rudolf wichtigere. Der Zug über den

Brenner übte auf ihn nicht den verführerischen Reiz aus wie auf so viele andere deutsche Monarchen. Rudolf, den die habsburgische Geschichtsschreibung auch gerne Kaiser nannte – er war nur vom Papst bestätigter römischer König –, hat die Last der Kaiserkrone nie auf seinem Scheitel gespürt. Sein Zeitgenosse Dante Alighieri hat ihm das nie verziehen, denn er wünschte sich in dem von Parteihader zerrissenen Italien die ordnende Faust des Kaisers. Darum trifft man Rudolf, dem seine Nachkommen so gerne einen Heiligenschein verliehen hätten, in Dantes „Göttlicher Komödie" nicht im Paradies, sondern im Fegefeuer an, auf dem Berg der Läuterung, wo die Seelen ein sehnsuchtsvolles „Salve Regina" anstimmen: „Der dort am höchsten sitzt und dreinsieht bange, weil er versäumt, wozu ihn Pflicht verbunden, auch nicht die Lippen öffnet zum Gesange, war Kaiser Rudolf, der Italiens Wunden leicht hätt geheilt, daran es jetzt verendet."[5] Der Alemanne Rudolf hatte jedoch mehr Sinn fürs Greifbare. Statt nach ideellen Werten strebte er nach der interessantesten Territorialherrschaft des Reiches, nach diesem Österreich, in dem Ottokar saß – allerdings unter einem anfechtbaren Rechtstitel.

Und ebendieser Ottokar, der selber gerne deutscher König geworden wäre, protestierte gegen die Wahl der Kurfürsten und ignorierte den neuen König. Ein langer Konflikt begann. Rudolf erwies sich dabei zum Erstaunen aller als überaus geschickt, hart und zäh. Er brachte den österreichischen und den steirischen Adel, der mit Ottokar unzufrieden war, auf seine Seite und zwang den Böhmenkönig schließlich zur Unterwerfung. Der verwand diese Niederlage jedoch nicht und suchte die erste Gelegenheit zur Revanche. Die Stimmung in Österreich und in der Steiermark falsch einschätzend, wagte er den entscheidenden Waffengang – und verlor alles, auch sein Leben.

Gewitzt und klug, aber keineswegs bescheiden, schnitt Rudolf für seine beiden Söhne Albrecht und Rudolf das beste Stück aus dem Kuchen. Die schwere Bürde der Krone und schließlich der erfolgreiche Kriegszug gegen den böhmischen Rivalen mußten sich auszahlen für das Haus Habsburg. Da jedoch viele Fürsten bereits zu groß zu werden drohten, bedurfte es noch viel Verhandlungsgeschicks und mancher großzügig verteilter Privilegien und der Bestätigung vorhandener oder fiktiver Rechte, bis Österreich wieder einmal Geburtstag feiern konnte: das habsburgische Österreich.

„Rudolf von Gottes Gnaden römischer König, allzeit Mehrer, allen Getreuen des heiligen römischen Reiches, die gegenwärtigen Briefe lesen, auf ewige Zeiten ... geben wir zu wissen, daß wir ... die Fürstentümer und Herzogtümer Österreich, Steiermark und Krain und die Mark mit allen Ehren, Rechten, Freiheiten und Zugehör, wie sie glorreichen Angedenkens die Herzoge Leopold und Friedrich von Österreich und Steier besaßen, sowie mit allem, was in den genannten Ländern König Ottokar von Böhmen rechtmäßig erworben, unseren erlauchten Söhnen Albrecht und Rudolf zu Augsburg feierlich und in den sonst üblichen Rechtsformen zu Lehen gegeben und sie selbst in die Reihe der Reichsfürsten aufgenommen haben ... Gegeben zu Augsburg von der Hand Meister Gottfrieds, Propstes zu Passau, unseres Protonotars, am 27. Dezember, im Jahre des Herrn 1282 und unseres Reiches im 10."[6] Damit hatten es die Habsburger geschafft, sie waren ganz oben. Und Otto mußte empfinden wie ein Fabriksbesitzer, der einen mittleren, nicht schlechten Betrieb hat und nun für seine Söhne in einer kühnen Aktienoperation einen Branchenriesen erworben hat. Nur zehn Jahre Königtum genügten Rudolf, und seine Familie hatte ausgesorgt. Die Proteste des österreichischen und steirischen Adels dagegen, daß sie gleich zwei Herren dienen sollten, waren erfolgreich. Albrecht wurde die alleinige Herrschaft über die Länder übertragen. Kärnten gelangte damals jedoch noch nicht zu Österreich, weil Rudolf seinen Verbündeten und Kampfgefährten, den Grafen Meinhard von Tirol, damit belohnen mußte. Zur Abrundung seiner Familienpolitik hatte Rudolf noch seinen Sohn Rudolf mit Ottokars Tochter Agnes und seine Tochter Guta mit dem böhmischen Thronerben Wenzel verheiratet. Das Haus Habsburg war auf dem besten Wege, zum Haus Österreich zu werden.

Die erste bekannte Erwähnung dieses „domus Austrie" um 1360 kommt nicht aus habsburgischem Munde. Alphons Lhotsky entdeckte die Wendung in einem Schreiben Kaiser Karls IV., des böhmischen Luxemburgers. Er ersucht um die Rückgängigmachung einer Vorladung, die an einen Reichsfürsten ergangen war, mit Rücksicht darauf, daß dieser mit dem „magnifica domo Austrie" verwandt sei – er meint damit Bolko II. von Schweidnitz, der mit Agnes, einer Tochter Herzog Leopolds I. von Österreich, verheiratet war. Auch das nächste „domus Austrie" in den Urkunden wurde von keinem habsburgischen Schreiber zu Pergament gebracht. 1401 wird in einem venezianischen Dokument eine Person empfohlen, die sich um die Fürsten des „domus Austrie" überaus verdient gemacht hatte. Erst ab der Mitte des 15. Jahrhunderts wird der Begriff nun auch von den Habsburgern regelmäßig verwendet. So heißt es in der Hausordnung Kaiser Friedrichs III. vom 8. Jänner 1453: „. . . nach gewonhait und herkomen des haws Osterreich". Und auch in der zwei Tage vorher vollzogenen Bestätigung der österreichischen Freiheitsbriefe wendet sich Friedrich an das „Austrie domum". Fortan ist das „lobliche hawz Osterreich" ein fester Begriff. Den Historikern bleibt als Diskussionsstoff die Frage, wieweit das „Haus Österreich" mit der Dynastie und wieweit es mit den ursprünglichen österreichischen Landen und Herzogtümern gleichzusetzen ist. Denn auch der Böhme Ottokar – der den Habsburgern bereits ein Modell für die spätere Donaumonarchie (allerdings ohne Ungarn) geliefert hatte – wird in einer Chronik aus dem Jahre 1507 als Besitzer des Hauses Österreich genannt: „. . . das loblich hauß von Osterreich Künig Othokharus war genomen und ist also auff Habspurg komen." Die Habsburger haben es selber so weit gebracht, daß Österreich und ihr Familienname eins wurden – auch wenn sie in den ersten Jahrzehnten ihrer Herrschaft Österreich noch nicht so betrachtet haben. Alphons Lhotsky meint dazu: „Die Habsburger haben allem Anscheine nach ihre Aufgabe nicht sofort begriffen, weil sie noch zu sehr ,westlich' dachten und ihr Herz nach Schwaben und Burgund richteten; nachdem sie aber die Sachlage erfaßt hatten, wurden sie zu harten und folgerichtigen Vertretern der Idee des Donau-Ostalpenstaates. Freilich hatten sie auch dank guter physischer Verfassung das Glück, alle zu überleben, die ihnen die angestrebte Hegemonie in diesem östlichen Bereiche hätten streitig machen können: 1301 die Arpaden, 1305 die Przemysliden, 1335/36 die Nachkommen Meinhards II. (von Tirol), 1382 die Anjou in Ungarn, 1437 die Luxemburger, 1456 die Cillier, 1490 die Korvinen (Matthias Corvinus), 1500 die Görzer, 1526 die Jagellonen. Ein wohlüberlegtes System vielseitiger Verehelichungen und Erbverträge brachte ihnen auf diese Weise einen Herrschaftstitel nach dem anderen scheinbar selbstverständlich zu und ohne daß jemals Waffengewalt angewendet werden mußte."[7]

161 Die Habsburger legten ja auch größten Wert darauf, daß ihre Töchter und Söhne nur

mit Söhnen und Töchtern der großen Familien außerhalb ihres jeweiligen Herrschaftsbereiches verheiratet wurden.

Für Generationen wurde der Name Habsburg zum Inbegriff der Herrschaft. Viele sind mit diesem Namen auf den Lippen gestorben, die einen aus Hingabe an eine dynastische Idee, an einen Staatsgedanken, die anderen, indem sie das Wort als Fluch gebrauchten. Habsburg, das war Größe und Schwäche in einem – eine Familie, die in dem Auf und Ab der Geschichte trotz mancher Stunde der Demütigung und Niederlage stets so viel Glück hatte, daß ihre Mitglieder zutiefst von diesem Gottesgnadentum überzeugt sein mußten, das ihnen schon in die Wiege gelegt worden ist. Aus dem Streben nach Besitz und dem Willen, ihn ungeteilt zu erhalten, wuchs langsam das Bewußtsein der Mission, des Auftrages, der übernationalen Autorität in einem zerrissenen Europa. Die Habsburger wurden zur permanenten Verneinung des nationalen Prinzips, bis sie eben vor der Idee des Nationalstaates kapitulieren mußten und zur Abdankung gezwungen wurden. Doch Habsburgs Magie, Habsburgs Berufung, dieses Wissen um ein Auserwähltsein unter den Fürsten, das bereits zu Rudolfs Zeiten durch gezielte Legendenproduktion gefördert wurde, hat dieses Geschlecht über sechshundert Jahre lang mit dem Haus Österreich eins sein lassen. Vier deutsche Könige und 16 römische Kaiser hat es gestellt (wenn man den lothringischen Gemahl Maria Theresias, Franz I., mitzählt), und von Friedrich III. bis zu Franz II., der 1806 der Römischen Kaiserwürde entsagte, hat nur drei Jahre lang ein Nichthabsburger, nämlich der Wittelsbacher Karl VII. (1742 bis 1745) die Kaiserkrone tragen dürfen. Einen „geheimnisvollen, oft so unheimlichen Stamm" nennt Carl Jacob Burckhardt in seinem Maria-Theresia-Essay die Habsburger und charakterisiert die Kaiserin dabei als seine „letzte prachtvolle Blüte": „Noch einmal in ihr bricht das alemannische Willenszähe durch, das Wirklichkeitsnahe, Nüchterne, Tiefsinnige, das Anschauliche, Grundehrliche, das Gemüthaft-Klare, Schlicht-Sittliche, jedem Pathos Abholde, das oft Derb-Humoristische, im höchsten Sinne Bäurisch-Fromme, Ehrenfeste. Sie war in der direkten Aszendenz die 16. Generation nach Rudolf von Habsburg, dem aargauischen Grafen, von dem die Legende berichtet, er habe in einer stürmischen Gewitternacht einen Priester, der zu einem Sterbenden eilte, aufs Pferd gehoben, und er habe den Leib des Herrn und den Priester durch den angeschwollenen Gebirgsfluß sicher geleitet. Eine große Vorstellung vom Auserwähltsein geht in der Weise des Mittelalters von dieser frommen Erzählung aus. Die Berufung liegt in der Begegnung mit dem Priester, die Heilsbereitschaft in dem Hinhören auf den stummen Befehl und im Gehorchen, das Auserwähltsein im Gelingen, in dem rechtzeitigen Eintreffen bei dem Sterbenden. Das heidnische Glück, hier ist es christlich gefaßt als Verkündigung und Gehorsam, als Bewährung und als Lohn. Im 16. Jahrhundert wandelte sich die europäische Vorstellung von dem Glück der Habsburger in ein fast furchtsames Staunen vor der Unermeßlichkeit des Gelingens, das die Enkel Maximilians, des fahrenden Ritters, den jüngeren auf den Thron des Arpaden und Jagellonen, den älteren, Karl V., auf jenen Thron in Madrid erhob, von dem aus er über die sagenhaften, aus dem Dunkel heraufkommenden Länder jenseits der Meere herrschte wie kein Herrscher der Christenheit vor ihm. Die Gegenkräfte aber waren gegen all diese vom Erfolg Getragenen schon dunkel am Werk; auf diesen habsburgischen Fürsten liegt vielfach, neben dem Licht der Auszeichnung und der Erhebung, ein dichter Schlagschatten verdüsterter Gemüter, wo denn das Schicksal noch das

Vielfache des Gelingens schenken könnte, ohne daß in der Seele der Betroffenen das Glück sich in Freude und Wohlgefallen wandeln würde. Karl V., dieser unheimlich ruhige Herr, der starr bigotte Philipp II., der ahnungsreich verdüsterte Magier und Sammler Rudolf oder der mit Feuer und Schwert eifernde Jesuitenschüler Ferdinand, sie alle können sich nicht mehr erwärmen an dem ursprünglichen Schein des Lichts, von dem man im 17. Jahrhundert sagte, es strahle aus vom Stern des Hauses Habsburg. Maria Theresia, die letzte jedoch, steht wie befreit vom Fluche in naiv-sicherer Gotteskindschaft; ihren ersten aufsteigenden Ahnen ist sie näher verwandt als den letzten; noch einmal steht sie hell im Widerschein des sich schon senkenden Gestirns, dessen Gelingen spendende Stärke von derselben Art ist wie der freie, nie gebrochene Wille, der aus der Kaiserin diesem Gelingen entgegenkommt und einmal noch eins wird mit ihm."[8]

Zwei Fixsterne aus diesem Gestirn hat Burckhardt in seiner Habsburg-Euloge vergessen: Rudolf IV. und Friedrich III. Der eine hat in seiner kurzen Herzogszeit versucht, kaiserlich zu leben, seinem Geschlecht imperialen Glanz zu verleihen und sich über alle anderen Fürsten des Reiches hinauszuheben – und wenn er dazu zum Mittel der Fälschung greifen mußte; der andere hat es als erster Habsburger zu jener Würde gebracht, die heute fast synonym mit ihrem Namen ist: zum Kaiser – auch wenn ihm die Chroniken seine Hilflosigkeit, seine Schlafmützigkeit, seine Schwäche vorwerfen. Lange nicht so begabt wie sein genialer Großonkel, hat er das Haus Habsburg mit geschicktem Ungeschick, mutloser Tapferkeit und einer oft nur auf Ohnmacht beruhenden kaiserlichen Politik in einer seltsamen Mischung von Unglück und Glück trotz aller Widerwärtigkeiten zusammengehalten, über die Runden gebracht, und – allein schon durch sein zähes und langes Leben – dafür gesorgt, daß es das Erzhaus geblieben ist. Als Kaiser hat Friedrich dann auch das „Privilegium Maius", diese auf Geheiß Rudolfs gefälschte Sammlung von Freiheitsbriefen, die dem Haus Österreich eine Sonderstellung unter den Fürsten des Reiches sicherte, bestätigt und zu einem Reichsgesetz werden lassen, das bis zum Ende des Heiligen Römischen Reiches galt.

Zweifler an diesem Produkt der Kanzlei Rudolfs IV. hat es immer schon gegeben. Und als Karl IV. von dem italienischen Humanisten und Dichter Petrarca ein Gutachten über zwei der Dokumente, die die Sonderstellung Österreichs in einer halsbrecherischen Konstruktion durch Privilegien Cäsars und Neros beweisen wollten, einholte, erhielt er bald einen negativen Bescheid. Karl hat daraufhin das Urkundenbündel als einen Forderungskatalog seines Schwiegersohnes betrachtet und nur die Vorrechte anerkannt, die dem österreichischen Herzog nach der Meinung des Kaisers und seiner Räte zustanden. Erst Friedrich setzte sein Siegel auf eine Bestätigung in Bausch und Bogen. Im vorigen Jahrhundert urteilte ein angesehener deutscher Historiker, Johann Friedrich Böhmer, der den Habsburgern und Österreich wohlgesinnt war, über das Kernstück des Privilegiums, einer angeblichen Urkunde Friedrich Barbarossas, vernichtend: „Dieses Privileg ist eine Verunächtung des vorhergehenden, welche gleich einigen anderen Urkunden unter Herzog Rudolf IV. von Österreich im Jahre 1358 oder 1359 entstanden ist; in der äußeren Form täuschend, in der Sprache auffallend, im Inhalte läppisch. Es war dies eine allerdings sehr ungehörige Weise, um jene Vorzüge zu ersetzen, um welche Österreich seit dem Aussterben der Babenberger und auch gesetzlich durch Karls IV. Goldene Bulle gekommen war."[9]

Doch an Österreichs Stellung in Europa konnte diese Detektivleistung der Wissenschaft nicht mehr rütteln. Das Privilegium, das Österreich so ziemlich von allen Pflichten gegenüber dem Reich ausnahm, war nur noch ein historisches Dokument. Ihre geschichtliche Wirkung hat die Fälschung dennoch gehabt. Sie diente als Waffe gegen eine Zurücksetzung Österreichs durch den Luxemburger Kaiser, der in den Habsburgern mit Recht die gefährlichsten Rivalen seiner Familie im Wettbewerb um die Vorrangstellung im Reich sah. Und es stärkte auch die Idee vom Haus Österreich. „Ich bezweifle nicht, daß Karl IV. die Unmöglichkeit einer dauernden Zurücksetzung Österreichs einsah, und möglicherweise hatte man sich schon damals auf den eigenartigen Weg geeinigt, daß Österreich Urkunden produziere, die der Kaiser dann bestätigen werde, damit gewisse Wünsche der Habsburger erfüllt werden", kommentiert Alphons Lhotsky, einer der besten Kenner dieser Materie. Er nennt die Urkunden einen Wunschzettel des Herzogs und sucht auch nach einer moralischen Motivierung der Fälschungen: „Rudolf und seine Ratgeber haben also von sich aus einige ältere Urkunden geringeren Rechtsinhaltes eigenmächtig mit all den Forderungen erfüllt, die man dem Splendor Österreichs und seiner tatsächlichen Geltung schuldig zu sein glaubte . . . Wenn ein Kloster keine Gründungsurkunde hatte, so schuf es sich selbst einen Text, der ungefähr so aussah, wie er ausgesehen haben würde, wenn man ihn rechtzeitig erhalten hätte. Und wenn der Herzog von Österreich de facto eine Machtstellung erlangte, für die er keine literarischen Zeugen hatte, so ließ er sie eben so anfertigen, wie sie etwa ausgesehen haben würden, wenn sie ihm de iure zu ihrer Zeit erteilt worden wären . . ."[10] So wird aus der Fälschung eine Fiktion – das gezielte Produkt einer schöpferischen Phantasie, die den Wunsch schon als Wirklichkeit sah, ganz unhabsburgisch, aber die Fürsten sind ja nicht nur die Kinder ihrer Väter. Rudolfs Mutter, die burgundische Johanna von Pfirt, hatte französisches Blut in den Adern. Dem ehrgeizigen Schwiegersohn des Kaisers war es unerträglich, daß im Reich einer höher sein sollte als er und sein Haus – und wenn es der Kaiser selber war.

Ein schlanker Kavalier, mit elegant gebogener Hüfte, steht Rudolf, die Linke am Schwertknauf, mit dem Zinkenkranz des Erzherzoghutes auf dem Haupt, die Augen gesenkt, fast als ob er sie geschlossen hätte, in einer Nische des Singertores zu St. Stephan. Viel mehr von seinem Wesen verraten jedoch die seltsamen Runen über dem Schriftenstand im Bischofstor. Lange hat man herumgerätselt, bis ein findiger Kopf die Zeichen der Geheimschrift zuordnete, derer sich Rudolf manchmal bediente – fast wie im Spiel, wie er ja auch mit Reich und Kronen und Würden und Menschen in spielerischer Manier umging und wie er die Urkundenfälschung als eine großartige Schau aufzog, die dem Kaiser imponieren sollte. Und so liest man hier, wenn man es lesen könnte: „Hic est sepultus Dei gracia dux Rudolphus fundator." (Hier ist Herzog von Gottes Gnaden Rudolf der Stifter begraben.) Er war damit wohl nur als der Stifter der Probstei und des Kollegialkapitels von St. Stephan, als Förderer der großzügigen gotischen Erweiterung des bis auf den Hauptchor noch romanischen Domes zu einer majestätischen Kathedrale gemeint. Die Nachwelt hat diesen Beinamen auf die gesamte Persönlichkeit des Herzogs bezogen – er hat ja auch die Wiener Universität gestiftet und stand am Anfang so vieler Dinge, daß er so manches nicht beenden konnte. Daran war sein kurzes Leben schuld. Rudolf IV. wurde nicht älter als sechsundzwanzig Jahre. Er war noch nicht einmal neunzehn, als sein Vater Albrecht II. starb und er die Herzogswürde übernahm. In den sieben Jahren seines Regiments trieb ihn eine

Rastlosigkeit, als ob er geahnt hätte, wie wenig Zeit ihm nur beschieden war. Auch dieses seltsame Bild, eines der ersten selbständigen Einzelporträts der Kunstgeschichte, das früher im Dom hing und sich heute im Wiener Diözesanmuseum befindet, strahlt diese Unrast, diesen flackernden Intellekt eines todkranken Menschen aus, der die Zeit überholen will: blaß, die Augenlider so tief über den Pupillen, als ob er nicht die Muße hätte, den Betrachter voll anzuschauen und mit seinen Gedanken schon längst woanders wäre, ein Blick von einer verlorenen Unruhe, langes königliches Haar, die Schnurrbartspitzen, die über die Mundwinkel hängen und dem kraus sprießenden Vollbart zustreben – Rudolf wirkt fast etwas ungepflegt, übernächtigt. Und ein Bild, an dem ein unbekannter Maler sicher lange gearbeitet hat, wird zur Momentaufnahme. Der Mund ist leicht geöffnet, die Unterlippe vorgeschoben, und es läßt sich schwer beurteilen, ob der Herzog nun etwas sagen möchte und nicht mehr dazukommt, oder ob er sich nur einer aristokratischen Weltverachtung hingibt, weil er weiß, daß bald alles aus ist und daß die Welt doch nicht immer nach Wunsch, Willen und Vorstellung des Habsburgers gelaufen ist. Den Bügel über seiner Krone hat er sich von der Kaiserkrone abgepaust. Und über der Krone liest man etwas von Rudolf, dem Erzherzog Österreichs.

Ja, auch der „Erzherzog", den habsburgische Familienmitglieder bis heute konserviert haben, hat Rudolf zum Stifter. Weil der Kaiser den Österreichern die Kurfürstenwürde vorenthalten hatte, erfand Rudolf um der Einmaligkeit willen den Titel eines Pfalzerzherzogs. Das „Pfalz" ging verloren, der Erzherzog blieb. Und Rudolf und seine Berater hatten auch eine einleuchtende Begründung dafür: Dazu muß man sich jedoch zu diesem tausendjährigen Steinfauteuil auf dem Zollfeld bequemen, zum Kärntner Herzogsstuhl, zu dieser historischen Sitzgelegenheit, die in Kärnten dann und wann wieder einmal zum Objekt des Nationalitätenstreites wird. Nach dem Tode des Görzers Heinrich von Kärnten waren die Habsburger 1335 mit diesem ältesten Herzogtum Österreichs belehnt worden. Die Zeremonie auf dem Zollfeld, bei dem der künftige Herzog sich in Bauerntracht niederlassen mußte, dürfte hingegen noch älter sein. Und von der Tradition her galt der Herzog von Kärnten als Reichsjägermeister – er wurde dadurch mit etwas Abstand zu einem Kollegen der Kurfürsten, die die Erzämter des Reiches (Mundschenk, Truchseß, Marschall, Kämmerer) innehatten. Das war also die Mine, aus der Rudolf das Erz für sich und alle künftigen Habsburger schürfte. Und davon kommt auch die Rangbezeichnung auf dem Porträt.

In der Vitrine neben dem Bild verwirrt ein aufs erste eher kurioses Kleid – oder ist es nur ein zugeschnittenes Stück Stoff, das erst genäht werden muß? Das Modell scheint von einem Schnittmusterbogen für einen Overall in Übergröße zu sein. Doch der Stoff ist ein kostbarer Seidenbrokat von der gleichen matten goldbraunen Farbtönung, von dem gleichen traurigen Glanz, der dem Bild eigen ist: das Grabgewand Rudolfs. Als sein Sarg in der Gruft des Stephansdomes 1933 geöffnet wurde, lag es unversehrt im Sarg – ein kostbarer persischer Seidenbrokat mit arabischen Schriftzeichen, abstrakten Ornamenten und Fabeltierbändern, das rechte Totenkleid für einen Märchenprinzen, für den auch Luftschlösser aus festem Stein bestanden. 1365 war Rudolf in Mailand während der Hochzeitsfeiern seines Bruders Leopold mit Viridis Visconti gestorben. War es eine Lungenkrankheit, war es Bauchtyphus oder ein anderes Leiden? Die Quellen geben keine eindeutige Auskunft. Rudolfs Leiche wurde für den Transport nach Wien in eine schwarze Kuhhaut eingenäht. Darüber hat man

165

die nur ungefähr nach den Körperumrissen zugeschnittene Seide aus dem Morgenland gebreitet. Das Kenotaph des Stifters und seiner Gattin Katharina, das einst mitten im Dom stand, ist heute im Frauenchor etwas ins Eck gerückt, nicht ganz der Bedeutung dieses Mannes für die Kirche entsprechend. Er hatte doch das Kollegialstift St. Stephan vor allem deshalb gegründet, weil ihm der Papst den Wunsch nach dem Wiener Landesbistum versagte. So kleidete er seine Kanoniker in Hermelin und Scharlach, um es den Passauern zu zeigen. Aber das beherrschende Grabmal im Dom gehört dem ersten Habsburgerkaiser, der, ohne von Rudolfs Genie befeuert zu sein, sich diesen Großonkel doch zum Vorbild erwählt und dem Papst zumindest den selbständigen Wiener Bischofssitz abgerungen hat: eben Friedrich III.

Es ist, als wollte er sich im Tod noch einmal über all die erheben, die ihn bei Lebzeiten geschmäht, verspottet, verhöhnt, verachtet und verlacht hatten. „Die Osterreicher... sind die gresten wider mich gebesen und habent ofenbar geschriren ,kreuczen! kreuczen!' mit fil andern smachen, die si mir habent erczaigt..."[11] Friedrich selbst hat dieses Protokoll einer seiner bittersten Stunden in sein Notizbuch eingetragen. 1441, als Friedrich schon gewählter Römischer König war, hatten ihm die Vertreter der österreichischen Stände im Wiener Augustinerkloster haßerfüllt ein „Kreuziget ihn, kreuziget ihn!" zugeschrien. Und schon Kaiser, sah er sich auf einmal als Belagerter in seiner eigenen Wiener Burg. Wenn er nun, entgegen allen seinen ursprünglichen Absichten, doch in dieser ihm so wenig lieben Stadt seine letzte Ruhe finden mußte, so sollte das Abbild des Kaisers wenigstens so hoch plaziert sein, daß es nur für den sichtbar ist, der auf das zweieinhalb Meter hohe Grabmal hinaufklettert oder es von einer Leiter aus betrachtet. Dieses Eindrucks kann man sich vor dem gewaltigen roten Marmorblock im Dom kaum erwehren: eine Balustrade, die dem Kaiser die undankbare Welt fernhält, das Krötengezucke am Boden, das die ganze Häßlichkeit menschlicher Sündhaftigkeit verkörpert, das Gefolge der klagenden Mönche, die sich in ihrem Schmerz winden, all das isoliert den Kaiser von seiner Umwelt und hebt ihn über sie hinaus. Wäre das Grabmal jedoch, wie ursprünglich vorgesehen, in der Wiener Neustädter Georgskirche aufgestellt worden, hätte jedermann von den Emporen bequem dem auf der Tumbadecke liegenden Kaiser in die Augen sehen können. Was heißt jedoch „liegend"? In dem realistischen Bildwerk des Niklas Gerhaert van Leyden, der am lebendigen Kaiser Maß genommen hat und lang vor Friedrich gestorben ist, scheint der Habsburger nicht zu ruhen; die Bewegung seines prächtigen Kaisermantels hat etwas von einem eiligen Schreiten, nur in dem etwas aufge-schwemmten faltigen Gesicht, das von keiner höfischen Schmeichelei verschönert wird, spiegelt sich eine gewisse Müdigkeit, als ob der Kaiser von den schweren Regierungsgeschäften schon genug hätte. Dabei waren Friedrich nach dem Tod Meister Niklas' 1473 noch zwanzig harte Jahre beschieden.

Trotz dieser eher kritischen Züge feiert das Werk doch die Majestät des Habsburgers, die imperiale Glorie des Kaisers, der als erster – und auch letzter – seiner Familie in Rom gekrönt wurde.

„Seine Besuche in Italien haben den Charakter von Ferien- oder Erholungsreisen auf Unkosten derer, die ihre Rechte von ihm verbrieft haben wollten, oder solcher, denen es schmeichelte, einen Kaiser recht pomphaft zu bewirten..." Mit schweizerischer Nüchternheit tut Jakob Burckhardt damit die Italien-Erlebnisse Friedrichs ab.[12] Auch mancher Humanist seiner Zeit verhehlt ein Erstaunen über das oft seltsame

166

Auftreten des Habsburgers nicht. Ärmlich und geizig soll er sich benommen haben, nicht immer von der Würde eines Kaisers, obwohl sein Krönungsornat Unsummen gekostet hat. Dennoch war es ein großer Tag für das Haus Österreich, einer seiner größten, dieser Sonntag Laetare, dieser 19. März 1452 zu Rom. „Am Sonntag Laetare, ward der Pabst mit sein Cardinalen, und 400 Bischoffen versammlet in S. Peters Münster, darin kam der Kayser in ein blauen wollin Rock, knyet für den Pabst, darnach führt ihn der Pabst mit sambt den Chor-Herrn beyseits, und legten ihm sein Kayserliche Kleyder an, und führten ihn zur silbren Port . . ." So erzählt es der Wiener Caspar Enenckel in seinem „Verzeichnuss was sich bey Kayser Fridrichen Rayss nach Rom zugetragen, als er selbst mit dem Kayser gewest und alles angesehen . . .[13] St. Peter war noch die alte romanische Basilika, der Humanistenpapst Nikolaus V., den Jacob Burckhardt einen der „ehrenwertesten dieses Jahrhunderts" nennt, hat erst im Krönungsjahr mit dem Umbau der Peterskirche begonnen. Der Augenzeuge aus der vielköpfigen österreichischen Reisegesellschaft Friedrichs beschreibt die heilige Handlung, die den Bund zwischen dem Himmel und der weltlichen Herrschaft besiegeln sollte: „Also hueb die Mess an zu singen, und lass der Pabst nach dem Gloria, die Collecten erstlich vor dem Tag, darnach für den Kayser, der daneben stund, in einem Stuhl, angetan mit Kaysers Carols heiligen Kleyd, welches keinen Kayser invil hundert Jahren nicht widerfahren war, und von mäniglich für grosse Ehre und besonder Gnad GOTTES geschätzt ward, darnach dem Evangelio führt der Pabst den Kayser, und Kayserin vor S. Peters Altar, da knyet der Kayser nider, und lase der Pabst etwa lang über ihn, und setzt ihm auf die heilig Cronen Kayser Carl, und sprach alles in Latein zu ihm, darnach gab er ihm in die Hand das heilig Schwerdt. Carls also bloss, und ward also der Kayser S. Peters Ritter, des Schwerdt umbgürtet er, zogs aus, erschitterts, und steckts wider ein. Darnach gab ihm der Pabst in die rechte Hand das heilig Scepter, in die Lincke den heiligen Majestät-Apfel, alles mit schönen Geistlichen Collecten. Hierauf kuesset er nach dem allen zu Beschluss, dem Pabst die Füss, und setzt sich nachher in sein Stuhl, da knyeten vor ihn sein Bruder Hertzog Albrecht, und andere Fürsten, Herren, Ritter, und Knecht, auch die von Reichs-Städten und wunschten ihm Glück, und alle Seeligkeit . . ."[14]

Obwohl zeitgenössische Kritiker schon damals an Würde und Wert des römischen Kaisertums zweifelten und nationale Herrscher wie Matthias in Ungarn und Georg Podiebrad in Böhmen zumindest für ihre Zeit die stärkeren waren und viele, die Friedrich Glück wünschten, ihm in der Tiefe ihres Herzens eher das Gegenteil zudachten, muß solch eine Krönung in ihrer erhabenen Feierlichkeit für den Kaiser und seine Getreuen doch ein Kraftquell gewesen sein, eine moralische Unterstützung in schlechteren Tagen, eine himmlische Bestätigung seines Gottgnadentums, mit dem er sich trösten konnte, wenn er bei der ganzen Welt in Ungnade gefallen war. „Eine politischreligiöse Feierlichkeit hat einen unendlichen Reiz. Wir sehen die irdische Majestät vor Augen, umgeben von allen Symbolen ihrer Macht; aber indem sie sich vor der himmlischen beugt, bringt sie uns die Gemeinschaft beider vor die Sinne. Denn auch der einzelne vermag seine Verwandtschaft nur dadurch zu bestätigen, daß er sich unterwirft und anbetet . . ." Johann Wolfgang Goethe hat diese Sätze geschrieben, als er sich einer Königskrönung erinnerte.[15] Als 15jähriger hatte er am 3. April 1764 die Krönung Josefs II. zum Römischen König in Frankfurt am Main miterlebt. Danach wurden noch zwei Habsburger mit den Reichsinsignien geschmückt: Leopold II. und

Franz II. Und nach der Auflösung des Heiligen Römischen Reiches benutzten die Habsburger ihre eigenen „selbstgemachten" österreichischen Attribute der Kaisergewalt – obwohl es nie zu einer österreichischen Kaiserkrönung gekommen ist. Nur die Reichsfarben schwarz und gelb behielten sie – von der goldenen Fahne mit dem schwarzen Adler; und den Adler – der umflatterte sie doppelköpfig, bis er völlig zerzaust, gerupft und flügellahm statt eines Reiches nur noch den Reichtum der Erinnerung anpreisen konnte.

Zum erstenmal bewegte sich dieses heraldische Federvieh im habsburgischen Horst eben an jenem Krönungstag Friedrichs III. Am Vortag war ihm als Römischem König noch die Reichsflagge mit dem einköpfigen Adler vorangetragen worden. Doch nun, nach der Krönung, wurde dem königlichen Vogel der kaiserliche hinzugefügt: „Reit auch der Pabst und Cardinal mit Herrn Kayser vor, bis zu der Tyber-Bruckn, liess man fliegen des Reichs-Pannier, dran der Adler mit zweyen Haupten war, des führte Herr Michel des heiligen Römischen Reichs Burggraf zu Maydburg, und Graf zu Hardeck . . . und schlug da der Römische Kayser Ritter, Fürsten, Grafen, Herren, und Edl-Leuth, bey dry hundert . . ."[16]

Soweit Caspar Enenckels ehrfurchtsvolle Bewunderung der austro-romanischen Kaiserschau am Tiber. So glanzvoll dieser Tag gewesen sein muß, zu einer strahlenden Majestät hat es bei Friedrich nie gelangt. Und doch war in seinem Tun oder in dem, was daraus geworden ist, bereits das ganze Wesen der habsburgischen Monarchie vorweggenommen. Dieses zentraleuropäische Großreich wurde im Feuer der Türkenkriege geschmiedet – schon ein Jahr nach Friedrichs Krönung fiel Konstantinopel, und er regierte noch, als die ersten türkischen Streifscharen österreichisches Gebiet verheerten. Der Südosten wurde das Zielgebiet habsburgischer Machtinteressen – Friedrich war davon besessen, die Stefanskrone seiner Schatzkammer einzuverleiben. Er hat sie auch längere Zeit in Gewahrsam gehabt und dann für die schöne Summe von 800.000 Gulden an Matthias Corvinus verschachert. Ungarn hat er nie bekommen; im Gegenteil, der Ungarnkönig eroberte Wien, residierte dort in der Burg und starb schließlich auch in dieser Stadt. Dem „nomadisierenden" Kaiser lag Wien jedoch lange nicht so am Herzen wie späteren Habsburgern (oder wie Rudolf dem Stifter). Seine Lebensweise, nach eigenem Willen oder auch von den Umständen erzwungen, hat viel dazu beigetragen, daß auch andere Städte Residenzcharakter erhielten, ihre Haus-Habsburger verehren und eine Burg oder ein Schloß mit einem oder mehreren Kaisern in Verbindung bringen können. Daß Friedrich in Innsbruck geboren wurde, ist eher ein Zufall (Tirol wurde von Rudolf IV. erworben) – und gerade dort entwickelte sich eines der Zentren habsburgischer Machtentfaltung. Wer jedoch den Grazer Dom betritt, wird schon über dem Haupttor, neben dem Doppeladler, dem Bindenschild, dem steirischen Panther und dem portugiesischen Wappen der Kaiserin Eleonore, die geheimnisvolle und so vielfach gedeutete Formel, das AEIOU-Monogramm Friedrichs finden, das er in seine Bauten kerben ließ, wie eine fürsorgliche Mutter die Taschentücher, Tischwäsche und was sonst noch zur Aussteuer einer Tochter gehört mit ineinander verschlungenen Buchstaben bestickt. Neben Wiener Neustadt war Graz seine eigentliche Heimat, die Stadt, in der er sich sicher fühlte. Und so wurde die steirische Hauptstadt auch zu einem Treffpunkt internationaler Gesandter und anderer hoher Herrschaften. 1466/67 berichtete ein Reisender: „Auf dem Schlosse zu Graz hält sich der Kaiser häufig auf. Doch nimmt er dahin gewöhnlich nur wenig Dienerschaft mit und läßt die übrige in der Stadt. Eben auf dem Schlosse, heißt es, sind auch die Schätze des Kaisers verwahrt; man zeigte sie uns aber nicht, wie anderwärts Könige es getan, außer einem Mantel von rotem Damast, dessen Saum handbreit in mäandrischer Form mit Goldhaften und Edelsteinen besetzt ist. Die Räte des Kaisers sagten uns, wenn derselbe Geld nötig hätte, brauchte er bloß diesen Mantel zu verpfänden, und er bekäme leicht 500.000 Dukaten dafür, denn einige Juwelen, die sie uns vorwiesen, sollten 20.000 bis 30.000 Dukaten wert sein . . ."[17] Als kaiserliche Schatzkammer hat also der Schloßberg gedient; seine Residenz, die Grazer Burg, hat Friedrich jedoch mitten in der Stadt neben dem Dom erbauen lassen. Und die innerösterreichische Linie der Habsburger kümmerte sich weiter um den Grazer Hof, bis schließlich der „Grazer" Ferdinand Kaiser wurde und nach Wien übersiedelte – da erlebten die Grazer, was ihnen später immer nur im Theater oder in ihrer Oper beschieden war, daß nämlich ihre Stars, sobald sie groß genug sind, nach Wien geholt werden. Mit Friedrichs Schatz und seiner Leidenschaft für kostbare Steine dürfte auch das AEIOU zusammenhängen, denn die Devise „Alles Erdreich ist Österreich untertan" hätte Friedrich auch in seinen kühnsten patriotischen Träumen nicht in den Sinn kommen können. Da hat die hämische Deutung seiner Gegner „Aller erst ist Österreich verdorben" oder „Aller erst in Osterreich Ungerischs" viel mehr mit den tatsächlichen Machtverhältnissen zu tun. Nein, nach Adolph Lhotsky wollte Friedrich mit diesem magischen Zeichen wohl vor allem seine Schätze behüten: „Es ist sehr wahrscheinlich, daß er die mit den Vokalen gekennzeichneten Gegenstände mit seiner eigenen Person in magische Beziehung setzen, sie vielleicht auch vor Zerstörung schützen wollte . . ."[18] Der Kaiser hatte gute Gründe für seine Besorgnis. Als 1485 Wien an die Ungarn verlorenging, floh Friedrich nach Tirol, mit über dreißig Wagen, die unter der Last seines Hausschatzes, all der Kleinodien, aber auch der Archivalien seiner Kanzlei zusammenzubrechen drohten. Und als er schließlich 1493 in Linz, nicht im Schloß, das er auch zur Residenz erwählt hatte, sondern in einem Bürgerhaus in der Stadt nach einer Beinamputation starb, mußten ihm auch seine Kritiker zubilligen, daß er seinen größten Schatz, die habsburgische Hausmacht, trotz aller Widrigkeiten zusammengehalten hatte, und noch mehr: Er hatte auch die Weichen für das Werden der Donaumonarchie gestellt. Im Osten wie im Westen.

Der Auftakt der neuen habsburgischen Westpolitik war die Verheiratung Maximilians, des ältesten Sohnes Friedrichs, mit Maria von Burgund. Dadurch wurden die Niederlande habsburgisch, im Osten aber hatte er nach König Matthias' Tod im Preßburger Frieden 1491 mit dem Jagellonenkönig Wladislaw den habsburgischen Erbanspruch auf Ungarn ausgehandelt. Schon vorher war Maximilian noch bei Lebzeiten des Kaisers zum Römischen König gekrönt worden (1486) – die erste Stufe der Anerkennung des Vorrechtes, daß der Vater die Krone trotz des Wahlvorganges praktisch auf den Sohn vererbt, daß sie zum Familienbesitz des Hauses Österreich wird. Und schließlich etablierte Friedrich den jungen König in Tirol, in jenem Land, das die ökonomischen Grundlagen für die Schaffung des habsburgischen Weltreiches lieferte. Denn die Entwicklung der Jahrzehnte nach Friedrich, die den Habsburgern auch die böhmische und die ungarische Krone bescherte, ist nicht nur ein Produkt geschickter Heiratspolitik, sie wurde auch von wirtschaftlichen Bestrebungen, Mechanismen und materiellen Interessen bestimmt. Heinrich Benedikt sieht in Tirol den „Ausgangspunkt der Donaumonarchie", im Tiroler Silber und in der Verbindung der

Habsburger mit dem Haus Fugger. Die war nämlich mindestens so wichtig wie die dynastische Verschwägerung mit den Jagellonen. Maximilian verpfändete Fugger die Silber- und Kupferausbeute des unteren Inntales und konnte damit seine Politik finanzieren. Gleichzeitig streckte das Augsburger Handelshaus seine Hand auch nach den Bergwerken in Oberungarn aus, um in Europa zu einer konkurrenzlosen Monopolstellung zu gelangen. Um dem zu begegnen, verbot Maximilian die Durchfuhr ungarischer Metalle durch die österreichischen Länder. Die Aufhebung dieses Verbotes war der Preis für die berühmte Wiener Kinder-Doppelhochzeit, die 1515 einen Jagellonen-Prinzen und eine Jagellonen-Prinzessin mit einer Erzherzogin und einem Erzherzog zusammenführte und nach dem Tod König Ludwig Jagellos auf dem Schlachtfeld von Mohàcs 1526 den Zusammenschluß von Österreich mit Ungarn und Böhmen unter den Habsburgern bewirkte.[19]

Österreicher, Ungarn, Böhmen – dieser europäische Schicksalsakkord, den die Geschichte immer wieder zwischen Harmonie und Dissonanz transponierte, er erklang schon im Marchfeld, als dort König Rudolfs Glück und Aufstieg inszeniert wurde. Nur wenige Kilometer vom Schlachtfeld entfernt hauste Kaiser Karl, der letzte regierende Habsburger, nach seiner Abdankung 1918 in Schloß Eckartsau, bis er am 23. März 1919 von dem Marchfelder Dorfbahnhof Kopfstetten die Reise ohne Wiederkehr ins Schweizer Exil antrat.

Der Kreis schließt sich. Karl starb zwar in Madeira und wurde dort auch begraben. Aber sein Herz ist dorthin zurückgekehrt, woher die Habsburger gekommen sind, in das Kloster Muri im Aargau, das Ita von Lothringen – also eine Angehörige jenes Geschlechtes, das die Habsburger später vor dem Aussterben bewahren sollte –, die Gattin des Grafen Radbot von Habsburg, 1027 gestiftet hat. Karl war ihr Nachkomme in der 28. Generation. 1971 hatten sich die Habsburger, die das Haus Österreich mit der Villa Austria in Pöcking am Starnberger See vertauschen mußten, in Muri versammelt: In der Lorettokapelle im Kreuzgang wurde das Herz des Kaisers beigesetzt. Und nun wartet die neue Familiengruft – mit dem Doppeladler und dem habsburgischen Löwen – auf die Letzten dieser Familie, deren Namen mit dem, was Österreich ist und was es bedeutet, Jahrhunderte hindurch identisch war. Am Altar der Kapelle brennt ein Licht, an der Wand lehnt ein Kreuz. „Und hier, meine Herrschaften, sehen Sie die Habsburgergruft", doziert der Führer, der eben eine Autobusladung Touristen in die Historie einweist. „Sie müssen nämlich wissen, die Habsburger . . ." Ein plötzliches Orgelgebrause übertönt seine Stimme, oben auf der Empore übt ein Organist, und die Worte gehen unter wie Reiche, Namen und Geschlechter im Meer der Geschichte.

ADOLF FROHNER

# „WEIL'S GILT DIE SEEL'..."

**D**er schwere Heuduft vermengt sich mit dem Geruch des Staubes, den Reisigbesen vom festen Holzboden der Tenne aufgewirbelt haben. Ein anheimelnder Geruch, ein bäuerlicher Geruch. Wer einmal als Kind durch die dunklen Gänge zwischen Heu und Scheunenbalken gekrochen ist, den umfängt das Gefühl angenehmer Geborgenheit. Die Psychologen würden hier die Sehnsucht nach dem Mutterschoß zitieren. Dabei hat einen nur die Suche nach ein wenig Geschichte in den Stadel gelockt. „Da hier, dieser Raum war das erste Bethaus, hier sind sie zum Gottesdienst zusammengekommen", sagt die blonde junge Frau. „Da hinten, das Brett soll noch von der Kanzel sein." Auf einem der dicken Querbalken steht in altmodischer Fraktur: „Gott Segne Unsere Ernte." Der Rest ist jedoch profan. Der Mayerhoferbauer verwendet die Scheune nur als Scheune. Heute hat die evangelische Gemeinde in Ramsau, dieser vom Ennstal früher nur schwer zugänglichen Hochebene am Fuße des Dachsteins, eine stattliche Kirche. Im Sommer 1782 jedoch, als die „Lutherischen" ihren Glauben nicht mehr verbergen mußten, versammelten sie sich zu ihrem ersten öffentlichen und erlaubten Gottesdienst auf der Mayerhofertenne. Unten im Tal, in der Stadt Schladming, beherrschen heute zwei etwa gleichgroße Kirchen das Ortsbild – die ältere mit dem barocken Turm, die katholische, die neuere, um die Mitte des vorigen Jahrhunderts gebaut, die protestantische –, in Ramsau jedoch hat man mit einer Kirche das Auslangen gefunden, mit der protestantischen. Denn als Josef II. durch das Toleranzpatent den Protestanten freie Religionsausübung gestattete, bekannten sich in der Ramsau alle Bauern mit ihren Frauen, Kindern und Knechten zum Luthertum – nur drei hielten es mit den Katholischen. So ist es geblieben. Bei der letzten Volkszählung wurde für 1644 Ramsauer als Bekenntnis „evangelisch" eingetragen. Nur 253 Einwohner sind katholisch, und die fallen alle unter die Kategorie „Zugereiste". „Die Leute sind nimmer so fromm wie früher einmal, aber am Glauben halten sie fest", sagt ein Einheimischer. Wenn die Ramsauer das Wort „Glauben" aussprechen, so tun sie es mit einer besonderen Betonung. Und durch die Inschrift über dem Kirchentor wird in einem kurzen Wort nach Matthäus die ganze Position der Ramsauer evangelischen Christen gegenüber den Katholiken programmatisch und unverrückbar plakatiert: „Jesus allein."

„Höflich sind sie alle. Nur mit kniebeugender Reverenz treten sie ins Zimmer, vergessen nie den frommen Gruß, greifen nach dem Weihwasser, schlagen ein Kreuz. Spricht man über Glaubenssachen mit ihnen, so werden sie wohl etwas verlegen, reden aber, so gut es geht. Nur wenn man vom Papst spricht, zeigen sie eine Scheuchen, wie die Kinder vor dem Teufel." So berichtete 1754 der zuständige Dechant über die Ramsauer an seine vorgesetzte Kirchenbehörde.[1] Dem Namen nach, dem Taufbuch nach, waren nämlich auch die Ramsauer alle katholisch, wie es die „Seligmacher" der Gegenreformation von ihnen verlangten, wie es dem Kaiser und Landesherrn genehm war. Brav erfüllten sie ihre Sonntagspflicht in der nahen Kirche von Kulm und gaben sich auch sonst als gute Katholiken, wenn ein kaiserlicher Kommissar oder Priester oder sonst ein Fremder in der Nähe war. Aber sobald sie sich sicher fühlten, wanderten sie in den Wald hinauf, zum Predigtstuhl, und hörten dort Gotteswort nach ihrer Art. Und Samstag abends scharte der Hausvater alle Leute des Hofes in der Stube um sich, holte die Lutherbibel aus dem Versteck, las daraus vor und versuchte die Geheimnisse der Heiligen Schrift auf seine Weise auszudeuten – eine Übung, die auch heute noch in den traditionsgebundenen Höfen der Ramsau Brauch ist. Nur, damals konnten solche Zusammenkünfte und Bibellesungen Geldstrafen, Verhaftungen oder gar die Ausweisung eintragen. Die älteste Bibel in der Ramsau, eine Luther-Bibel aus dem Jahre 1535, gedruckt von Hans Luft in Wittenberg (nur zwei Jahre nachdem Luther seine Bibelübersetzung beendet hatte), wird heute noch beim Wieserbauer als kostbarstes Familienheiligtum in Ehren gehalten. In den Zeiten der „Untergrundfrömmigkeit" war die Bibel zusammen mit anderen verbotenen Schriften im Stall vergraben worden – und zwar unter dem Standplatz der störrischsten Kuh, die jeden Fremden sofort mit gesenkten Hörnern begrüßte.[2]

In den Tälern konnte die Treue zum neuen „reinen" Glauben der Wucht der Gegenreformation nicht standhalten. Die Abgeschlossenheit der Ramsau – ähnlich wie in Gosau im Salzburgischen –, ihre schwere Erreichbarkeit, ermöglichte den Bauern jedoch den Widerstand und fast zweihundert Jahre des Geheimprotestantismus. Sie spielten den katholischen Geistlichen nach außen hin etwas vor, lernten sich zu verstellen – eine gewisse mißtrauische Verschlossenheit bremst den Ramsauer auch heute noch bei der ersten Begegnung mit Fremden – und bewahrten auf diese Weise jene Form des Christentums, die sie für die richtige hielten. So wurde diese protestantische Insel in einem katholischen – oder besser rekatholisierten – Land zu einem lebendigen Denkmal für das reformierte Österreich, das im 16. Jahrhundert fast völlig von Rom abgefallen war und im Sinne Luthers selig werden wollte.

Und so manchen Vorfahren der Ramsauer Protestanten wird es 1525 wohl hinunter ins Tal in die Knappenstadt Schladming getrieben haben. Denn dort herrschte Aufruhr, hatte sich das Volk zusammengerottet. Der, dem der Haß der Massen galt, war zwar Protestant wie sie, aber er hatte sich schon bei der Bekämpfung anderer Aufstände den Titel „Bauernschinder" erworben, und nun war er in der Hand der Bauern und

Knappen: Siegmund von Dietrichstein, der Landeshauptmann der Steiermark. In Schladming war er samt seinen Söldnern von den Rebellen überwältigt worden. Auf dem Schladminger Marktplatz wurde der Adelige vor ein Geschworenengericht gestellt. Die Trommeln dröhnten, und ein Bergmann verlas die Anklage: „Dieser gegenwärtige Dietrichsteiner, dieses schielende Hurenkind, hat im windischen Bauernbund 1515 unsere Brüder am meisten verfolgt, vertreiben, spießen und mit Rossen auseinanderreißen lassen. So hat er jetzt zwei unserer Hauptleute zu Irdning spießen lassen und sich vorgenommen, dasselbe mit uns allen zu tun, wozu er sich Wagen voll mit Spießen hat mitführen lassen. Er hat auch den Husaren befohlen und vergönnt, schwangeren Frauen den Leib aufzuschneiden, die Kinder herauszunehmen und aus diesen die Herzen zu schneiden . . ."[3]

Trotz dieser berechtigten Vorwürfe fand sich doch Gnade für den Grafen. Während seine Offiziere und viele Söldner grausam hingerichtet wurden, brachten die Aufständischen Dietrichstein auf die von ihnen eroberte Salzburger Burg Werfen, wo er die „Liquidierung" der Rebellen durch den späteren Verteidiger von Wien, Niklas Salm, abwarten konnte, ohne daß ihm ein Haar gekrümmt wurde.

Die Rache aber war fürchterlich – wie immer in den Bauernkriegen. Wer nicht in die Berge flüchten konnte, wurde umgebracht. Schladming brannten die Soldaten nieder, es verlor sein Stadtrecht und wurde zum Dorf erklärt. Nie wieder durfte es sich durch feste Mauern schützen. Die Ramsauer, die mit dem Leben davonkamen, werden am Fuß des Dachsteins Zuflucht gefunden haben. Denn diese Gegend war den meist böhmischen oder ungarischen Landsknechten zu gefährlich und zu unheimlich.

Wie im Ennstal, so brannte es in jenen Jahren in vielen Teilen Österreichs. In Salzburg hatten die Bauern sogar die Festung erobert, und mancher Fürst bequemte sich zu Verhandlungen mit den Rebellen – nur um Zeit zu gewinnen, und sobald er sich wieder stark genug fühlte, sein Wort zu brechen und um so härter und grausamer zuzuschlagen. Was hat die Bauern, die sich durch Jahrhunderte am Modell des kreuzbraven und gottesfürchtigen Untertanen orientierten, plötzlich aus ihrer Reserve gelockt? War es die Religion? Waren es soziale Nöte? Hat der Übermut des Adels die Explosion ausgelöst? Hundert Jahre später, beim letzten großen Bauernkrieg in Oberösterreich, hatten die Aufständischen einen frommen Spruch auf ihre Fahnen gestickt: „Weil's gilt die Seel und auch das Gut, so soll's auch gelten Leib und Blut, o Herr, verleih uns Heldenmut: Es muß sein!"

Es galt also die Seele und das Gut. Damals, 1626, stand das religiöse Element im Vordergrund. Die Bauern setzten sich gegen die gegenreformatorischen Maßnahmen zur Wehr – und sie kämpften auch so entschlossen und ohne Rücksicht auf ihr Leben, weil ihrer Überzeugung nach auch ein erzwungener Übertritt zum Katholizismus mit ewiger Höllenpein bestraft würde. So waren sie bereit, zu sterben, wenn sie ihrem Glauben nicht zum Sieg zu verhelfen vermochten.

Anders hundert Jahre früher: „Sie alle, diese Benachteiligten und Verelendeten, verwechselten soziale Not und Religion. Sie glaubten, eine geänderte, geläuterte Religion werde auch ihrer Not ein Ende bereiten. Die Bergknappen- und Bauernaufstände im 16. und noch zu Beginn des 17. Jahrhunderts sind ein Beweis für den sozialen Untergrund des österreichischen Protestantismus", schreibt Willy Lorenz.[4]

Dieser katholische Standpunkt hat sicher einiges für sich. Doch aus den Bauern sprach auch der Wunsch nach der alten, reinen, klaren, unkomplizierten Religion der Väter, die durch die Kirche und deren weltliches Auftreten zu sehr verändert worden war. Als der Bauer auf einmal mit der neuen Zeit, mit neuen Gesetzen, neuen wirtschaftlichen Methoden fertigwerden mußte, als er die ersten Formen eines Beamtentums zu spüren bekam und auch zum erstenmal erfuhr, was es heißt, ein „verwalteter Mensch" zu sein, entsann er sich seiner Urkraft, griff zur Sense, zum Dreschflegel, schlug ein paar Nägel in den Kopf einer Keule oder bediente sich jenes militärischen Rüstzeuges, das er bei verschiedenen Aushebungen zum Kampf gegen die Türken erhalten hatte, und schlug zu. Die Religion bot ihm den inneren Halt, der soziale Wandel war jedoch der äußere Anlaß seines „Nein" gegen die, zu denen er bis dahin immer nur „Ja", „Vergelt's Gott" und „Mein gnädiger Herr" gesagt hatte.

Die Wissenschaft hat keine eindeutige Meinung dazu, ob es drückende Armut war, die die Aufstände auslöste. An die Spitze der Rebellion hatten sich meist reichere Bauern, Wirte oder auch Handwerker gestellt. Manchmal schlugen sich auch kleine Adelige auf die Seite der Bauern. Und die Formel, daß sich die Bauern erhoben hätten, weil sie von der Untertänigkeit frei werden wollten, ist zu vereinfachend. Soweit hatten die wenigsten gedacht, einen solchen Zustand konnten sie sich überhaupt nicht vorstellen. Dazu war das System der Grundherrschaft zu verwurzelt – und in manchen Gegenden erfreuten sich die Bauern dabei großen Wohlstandes und auch vieler Freiheiten. Aber gerade dort zündete der Funke zuerst, als eine große inflationäre Wirtschaftskrise ihren Besitz und ihre Rechte bedrohte. All das hört sich an wie ein volkswirtschaftliches Seminar von heute. Durch eine Welle von Seuchen war die Bevölkerung Europas im 14. Jahrhundert dezimiert worden. Ganze Siedlungen und Landschaften verödeten. Die Einwohnerziffern der Städte gingen zurück. Die Grundherren erhielten dadurch weniger Abgaben. Den Verlust wollten sie durch vermehrte landwirtschaftliche Produktion ausgleichen. Da plötzlich zu viele Nahrungsmittel auf dem Markt waren, verfielen die Preise für die landwirtschaftlichen Erzeugnisse. Weil in den Städten jedoch Mangel an gelernten Arbeitskräften herrschte, stiegen die Löhne der Handwerker und damit auch der Preis jeder Sense, jedes Rechens, jeder Hacke usw. Die Grundherren suchten nach anderen Wegen, ihre finanziellen Nöte auf die Bauern abzuwälzen. Wegen der Absatzschwierigkeiten ließen sie sich die Naturalien, mit denen die Bauern früher ihren Zins gezahlt hatten, nun auf einmal in Geld ablösen. Die Bauern sollten selber sehen, wie sie ihr Getreide, ihr Obst und ihr Fleisch und Vieh an den Mann brächten.
Doch auch diese Lösung funktionierte nur eine Zeitlang. Die nächste wirtschafts-bestimmende Kraft war die Inflation. Im 15. und 16. Jahrhundert verlor das Edelmetall durch vermehrten Abbau und durch die Gold- und Silberquellen der Neuen Welt an Wert, und damit auch das Geld. Davon profitierten die Bauern. Ihre Zinssätze waren nämlich unverrückbar. Der Index ist erst eine Erfindung unserer Zeit. Viele Grundherren mußten sich wegen dieser Verminderung ihrer Einkünfte tief in Schulden stürzen, andere verloren ihre Höfe. Ideenreiche Herren entfalteten jedoch eine bis dahin unbekannte Unternehmeraktivität. Sie sahen sich nach neuen Erwerbsquellen um, verlegten sich auf Fisch- und Schafzucht im großen Stil, betrieben Brauereien, Säge-werke, Mühlen und Schmieden und führten auch Wirtshäuser in Eigenregie.
Für diese Unternehmen mußten die Untertanen auf verschiedenen Umwegen als Arbeitskräfte herhalten, ob sie wollten oder nicht, und gleichzeitig sollten sie auch

Konsumenten sein, die den sicheren Absatz der Produkte garantierten. So mußten alle Waisenkinder dem Grundherren auf Zeit dienen. Die Untertanen waren verpflichtet, ihre Hochzeits-, Tauf- und Totenmähler im Herrschaftsgasthaus zu veranstalten. Sie mußten ihr Getreide bei der Herrschaft mahlen lassen – auch wenn das anderswo billiger gewesen wäre. In vielen Fällen hatten sie alle ihre Produkte zuerst der Herrschaft anzubieten – zu dem Preis, den die Herren diktierten. Auch die ersten Formen einer Grunderwerbs- und einer Erbschaftssteuer wurden zur Verbesserung der Einkünfte ausgedacht: wenn jemand ein Gut neu übernahm, mußte er eine „Anleit" von fünf bis zehn Prozent des geschätzten Wertes leisten. Starb ein Besitzer, hatte der Herr das Recht auf das „Besthaupt", auf das beste Stück Vieh, und auf ein „Freigeld" von ebenfalls fünf bis zehn Prozent des Wertes der Verlassenschaft. Eine weitere Einnahmequelle war die Verwaltungsbürokratie der Grundherren – immer mehr Papiere, Urkunden, besiegelte Verträge und ähnlicher Dokumentenkram wurde den Untertanen abverlangt. Und für alles mußten sie Gebühren zahlen. Auch die herrschaftliche Gerichtsbarkeit war überaus phantasievoll im Ersinnen neuer Geldstrafen und anderen Schikanen, durch die sich das Säckel füllen ließ. Dabei traten mehr und mehr Beamte – Vögte, Pfleger, Verwalter, Geldeintreiber, Aufseher usw. in den Vordergrund. Sie übten die Macht ihrer Herren oft skrupel- und rücksichtslos aus, daß die Bauern voll Wehmut an die Zeiten zurückdachten, da ihre alten Rechte noch etwas wert waren. Schließlich mußten die Stände auch für die von Jahr zu Jahr mehr Geld verschlingenden Türkenkriege bezahlen – das heißt, sie luden einen Großteil der Steuerpflichten auf die Untertanen ab. Mit dem Geld wurden Söldnerhaufen aufgestellt, die dann durchs Land zogen und raubten und plünderten und oft kaum weniger hausten als die Türken. Ihre Opfer waren wieder vor allem die Bauern.

In dieser Notsituation übte die Religion eine Trostfunktion aus, die Bauern wollten vor allem ihr „uralt Recht und Herkommen" – dazu gehörte auch der Glaube. Und so rebellierten sie, damit der Kaiser, der auf einem fernen Thron über ihnen schwebte, doch endlich erführe, wieviel Unrecht in seinem Reiche sei. Und sie hofften auf Hilfe von oben und stellten in diesem Sinne ihre Forderungen[5]: „. . . sollen alle Freiheiten abgetan, dann sie wider das Wort Gottes seind und das Recht fälschen, darin niemand für den andern gevorteilt werden soll", wird da in einem Dokument der Bauernkriege verlangt. Also Wiederherstellung der alten Rechte. Aber schon der nächste Paragraph dieser „Landesordnung" ist anders gestimmt: „. . . sollen alle Ringmauern an den Stedten, dergleichen alle Geschlösser und Befestigung im Land niederbrochen werden und hinfur nimmer Stadt, sonder Dorf sein, damit (kein) Unterscheid der Menschen, also, daß einer höher oder besser weder der ander sein wölle, werde, daraus dann im ganzen Land Zerruttlichkeit, auch Hoffart und Aufruhr entstehn mag, sonder ein ganze Gleichheit im Lande sei . . ."[6] Das ist eine andere Sprache, das sind neue Worte und neue Ideen. Sonst verlangten die Bauern nur, was sie schon einmal gehabt hatten, nicht Revolution, sondern Restauration, hier will jedoch einer das System umstoßen, die Gesellschaft verändern und Mauern einreißen, damit es keinen Unterschied zwischen Stadt und Land mehr gäbe und damit alle gleich würden. Die wenigsten Bauern haben diese Sozialutopie verstanden. Der, von dem sie kam, der sie ersonnen hatte, war zwar einer ihrer Anführer. Friedrich Engels hat ihn sogar als „das einzige militärische Talent unter den deutschen Bauernführern"[7] gerühmt. Aber er war ein Intellektueller, ein Gebildeter; der Mann, der alle Klassen beseitigen wollte, hatte selbst lange mit der herrschenden Klasse zusammengearbeitet: Michael Gaismair war Zolleinnehmer des Bischofs von Brixen und Schreiber des Tiroler Landeshauptmanns. 1525 wählten ihn die Tiroler Bauern zu ihrem Anführer. Nach der ersten Niederlage der Bauern gegen die Söldner des Landesfürsten floh Gaismair nach Graubünden. Und dort schrieb er auf, wie er sich eine künftige Welt dachte. Seine „Tiroler Landesordnung", eines der kühnsten revolutionären Dokumente der Bauernkriege, sollte die Basis einer „christlich-demokratischen Bauern- und Knappenrepublik mit stark sozialistischen Zügen" sein.[8] Über allem steht die „Ehre Gottes" und der Grundsatz, daß Gemeinnutz vor Eigennutz geht: mit einer Regierung, in der protestantische Gottesgelehrte sitzen, mit gewählten Gerichten in den unabhängigen Gemeinden, die jeden Fall binnen zweier Wochen erledigen müssen, mit einem festen Kriegsrat und einer straffen Verwaltung. In „Gaismairs Land", wie er dieses Tirol ohne Landesherren selbst nennt, soll es keine Bettelei und kein Vagabundieren geben. Für die Armen hat er ein präzises Fürsorge- und Sozialprogramm ausgearbeitet – keiner soll hungern und unbekleidet bleiben –, die Klöster werden in Spitäler und Armenheime umgewandelt. Um eine bessere Versorgung der Bevölkerung zu gewährleisten, will Gaismair mehr bebaubares Land gewinnen: „Man soll auch Mööser und Auen und andre unfruchtbare Orte im Land fruchtbar machen. Man möcht die Mööser von Meran und gen Trient alle auftrucknen und merklich Vieh und Kuhe und Schafe darauf halten, auch viel mehr Treid an viel Orten zuglen, also das Land mit Fleisch versehen wäre. Man möcht auch an viel Orten Ölbaum setzen, auch Safran zuglen . . ." (Die Etschsümpfe, von denen Gaismair spricht, wurden erst Ende des 19. Jahrhunderts trockengelegt.) Da für ihn der normale Handel mit der „Sünd des Wuchers befleckt" ist, wird in Trient (Trient und Brixen sind die einzigen Städte, die aus Verwaltungsgründen erhalten bleiben sollen) ein staatlicher Handelskommissar („Amtmann über den Handel") mit seinen Beamten für An- und Verkauf der Waren zum Selbstkostenpreis sorgen. Sämtliche Handwerker sollen in einer staatlichen Genossenschaft an einem Ort konzentriert werden. Auch die Währung muß in Ordnung gebracht werden („ein gute schwere Münz, wie bei Herzog Siegmund Zeiten"), und die Bergwerke, die in den Händen der großen Kapitalisten wie Fugger usw. sind, werden verstaatlicht („zu gmein Landeshanden einziehen"). Und all das soll auf das „ewig Wort Gottes" gegründet sein, damit „niemand fur den andern gevorteilt" werde. „. . . und in allen Sachen nit eignen Nutz, sonder zum ersten die Ehr Gottes und darnach den gemeinen Nutz zu suchen, auf daß uns der allmechtig Gott gnad und Beistand tue, darauf wir genzlich vertrauen sollen, dann er ganz wahrhaft ist und niemand betrügt."

Sein evangelisches Gottesvertrauen half Gaismair, mehreren Attentaten zu entgehen, aus der Gefangenschaft zu fliehen und nach einer neuerlichen Niederlage der Bauern im Salzburgischen nach Venedig zu entrinnen. Für seine Feinde war dieser Revolutionär ohne Vorbild und Beispiel jedoch auch nach der „Lösung" des Bauernproblems noch immer so gefährlich, daß sie ihn 1532 im Exil durch gedungene Mörder umbringen ließen.

Damit endet jede Geschichte aus den Bauernkriegen: mit Mord oder Hinrichtung, mit einem Blutbad, einem Leichenfeld und Massengräbern. In diesem 16. Jahrhundert, das soviel Prunk und Eleganz hinterlassen hat, Spuren einer hochkultivierten feinen Gesellschaft, die die Schätze der Erde zu genießen wußte (siehe zum Beispiel Schloß

Ambras bei Innsbruck – oder Schloß Hohenems in Vorarlberg), mußten die Herren ihre Truppen immer wieder gegen Bauernhaufen ausschicken. Wenn es in einem Land ruhig war, blitzte es wieder woanders. Und zwischen 1594 und 1597 waren Oberösterreich und weite Teile Niederösterreichs in Aufruhr. Der Ablauf dieser Erhebungen folgte immer denselben Gesetzen: Agitation, Zusammenrottung, einer macht den anderen stark, ein paar Führergestalten schießen aus dem Boden wie Wunderbäume, der erste Schwung, das Überraschungsmoment, die Unterschätzung durch die Autoritäten ermöglichen einige Anfangserfolge, die Herren versuchen, die Bauern durch Verhandeln und Versprechungen hinzuhalten, bis sie genügend Truppen gesammelt haben. Einer modernen militärischen Streitmacht haben die Bauern statt Taktik und Überlegung jedoch meist nur ihren Glauben und ihre Wut entgegenzusetzen. Sie verlieren entscheidende Schlachten unter ungeheuren Verlusten. Pardon wird nicht gegeben. Die Überlebenden erwartet ein brutales Strafgericht mit Spießen und Rädern und Pfählen, Vierteilen, dem Abhacken von Gliedern, dem Herausreißen von Herzen und Zungen, so daß das einfache Aufknüpfen am nächsten Baum jedem Bauern wie eine Wohltat erscheinen muß. Nachdem der Blutzoll eine gewisse Höhe erreicht hat und sich die Herren seiner Abschreckungswirkung sicher sind, stoppen sie das Morden. Denn schließlich brauchen sie die Bauern ja, wer soll denn sonst die Felder bestellen, und von wem soll die Herrschaft ihre Einkünfte beziehen?

So wird die Erinnerung an die Bauernkriege zu einem Gedächtnis der Niederlagen. Und fast jeder Gedenkstein weiß von vielen Toten zu erzählen. Kaum ein anderes Ereignis dieser blutigen Diskussion um die Rechte von Herren und Untertanen beschäftigt die Phantasie des Volkes mehr als das Strafgericht, das Adam von Herberstorff Mitte Mai 1626 am Haushamerfeld bei Vöcklamarkt in Oberösterreich gehalten hat: das Frankenburger Würfelspiel.

In jedem ungeraden Jahr vermitteln Laiendarsteller abwechslungshungrigen Sommergästen jenen künstlichen Schauer, der schon wieder zum Vergnügen wird, wenn sie das „Frankenburger Würfelspiel" aufführen – in Frankenburg, obwohl der Originalschauplatz einen kräftigen Fußmarsch weiter südlich von dem Hausrucker Marktort am Haushamerfeld bei Vöcklamarkt liegt. Was war passiert? In Frankenburg hatten die Bauern den zwangsweise eingesetzten katholischen Pfarrer vertrieben und mehrere Beamte im Schloß belagert. Weil noch mehr Volk aus der Umgebung (aus Vöcklamarkt und fünf weiteren Pfarrorten) zusammenlief, fielen auch Schüsse, und es wurde erst wieder ruhig, als der Statthalter Graf Adam von Herberstorff mit 1200 Musketieren anrückte. Der Statthalter dachte sich darauf eine seltsame „Befriedungsaktion" aus. Darüber berichtet ein Beteiligter, der Pfleger Grünbacher, der vorher selbst von den Bauern bedroht worden war:

„Hierauf hat der Herr Statthalter mit meinem Rate am Mittwoch abends alle Amtsleute ausgeschickt, allen Untertanen von Haus zu Haus ansagen lassen, daß Morgen, Pfingsttag abends, um 2 Uhr alle Untertanen, auch Holln- und Hausknechte, im Haushammer Felde, welches zwischen Vecklamarkt und Pfäffing liegt, bei der großen Linde erscheinen sollen, doch ohne Wehr und Waffen, und welcher nicht erscheint, soll um Leib und Leben, Hab und Gut verfallen sein. Als nun solchen Pfingsttag der Herr Statthalter das Frühmahl allhie im Schlosse eingenommen, ist er mit allen seinem Volke als 50 Reiter und 1200 Mann Musketieren, auch großen Stücken mit Munition von hier aus in das obgemeldete Haushammer Feld gereist. Allda im Haushammer Felde sind bei der Linde wohl über 5000 Mann erschienen und hat der Herr Statthalter den Prozeß folgendermaßen angestellt. Alles anwesende Volk ist alles zusammen in einen Haufen gestellt und mit dem Kriegsvolk, auch großen Stücken und Reitern umzogen worden. Alsdann ist der Herr Statthalter mitten unter dem Haufen Volk geritten und herzugeben begehrt der zweien Märkte als Frankenburg und Vecklamarkt Richter und Ratspersonen, auch aus den fünf Pfarren die Achter (Ortsrichter). Solche Personen, deren 34 gewesen, hat man hintan an einen sonderen Ort gehen lassen und insbesonderheit mit Musketieren umstellt, dem großen Haufen Volk aber hat der Herr Statthalter befohlen, daß sie beisammen stille stehen und, wie es den andern geht, zusehen sollen. Darauf Herr Statthalter den herausgenommen Richter, Ratsverwandten und Achtern angezeigt, was maßen sie alle das Leben verwirkt; aber zu Gnaden wolle er dem halben Teil das Leben schenken, solcher Gestalt, daß allerwegen zwei miteinander um das Leben spielen sollen, der verliert soll henken. Ist also ein schwarzer Mantel auf die Erde ausgebreitet, haben allerwegen zwei miteinander gewürfelt, welche verloren, sind alsbald vom Freimann gebunden ... Aus den 19 Personen, welche ihr Leben verspielt, sind durch mich und andere zwei Personen ausgebeten und ihnen das Leben geschenkt worden. Die anderen 17 Personen sind justificiert worden ..."[9]

Die Chroniken der Bauernkriege lesen sich wie ein einziges Verzeichnis von Greueltaten – begangen von beiden Seiten –, doch dieses Würfelspiel um Tod und Leben hat die Leute mehr bewegt, mehr aufgeregt, mehr mit Abscheu erfüllt als die größten Bestialitäten. Und die Wirkung dieses Gerichtes vom Haushamerfeld war nicht abschreckend, wie beabsichtigt, sondern aufwiegelnd. Die Agitatoren hatten danach wenig Mühe, die Bauern zum Kampf aufzurufen. Dabei halten einige Verteidiger des Herberstorff dem Statthalter zugute, daß er immerhin Gnade walten ließ, daß er den Bauern zumindest eine Chance gegeben hat – wenn auch verbunden mit einer psychischen Folter.

Herberstorff war selbst in eine Zwickmühle geraten. Er gehe zu sanft mit den rebellischen Bauern um, hatte man ihm noch vor den Frankenburger Zwischenfällen vorgeworfen. Der steirische Adelige war selbst nur ein Dienstmann – als Statthalter des bayerischen Kurfürsten Maximilian, und eine Springerfigur in dem Mächte-Schachspiel des Dreißigjährigen Krieges. Weil Kaiser Ferdinand für seinen Kampf gegen die protestantischen Stände Böhmens Geld und Verbündete benötigte, verpfändete er Oberösterreich an Bayern. Das Opfer fiel ihm leicht, denn auch dort kümmerten sich die protestantischen Stände wenig um die Rekatholisierungspolitik des Habsburgers. Maximilian von Bayern mußte sich sein Pfand erst erobern. Er schickte seinen General Tilly ins Land, und nach kurzer Gegenwehr protestantischer Bauern war das „Landl" ob der Enns fest in bayerischer Hand – mit einer bayerischen Verwaltung, die sich wenig um ererbte Rechte scherte, mit einer forcierten Bekehrungskampagne, die alle Untertanen wieder katholisch machen sollte. Als Ausführungsorgan diente ein ehemaliger Protestant, Adam von Herberstorff, den Maximilian zum Statthalter erhoben hatte. Er mußte die Mission der katholischen Geistlichkeit mit militärischer Macht unterstreichen. Weil er bei einem ersten Zusammenstoß im Frühjahr 1625 zu weich reagiert hatte, war er vom bayerischen Kurfürsten gerügt worden. Auf dem Haushamerfeld wollte er ein Exempel statuieren.

Von der großen Linde wird im Linzer Schloßmuseum noch ein Stück aufbewahrt und ein anderes im Gmundner Museum. Die hohen Linden, die das Denkmal einer grauenvollen Stunde zu einem einladend schattigen Platz zum Verweilen machen, sind erst später gepflanzt worden. Der alte Bildstock daneben muß schon dagewesen sein, als Herberstorff die Würfel ausgeben ließ. Das Denkmal wurde erst 1925 gesetzt – als in einer großen Welle historischer Besinnung die Oberösterreicher ihren großen Bauernkrieg durch eine Vielzahl von Gedenkstätten und Schlachtfeldmarkierungen wieder sichtbar werden ließen. In den groben Granitblock sind die Namen der Verlierer des Würfelspiels gegraben, und an welchem Kirchturm sie aufgehängt worden sind – nur drei waren an Ort und Stelle exekutiert worden, die anderen hat man in den verschiedenen unruhigen Orten aufgeknüpft.

Die nationalsozialistische Propaganda machte von den Ressentiments gegen die Kirche, die noch von damals herrühren, gerne Gebrauch. Fadinger und Kameraden wurden zu „Ehrennazis" erklärt. Und am Tag nach der Eröffnung der Olympischen Spiele in Berlin erlebte ein 20.000 Menschen zählendes Publikum auf der neuen Dietrich-Eckart-Bühne (der jetzigen Waldbühne) das „Frankenburger Würfelspiel" von Eberhard Wolfgang Möller: ein Gerichtsverfahren mit Ferdinand II., seinen jesuitischen Beichtvätern, Kurfürst Maximilian und Herberstorff als Angeklagten und einem Chor des Volkes, der von 1200 Angehörigen des Reichsarbeitsdienstes gestellt wurde. Matthias Wieman führte Regie, den Herberstorff spielte Alexander Golling, den Jesuiten Lamormaini Fritz Rasp. Und im „Nachspruch" des Dramas tönt es pathetisch: „Siehe: über den Äckern und blutigen Feldern grünt ein neues Geschlecht, unüberwindlich und groß. Und was den Vorderen nicht, den Glücklosen niemals beschieden, daß sich der Gott ihnen naht, um ihre Wunden zu sehn, das wird den Heutigen nun, die ihr da wandelt in Frieden, heil'gen Verständnisses voll und treu den Getreuen, geschehn . . ."

Die kaiserliche Macht, die katholische Gewalt, die alte Ordnung, der übernationale Gedanke des habsburgischen Reiches, das waren freilich Elemente, die zum ideologischen Feindbild der nationalsozialistischen Propaganda gehörten und die sich durch das Hochspielen der Bauernkriege geschickt auswerten ließen. So wie die Kirche die Erinnerungen an diese Zeit im Verein mit dem Herrscherhaus eher unterdrückt hatte. Noch bei den 300-Jahr-Feiern 1926 beteiligte sich die Oberösterreichische Landesregierung nicht. Und in St. Agatha im Hausruck, das sich heute als „Erholungsdorf" verkauft und nebenbei auch noch seine beiden großen Söhne, Stefan Fadinger und Christoph Zeller, touristisch ausschlachtet, merkt man noch ein wenig von der Reaktion der Sieger, die bestimmten, wie die Geschichte der Bauernkriege zu schreiben sei.

„Jo mei, do wor'n scho alte Papierer do, aber da is der Pfarrer kommen und hat's sich's ausborgt. Aber z'ruck kriegt hat's der Großvater nie mehr." In der Wirtsstube hängt unter einer schweren dunklen Holzdecke ein Fadinger-Bild. Vom Wirt des „Mini"-Gasthofes (Mini von Müni oder Münch) ist kein Porträt erhalten, obwohl jeder seinen Namen kennt. Hier war nämlich Christoph Zeller zu Hause, und sein Nachbar war der Fadinger.

Auch ein Stück weiter oben, beim Fadingerhof, glaubt der jetzige Herr, ein junger Bauer, daß von kirchlicher Seite einige Fadinger-Reliquien und -Dokumente beiseite geschafft worden sind. Wenn jedoch Schulklassen kommen, so wird ihnen die schwere

Peitsche gezeigt, wie sie die „Schnalzer" benutzen, und die Hellebarde mit ihrem leichten, elastischen Schaft. „Die sind wirklich noch vom Fadinger, das ist eine alte Überlieferung." Und dann die Linde, die sich statt in die Breite in die Höhe ausgewachsen hat – ein ehrwürdiger Baum, den angeblich noch Fadingers Schwester Resi gesetzt haben soll, zur Erinnerung an ihren toten Bruder. Diese legendäre Gestalt, denn viel weiß man nicht von dem Mann, hat sich in erstaunlich kurzer Zeit fast übergroßen Ruhm erworben. Am 18. Mai 1626, also knapp ein Jahr nach den Ereignissen in Frankenburg, waren die Bauern von St. Agatha ausgezogen, zuerst hinunter an die Donau nach Aschach, wo sie den Strom mit einer Kette sperrten und die Schlösser der Umgebung plünderten. Und nicht einmal zwei Monate später war ihr Anführer tot: bei der Belagerung von Linz, wo sich Herberstorff im Schloß verschanzt hatte, wurde Fadinger durch einen Zufallstreffer verwundet, am 5. Juli starb er. Zwei Wochen später fiel auch sein Schwager und Nachfolger, der „Miniwirt" Christoph Zeller. Beide hatten sich vor allem als Organisatoren bewährt und weniger als Feldherren, obwohl sie Herberstorff gleich zu Beginn bei Peuerbach durch einen geschickten Überraschungsangriff eine empfindliche Niederlage beibrachten. „Die Furie der Bauern ist dermaßen greulich, wie ich sie mein Leben lang nicht gesehen", graute es dem Statthalter danach. Aber das, was Fadinger heute ist, hat vor allem die Fama aus ihm gemacht. Dabei wollten die Sieger mit allen Mitteln verhindern, daß er vom Volk weiter als Märtyrer verehrt werde. Denn im Herbst, als Herberstorff durch kaiserliche und bayerische Truppen Verstärkung erhielt und General von Pappenheim mit seinen „Eisenreitern", seinen Kürassieren, wie ein Gewitter über die Bauern hereinbrach, endete der Krieg mit einer Serie von Schlachten, in denen die Bauern zu Tausenden hingemetzelt wurden. Danach galt es, alle Spuren zu vertilgen. Fadinger und Zeller wurden aus ihren Gräbern am Eferdinger Friedhof herausgerissen und in einen nahen Sumpf geworfen. Und Fadingers Hof – Stefan Fadinger war ein reicher Bauer, mit etwa 50 Hektar Grund – brannten die Rächer nieder und machten die Ruinen dem Erdboden gleich.

Obwohl auch einiger Bauernsiege gedacht werden kann, lebt der Bauernkrieg doch vor allem durch seine Totengedenken weiter, durch einen Märtyrerkult, durch das Empfinden, von einer überlegeneren Gewalt niedergeknüppelt worden zu sein. Hat sich das auch in der Mentalität der Bauern niedergeschlagen? Haben sie zu kuschen gelernt? Den Hausruckern, die das Hauptkontingent des Bauernheeres stellten, hat der große Aderlaß, der Verlust ihrer besten Leute, wohl das Rückgrat gebrochen. Sie wurden fügsame katholische Untertanen.[10] Auch im übrigen Österreich wußten die Bauern bald wieder, wer der Herr war und wer der Knecht. In den zwanziger Jahren des vorigen Jahrhunderts reiste ein „Amerikaner" mit kritischem Blick durch das Österreich Franz' I. und Metternichs. Es war der Schriftsteller Charles Sealsfield, und niemand wußte, daß er einmal Karl Postl geheißen und vor Jahren seiner österreichischen Heimat ade gesagt hatte. In seinem von der Zensur verfolgten und zuerst nur in England und Frankreich publizierten polemischen Buch „Österreich, wie es ist" schreibt er nach Begegnungen in niederösterreichischen Dörfern: „Der österreichische Bauer ist ein gutmütiger, fröhlicher Mensch, offenherzig und ehrlich, wenn auch behauptet wird, daß er die zwei letzten Eigenschaften einigermaßen eingebüßt habe, eingebüßt durch zwei Staatsbankerotte, die Beispiele von Treulosigkeit seitens des Kaisers und durch die Geheimpolizei. Der Niederösterreicher ist reicher als der Böhme oder Pole und eigentlich Freibauer, da Robot und Zehent unter Mitwirkung der Regierung in Österreich dem Adel abgelöst wurden. Unübertrefflich ist die Gastfreundschaft dieser Leute. Der Durst ist unstillbar und erstaunlich die Zahl der in Österreich geleerten Weinflaschen . . . Dieses Volk, trotz seines Hanges zum Essen und Trinken, sicher eines der besten und gutherzigsten auf Erden, wird merkwürdigerweise allgemein verachtet. Dafür gibt es zwei Gründe: Der eine ist der blinde Gehorsam gegen den Herrscher, welcher die Österreicher dazu führt, im Augenblicke, wo sie es mit der Regierung zu tun bekommen, aus Liebedienerei noch mehr zu leisten, als ihnen befohlen wird. Der zweite Grund ist der Mangel an jeglichem nationalen Selbstgefühl . . .“[11]

Als jedoch absolute Herrschertreue und ein plötzlich aufkeimender Nationalstolz und innige Heimatliebe durch äußeren Druck zu einer Einheit verschmolzen wurden, entzündete sich an dieser Kraft ein Bauernkrieg, der „staatstragend“, „dynastieerhaltend“ und vor allem durch und durch österreichisch patriotisch sein sollte: die Erhebung der Tiroler Bauern 1809.
„Da wir Ursache über Ursache haben dem allmächtigen gütigsten Gott für die durch seine außerordentliche Hilfe erfolgte Befreyung des Vaterlandes von den so mächtig als grausamen Feind zu danken, muß und wird wohl jedermann erkennen, und jedermann wünschen, fernerhin von dieser großen Plage befreit zu bleiben, mit welcher Gott, so wie im alten und neuen Testament, sein Volk so oft, und also auch unser Vaterland, heimgesucht und gezüchtiget hat, auf daß wir uns zu ihm wenden und bessern sollen . . .“[12] Die Frömmigkeit, die aus diesem offiziellen Erlaß spricht, erinnert ein wenig an den Beginn der Landesordnung des Michael Gaismair. Den Rest jenes Dokumentes hätte der Verfasser der Danksagung für die Befreiung gewiß als üble Ketzerei abgetan. Und doch war er der erste Mann in Österreich, der aus dem Bauernstand zur Regierungsgewalt gelangte, der plötzlich in einem kleinen Bereich die Möglichkeit hatte, nach Bauernweise zu verwalten, zu kommandieren und zu ordnen: Andreas Hofer. Nach der siegreichen Bergisel-Schlacht am 13. August 1809 gegen die Bayern und Franzosen zog Hofer in Innsbruck ein und residierte fortan bis Ende Oktober in der Hofburg. Der politische und militärische Führer der Erhebung gegen das Besatzungsregime mußte die Macht übernehmen, ob er wollte oder nicht. Es war keine andere Obrigkeit da. Und so regierte der Sandwirt aus dem Passeiertal in der ungewohnten feudalen Umgebung auf seine Art. Der oben zitierte Aufruf ist der Anfang jenes berühmten „Sittenmandats“, mit dem Hofer in der Stadt Innsbruck für bäuerlichen Anstand sorgen wollte. Da warnte er vor neuer Not, vor der Gott Tirol nur dann bewahren werde, wenn sich das Volk durch „züchtigen und frommen Lebenswandel“ auszeichne und „alles Lasterhafte“ verbannt bliebe. Und dann ging der ob der neuen aus Frankreich importierten Dekolleté-Mode vergrämte Hofer ins Detail: „Viele meiner guten Waffenbrüder und Landesvertheidiger haben sich geärgert, daß die Frauenzimmer von allerhand Gattungen ihre Brust und Armfleisch zu wenig, oder mit durchsichtigen Hudern bedecken, und also zu sündhaften Reizungen Anlaß geben, welches Gott und jedem christlich denkenden höchst mißfallen muß. Man hoffet, daß sie sich zu Hintanhaltung der Strafe Gottes bessern, widrigenfalls aber sich selbst zuschreiben werden, wenn sie auf eine unbeliebte Art mit . . . bedecket werden. Innsbruck den 25sten August 1809. Andreas Hofer Ober-Commandant in Tyrol.“

183

Man mag darüber lachen. Aber aus diesem Dokument spricht die Geisteshaltung des Tiroler Aufstandes: In diesem Bergland waren die Bauern ihrem katholischen Glauben so verbunden, daß es dort schon zur Zeit der Kirchenreformen JosefsII. bedrohlich zu gären begonnen hat. Daß nach der Abtretung Tirols an Bayern (1806) ein von den Ideen der Aufklärung geleitetes Regime in diesem Sinne weiter „reformieren" wollte, vermehrte die Feindschaft der Bauern gegen diese Fremden nur. Als im Sommer 1809 ihr Kampf auf einmal von Erfolg gekrönt schien und sie die eigenen Herren im Lande waren, drehten sie die Uhren zurück und versuchten allen neuen Geist, der auch schon unter dem Kaiser Fuß gefaßt hatte, aus ihrem „heiligen Land" zu verbannen.

Hofer blieb allerdings zuwenig Zeit, um die konservativen und restaurativen Ideen dieser Bauernregierung voll wirksam werden zu lassen. Auch in Tirol bestätigte sich das Gesetz, daß Bauernheere allein auf sich gestellt gegen eine organisierte moderne Truppe – sie mußte nur stark genug sein – zum Schluß doch verlieren müssen, wenn auch die Tiroler unter völlig anderen Voraussetzungen in den Krieg gezogen sind als die aufständischen Bauern von einst.

Denn die Tiroler Bauern hatten sich immer ihre Freiheit bewahren können. Und die Waffe, zu der sie griffen, gehörte ihnen, ihre Wehrhaftigkeit war ererbtes Recht. Von alters her waren in Tirol die Bauern auch im Landtag vertreten. Und 1511 hat ihnen Maximilian eine Wehrverfassung gegeben, die im wesentlichen bis 1918 galt: nach diesem Landlibell waren die Tiroler nur verpflichtet, ihre Landesgrenzen zu verteidigen. Im Falle eines drohenden Angriffes mußten sie 20.000 Mann auf die Beine bringen, und wenn auch das nicht genügte, so durfte jeder Mann aufgeboten werden, der noch eine Waffe halten konnte. So standen von jeher Tiroler Bauern an den Grenzen des Landes, um es zu verteidigen. Und auch 1915, als die Elite der Kaiserjäger- und Kaiserschützen-Regimenter in Galizien verblutet war, rückten die Standschützen aus, diese Miliz, die ihre Offiziere selber wählte und in der Großväter und Enkel nebeneinander kämpften, und sie verhinderten einen Einbruch der Italiener nach Tirol. Wenn heute noch die Schützen aufmarschieren, ist das für die Tiroler keine Trachtenspielerei, sondern freudiger Ernst, eine lebendige Tradition. Nicht lange nachdem die Betonblocks des Innsbrucker Olympiadorfes von jungen Familien bezogen wurden, fanden sich dort die Männer zusammen und suchten um die Genehmigung zur Bildung einer Schützenkompanie „Olympiadorf" an. Auch in einer mehr und mehr verstädternden Gesellschaft gehört das Wort „Schütze" zum ureigenen Freiheitsbegriff der Tiroler.

Die Tiroler sind eines der Extreme des österreichischen Bauernstandes. Sie betonten ihr Selbständigkeitsdenken gegenüber dem fernen Wien und hielten doch immer zum Kaiser. Sie verziehen den Habsburgern die Versprechungen des Kaisers Franz, die er nicht halten konnte (er hatte den Tirolern 1809 gelobt, keinen Frieden zu schließen, in dem ihr Land neuerlich an eine fremde Macht abgetreten werden müsse).[13] Und sie haben sich bis zum Schluß für das Kaiserhaus geschlagen. Auch wenn sie gegen Wien ihre Reserve wahrten, für Österreich standen sie ein. Als Beispiel soll ein Osttiroler Dorf genannt werden: Innervillgraten nahe der Grenze zu Südtirol. Dort stimmten am 10. April 1938 bei der Volksabstimmung zum „Anschluß" mehr als 90 Prozent der Einwohner mit „Nein".

KARL KORAB

# KEIN HALBMOND
# AM STEPHANSDOM

Es seynd von Türkischen Banden entlediget, und in die Christen-Länder befördert worden: Wenzel Ptack, gebürtig zu Hradez in Böhmen, Zimmermann unter dem Seckendorffischen Regiment, alt 46, gefangen 24 Jahr, erlöset zu Engen in Asien – 325 Gulden, 26½ Kreuzer. Johann Michael Sattler, gebürtig zu Wienn in Österreich, Pfeiffer bey dem Bernklauischen Regiment, alt 48, gefangen 16 Jahr, erlöset zu Algier in Africa – 1184 Gulden, 40 Kreuzer. Andreas Niclas, gebürtig zu Tapoltschan im Neutrauer-Comitat in Hungarn, Soldat aus dem Ghylanischen Regiment, alt 45, gefangen 26 Jahr, erlöset zu Soglar in Asien – 158 Gulden, 37½ Kreuzer. Antonius Morgani, gebürtig zu Mayland, ein Kayserl. Feldscherer auf denen Schiffen, zur Zeit des Krieges 1716 in Morea, alt 65, gefangen 46 Jahr, ist von denen Galeeren erlöset worden – 239 Gulden, 34 Kreuzer. Johann Zwitkovitz, gebürtig zu Gradisca in Croatien, Cornet bey dem Piwodischen Regiment, alt 60, gefangen 24 Jahr und Maria Anna, des gesagten Zwitkovitz sein Ehe-Weib, gebürtig zu Debrezin in Hungarn, alt 36, gefangen 24 Jahr, diese zweye seynden geholfen worden mit 234 Kronen, 58 Kreuzer . . ."

Und so wie diesen armen Teufeln wurde noch vielen geholfen. Aus den Namen dieser Gefangenen der Türkenkriege spricht die Weite der Monarchie. Aber dahinter verbergen sich unbekannte Schicksale. Was hat wohl der 65jährige Mailänder Feldscher in seinen 46 Jahren Gefangenschaft – und davon einen Teil auf den Galeeren – alles durchgestanden? Die kleine Flugschrift, die die „Erlösten" aufzählt, erteilt keine weiteren Auskünfte. Sie hat einen anderen Zweck. Wie heute verschiedene Wohlfahrtsorganisationen von Zeit zu Zeit ihren finanziellen Förderern einen Leistungsbericht in Form von werbewirksamen Publikationen vorlegen, so veröffentlichte auch der auf die Gefangenenbefreiung spezialisierte Barfüßerorden von Zeit zu Zeit einen Tätigkeitsbericht, der einem ebenso hochgestellten wie hochherzigen Gönner gewidmet war. In diesem Fall handelt es sich um das „Verzeichnis der gefangenen Christen welche die, in gesammten Kayserlich-Königlichen Erb-Landen des Durchlauchtigsten Erz-Hauses von Österreich, errichtete Josephinische Provinz des Barfüsser-Ordens der Allerheiligsten Dreyfaltigkeit von Erlösung der gefangenen Christen vom Jahre 1760 bis zum Jahre 1763 sowohl in der Europäischen und Asiatischen Türkey, als in der Tartarey und Barbarey, entweder durch Zahlung des Lösungsgeldes wieder in die angebohrne Freyheit versetztet, oder doch zu Erlangung derselben mit Geld-Beyhülfen unterstützet hat".[1]

Achtzig Jahre sind seit der zweiten Türkenbelagerung Wiens vergangen. Der Siebenjährige Krieg ist gerade beendet worden. Österreichs Interessen sind auf den mitteleuropäischen Raum konzentriert. Die „Türkenzeit" bleibt dennoch lebendig. Die Erzählungen der „Spätheimkehrer" aus den Türkenkriegen oder jüngerer Gefangener von der Grenze halten die Gedanken an die Bedrohung aus dem Südosten noch immer wach. Wenn Mozart einige Jahre später einen türkischen Marsch komponiert und Motive und Klangfarben türkischer Militärmusik verwendet, gehorcht er nur Modeströmungen seiner Tage. Die „Entführung aus dem Serail" verarbeitet eine zeitnahe Gefangenenstory. Sie wurde 1782 in Wien uraufgeführt. Ein Jahr vorher erst war wieder ein ähnlicher Gefangenenkatalog der Barfüßer erschienen. Da überwiegen zwar die Schiffsleute, die algerischen Piraten zur Beute geworden sind, aber auch aus dem unmittelbaren Herrschaftsbereich des Sultans wurden wieder zahlreiche Christen befreit. Die Preise sind etwas gestiegen, und auch an dem horrenden Unterschied zwischen den Lösegeldtarifen in Algier gegenüber Konstantinopel und anderen Städten des osmanischen Reiches hat sich wenig geändert. Gefangene aus den Händen der Piraten waren bei weitem die teuersten.[2] Für den gläubigen Christen, ob hoch oder niedrig, blieb es weiter heilige Pflicht, für das fromme Werk der Barfüßer einen angemessenen Beitrag zu leisten. Wer damals schon Bücher besaß, oder gar eine Bibliothek, der hatte auch sicher ein paar spannende Memoiren in Form irgendeiner „Wahrhafft: und Eigentlichen Beschreibung der von dem Türckischen Erb-Feind grausamb erlitten: sehr langwierig: und schmertzlich ist aussgestandenen Gefängnuss . . .". So nennt sich zum Beispiel die „Relation" des „Wohlgebohrnen Herrn Claudi Angeli de Martelli". Sein Bericht wurde 1689 in Wien gedruckt.[3]

Die Türken hatten den Kürassierrittmeister 1683 beim Vormarsch auf Wien verwundet gefangengenommen. Er erzählt lebendig, farbig, ein wenig erfüllt vom Selbstmitleid, sehr dramatisch und in bezug auf seine Person auch nicht immer bescheiden. Seine Beschreibungen der ersten Tage, als er mit anderen Gefangenen vor dem belagerten Wien herumgetrieben wurde, vermitteln dennoch ein sehr unmittelbares, bedrückendes Bild von dem, was man unter „Türkennot" zu verstehen hatte und was auch hundert Jahre nach diesem Geschehen für die Österreicher noch immer ein konkretes Furchtgefühl war, wie heute Atomangst, wie Krebsangst oder die Russenfurcht gegen Ende des Zweiten Weltkrieges. Rittmeister Martelli:

„Es ware nichts als Gewimmel und getümmel, Trumel und Pfeiffen, die Erde bewegt und erschütterte sich in so anzahligen Anmarchiren diser unbeschreiblich gross Ottomanischen Macht, nirgends war ein End zusehen, alle Märckt und Dörffer, Schlösser ja sogar die Felder stunden in völligen Brandt, nichts als Ach und Wehe! Rauch und Feuer, Angst und Noth gleich der jüngste Tag wäre im Land, von allen Orth und Enden sahe man abermahlen gleich einer halben Armee Gefangene eintreiben . . .". Ein blutigrotes Kriegsgemälde, in Ketten wird Martelli in Richtung Wien getrieben, von Zeit zu Zeit unterzieht man ihn einem Verhör, immer neue Gefangene stoßen zu der Elendskolonne, die Wächter, rot gekleidete Bosniaken, schlagen zu, wann immer sie Lust verspüren: „. . . bey den letzten Hauss auff der Widen, unweit der RR.PP.Paulaner Closter auff der Strass nacher Laxenburg . . . allda schluegen sie vier Pfällen in die Erden, wurffen mich gleich einen unvernünftigen Viech darnider auff den Rucken, bindeten mir Händ und Füss mit einem überaus gross rossharinen Strick Creutzweiss voreinander, alsogleich waren drey hauptsächliche Dolmetscher da, die ihren gottlosen Vermelden nach, schon mehr als 20 Jahr Türcken wären, einer von Langenloiss, der andere von Retz, der dritte von Wolckerstorff auss Unter-Österreich gebürtig, dise deuteten mir an, der Statt-Beschaffenheit: vor allem aber wo die verborgene Schätze sambt dem Geld zugekommen, an Tage zugeben, ich aber schye layder vor Schmerzen, nichts als Ach und Wehe! wüttendr und tobendt gleich Unsinnigen ergriffen sie stärker mit Vermelden, wofern nit bekennen wurde, mich in Stucken zuzerreissen . . .". Und weil er den Renegaten aus Niederösterreich keine konkreten Angaben über die verborgenen Schätze Wiens machen will und kann, muß der Rittmeister die ganze Nacht auf der Wieden in der Nähe des Paulanerklosters zwischen den vier Pfählen „aussgespanter am harten Boden auff den blossen Rucken ligend" verbringen. Und am nächsten Tag erlebt er, wie die Türken Kinder vergewaltigten, Mädchen und Buben („Wunder ja über Wunder ware es, dass der gerechte Gott über diss ihr verflucht verübtes Verfahren nit erzürnet mit Hagel, Donner und Blitz vom Himmel darein geschlagen"). Voll Abscheu beobachtet Martelli dann auch, wie die Türken in den Kirchen wüten: „Die Crucifix-Bilder verspeyendt verwerffeten sie, die zu Wandlung dess vor das Menschliche Geschlecht im hochheiligen Mess-Opfer zart-kostbarlichsten Bluts Christi destinirte Kelch brauchten sie Caffe zutrincken, auff der Paten schniden sie denselben, mit denen Almben und Paramenten bekleydet lauffeten sie gleich denen Unsinnigen umbher, spottendt mit einem Wort aller zu dem heiligen Opffer dess Hochwürdigste Altar Sacraments gehörigen Mess-Kleydern, hier lage ein Missal, dort ein Stollen, da ein Manipul zur Erden, dort wurde ein Chor-Rock umbher gezogen, da sahe man eines heiligen Bildnuss die Augen zerkratzet, zerschnitten und aussgestochen . . ."

Dieses Entsetzen ob des gottlosen Treibens ist mehr als nur Aufregung über eine Kirchenschändung. Immerhin wurden die meisten Kriege im 17. Jahrhundert trotz der damit verbundenen Großmachtinteressen vor allem um der Religion willen geführt. Und wenn die Kaiserlichen gegen die Türken fochten und die Türken gegen die Kaiserlichen, so waren beide Seiten davon überzeugt, daß der Feind wegen seines falschen Glaubens ein Abonnement auf einen Platz in der Hölle habe.

Für die Wiener war auch nach dem Sieg von 1683 die Vorstellung, von den Türken in Glaubenszwang genommen zu werden, noch sehr wirklichkeitsnahe. Erst langsam erholten sie sich von dem Alptraum eines türkischen Wiens: der Stephansdom mit einem zum Himmel weisenden Halbmond auf seiner Spitze, als Zeichen dafür, daß dieses Gotteshaus nun Moschee genannt wird, in der Burg sitzt der Pascha von Wien, und alle schwankenden Seelen beeilen sich, den neuen Glauben anzunehmen und einen Turban aufzusetzen. So absurd waren diese Phantasiegebilde gar nicht. Man hatte ja das Beispiel Ofens vor sich, dieser einst so christlichen Stadt mit ihren prächtigen Kirchen und der Residenz der ungarischen Könige. Fast 150 Jahre lang hat von dort aus ein Pascha die Geschicke eines Zweidrittel-Ungarns gelenkt. Und der Stich des Matthäus Merian um 1640 mit dem türkischen Ofen und seinen Moscheen lieferte Anregungen, sich auch eine türkische Silhouette Wiens auszumalen.

Als dann alles vorbei und der große Druck gewichen war, reagierten sich die Wiener und Österreicher in einer wahren Turkomanie ab – alles Türkische war „in", und jeder höhere Herr mußte zumindest einen Türken zur Verzierung seines Hausstaates besitzen – der kleine Mohrenbub im „Rosenkavalier" gehört zur normalen Staffage adeliger Hofhaltung in der mariatheresianischen Zeit. Beim Vormarsch durch Ungarn machte man Gefangene, verschenkte sie großzügig, verlieh sie, tauschte sie gegen christliche Gefangene aus, schaute, ob vielleicht Aussicht auf ein ordentliches Lösegeld bestand, oder nahm sie mit nach Hause. Der Beutetürke wurde zum Statussymbol. Auf dem Neuen Markt waren die Türken feil, und ein junger kräftiger Bursche kostete seine zwölf Taler. Und die Wiener kümmerten sich nicht nur um das körperliche Befinden ihrer Gefangenen, sondern auch um deren Seelenheil. Man glaubte, sich selbst einen besseren Platz im Himmel oder zumindest im Fegefeuer zu reservieren, wenn man einem Türken die Segnungen des christlichen Glaubens nahebrachte und ihn schließlich zur Taufe führte. In den Jahren nach der Belagerung Wiens wurden hier insgesamt 651 Türkentaufen vorgenommen, davon sind allein 433 in den Taufbüchern von St. Stephan verzeichnet.[4] Vom Kaiser über alle vornehmen Familien bis zu den verschiedensten Hofbediensteten und dem „gemeinen Volk" wetteiferten die guten Christen darin, sich ihren Schützlingen als Paten aufzudrängen und ihnen damit nicht nur den wahren Glauben, sondern oft auch eine gewisse gesellschaftliche Stellung zu vermitteln. So eine Türkentaufe konnte manchmal eine prunkvolle, symbolträchtige barocke Schau sein. Franz Christoph Khevenhüller hat eine Türkentaufe überliefert, die allerdings bereits 1629 stattgefunden hat. Feldmarschall Graf Michael Adolf Althan führte in St. Stephan einen dem türkischen Gesandten entlaufenen Mohren der rechten Kirche zu, und dort wurde die Menge unter Assistenz der Stadtgarde und einiger höherer Offiziere Augenzeugin der Wandlung einer schwarzen Mohrenseele in eine engelsweiße Christengestalt: „Als sie zur Kirchen kommen, ist er daselbst mit unterschiedlichen Sprachen, als Türckhisch, Arabisch, Sclavonisch und Teutsch öffentlich vor dem Volcke gefragt worden, warum er kommen, und was sein Begehren? Darauff er in allen Sprachen laut geantwortet, daß er an Gott den Allmächtigen, und die heilige Dreyfaltigkeit glauben, getaufft werden, und ein Christ seyn will; dessen zum Zeichen hat er seinen Turbant vom Kopf gerissen, auff die Erden geworffen, die Mahometische Secte verflucht, vom schwarzen Ross herunter gestiegen, auf die Erden vor dem H. Chor-Meister nieder auf seine Knie gefallen, und mit aufgehobenen Händen drey mahl um die heil. Tauffe gebeten, welches ihm verwilliget, und darauff mit gewöhnlichen uralten Ceremonien fortgefahren, getaufft, und Balthasar genennet worden. Nachdem hat er den Mohrischen Habit abgezogen, an dessen Statt ihm ein Teutscher Mantel und Huth gegeben, vor der Kirchen auf ein anderes schönes weiß geziertes Roß gesetzes und mit stattlichem Comitif in der Statt herum, und wieder in gemeldete Herrn Stadt-Obristen Behausung geführet worden . . ."[5]

Dieses Spektakel verrät auch ein wenig das Wunschdenken, der Türkengefahr durch ein Taufwunder beikommen zu können. Schon am Hofe Friedrichs III. wurde der übergelaufene Bruder des Sultans, Otman Kalixt, gemeinsam mit dem jungen

Maximilian erzogen. Er sollte das Rüstzeug dafür erhalten, einmal als christlicher Herr über ein bekehrtes Osmanenreich zu herrschen. Auch am päpstlichen Hof „hielt" man sich aus ähnlichen Gründen eine Zeitlang einen türkischen Prinzen. Nach dem Schwinden der ärgsten Bedrohung gehörten die Türkentaufen jedoch eher zum Triumphgebaren der Sieger, die den militärischen Erfolg auf diese Weise religiös verbrämten. Die Tatsache, daß ungleich mehr Christen aus Karrieregründen den mohammedanischen Glauben angenommen hatten, ließ sich dadurch leichter verdrängen. Und jeder Tropfen Weihwasser auf ein Türkenhaupt war Balsam auf die Wunden, die die osmanische Angriffswucht den Österreichern, den Habsburgern und dem Reich geschlagen hatten.

Wenn österreichische Gesandte nach Stambul reisten, kam es ihnen kaum in den Sinn, diese Stadt auf ihre strategischen Schwächen zu prüfen und sie mit Eroberereraugen zu betrachten. Ganz anders die Türken. Obwohl die Gesandtschaft 1665 nach der Niederlage von St. Gotthard-Mogersdorf die Stadt des Kaisers besuchte, wird der kurios-farbige, phantasievoll-wirkliche Reisebericht des wortgewaltigen türkischen Globetrotters Evliyâ Celebi zur Bestandaufnahme eines künftigen Siegers. Sicher, Evliyâs berühmter Reiseführer schweift manchmal so weit von der Wahrheit ab, daß man diese Art der Weltbeschreibung am besten unter dem Begriff „phantastischer Realismus" einordnet. Aber selbst wenn er dem Stephansdom Wunder über Wunder andichtete, so taxierte er diese höchste Kirche der Wiener doch schon mit dem Röntgenblick eines künftigen Besitzers:

„Auf der rechten Seite ragt ein gigantischer Turm empor, der auf der ganzen bewohnten Erde nicht seinesgleichen hat. Auch wenn sämtliche großen Baumeister der Welt heute sich zusammen an die Arbeit machen, sie könnten keinen ähnlichen Turm errichten. Dieser wunderbare Bau erweckt zwar den Eindruck, als sei er aus schwarzem Stein ausgeführt; es ist aber nicht Stein, sondern eine gipsähnliche Masse, die man kunstvoll geformt und dann erstarren hat lassen. Tatsächlich habe ich Geringer, obwohl ich den Turm ganz genau angesehen und geprüft habe, nirgendwo eine Fuge gesehen, wo etwa die Steine zusammengefügt worden wären. In diesem Turme befindet sich die größte aller Kirchenglocken. Ihr Körper hat die Größe der Kuppel eines Badehauses, ihr Schwengel die eines Pferderumpfes. Wenn diese Glocke zwölf Uhr schlägt, ist ihr Schall auf eine Strecke von zwei Tagreisen hin zu hören. Geläutet wird diese Glocke auf 40 bis 50 verschiedene Arten. So haben sie ein eigenes Glockenzeichen für den Fall, daß Tataren kommen und die Stadt überfallen wollen . . . Und auf der höchsten Spitze dieses Turmes ist eine massive goldene Kugel aus zwei Zentnern puren Goldes befestigt . . .", laut Evliyâ ein Präsent Sultan Suleymans bei der ersten Türkenbelagerung Wiens im Jahre 1529: „Und er sprach: ‚Eines Tages wird dieser Turm ja doch ein Minare für den muhammedanischen Gebetsruf an einem Gotteshaus der Muslims sein. Also soll er auch mein Wahrzeichen tragen!' Und so ließ Suleyman vor den Mauern der Festung die oben erwähnte Goldkugel anfertigen und schickte sie dann dem König hinein. Der irrgläubige König wiederum ließ noch in der nämlichen Nacht die goldene Kugel auf der höchsten Spitze dieses Kirchturmes anbringen, und seither heißt die Festung Wien eben wegen dieser goldenen Kugel ‚Der Goldene Apfel von Deutschland und Ungarn'. Später aber, als Sultan Suleyman die Belagerung der Festung aufgehoben hatte und abgezogen war, ließ König Ferdinand über dieser Goldkugel, dem Goldapfel Sultan Suleymans, einen goldenen Mond und

191

eine Sonne aus Silber aufpflanzen …" Und Evliyâ wettert auch noch über das Kreuz, das später angeblich als Wetterfahne die Kugel bekrönte. Und 18 Jahre bevor Kara Mustafa seine Armee vor die Mauern Wiens führte, prophezeit er bereits ein solches Unternehmen: „Möge Allah der Allerhabene gewähren, daß er (der Turm) dereinst zu einem Minare umgewandelt wird und daß von ihm dereinst der muhammedanische Gebetsruf erschallt – Amen!"[6]

Dichterisches Turmblasen als Kreuzzugsanruf – oder besser als Einladung zu einem „Halbmondszug". Für das unheilige Geschäft des Kriegführens war man schon immer nur allzu schnell mit „heiligen" Begründungen bei der Hand, damals, und schon viele Jahrhunderte früher, und heute … Der muntere Wien-Reporter füttert seine Landsleute jedoch nicht nur mit kirchlich-religiösen Informationen. Er versorgt sie auch mit genauen Angaben über die Festung Wien, über ihre Tore, ihre Maße und die Stärke ihrer Mauern. Dabei dürfte ihn sein Dichtertalent weniger beflügelt haben als bei seinem Fabulieren über die Bekrönung der Turmspitze. Die goldene Kugel befand sich schon vor Suleyman auf dem „Steffl", als Knauf des Turmkreuzes. Und der liegende Halbmond und die Sonne darüber galten im Mittelalter als Symbole für weltliche und geistliche Macht. Noch bevor die Türken davon schwärmten, den Dom unter den Halbmond des Islam zu stellen, hatten die Wiener Bürger um 1515 dieses Zeichen auf der Spitze montiert. Dennoch stimmt der Titel dieses Kapitels „Kein Halbmond am Stephansdom". Am 15. Juli 1686, dem Jahr der Befreiung Ofens, wurde der „Mondschein" vom Turm geholt und im Bürgerlichen Zeughaus Am Hof deponiert. Heute kann man die Turmzier im Historischen Museum der Stadt Wien bewundern, auf dem „Steffl" aber horstet der Doppeladler.

Der „Goldene Apfel", den Evliyâ besingt, spukte jedoch immer in den Köpfen türkischer Herrscher und Großwesire, wenn sie neue Europapläne wälzten. Denn dieser Reichsapfel gemahnte sie daran, daß der Padischah nicht der einzige Herr der Welt war, daß da noch ein Kaiser im Westen thronte, den es zu entmachten galt. Der „Goldene Apfel", das ist das Heimweh nach der den Osmanen verheißenen Weltherrschaft. Und nach dem Fall Konstantinopels, dem Fall Belgrads und dem Fall Ofens rückte Wien und damit das Ziel dieses Imperialismus immer näher. Der größte ihrer Sultane, Suleyman, wurde im Herbst 1529 am Höhepunkt seiner Stärke und Macht durch einen verfrühten Wintereinbruch zum Aufheben der Belagerung Wiens gezwungen. Der „Goldene Apfel" und Wien hatten sich im Denken des Großherrn jedoch wie eine fixe Idee festgesetzt. Erst recht, nachdem er bereits den Turm von St. Stephan mit eigenen Augen gesehen hatte und die Burg in Reichweite seiner Kanonen gelegen war. Der nächste Wien-Zug 1532 sollte durch eine „Säuberung" Ungarns eingeleitet werden. Suleyman wollte alle noch in christlichen Händen befindliche Burgen entlang seiner Marschroute einnehmen. Er gelangte bis Güns an der steirischen Grenze – und biß sich dort fest. Weil die Mauern der Festung und der Wille der Verteidiger trotz aller „Pracht" Suleymans nicht gebrochen werden konnte, verlor er zuviel Zeit, um seine Armee noch gegen Wien zu führen. Enttäuscht richtete der Sultan seine Wut gegen die nähere Steiermark. „Bei Tage ward der Spiegel der Sonne von dem Rauche flammender Kirchen verfinstert und mit Schleier überzogen, bei Nacht verlor der helle Mond Licht und Glanz vor den Strahlen der Mordfackeln der Heere des Islams", schwelgte ein osmanischer Kriegsberichter. „Von allen mit Glocken und Kreuzen gezierten Kirchen und Klöstern des Landes blieb keine Spur

# ALS ADAM GRUB
# UND EVA SPANN

195 Die „Bauernschanze" bei Straßwalchen. Hier hatten im großen oberösterreichischen Bauernaufstand von 1625/26 die Rebellen ein festes Lager bezogen. Heute noch sind die Erdbewegungen deutlich sichtbar.

196 Originaltracht (Festtagsgewand) einer oberösterreichischen Bäuerin zur Zeit der Bauernkriege, um 1625. Sammlungen des Stiftes Kremsmünster.

197 Schloß Greillenstein im Waldviertel, Herrschaftskanzlei mit Registratur, 18. Jh. Die Grafen von Kuefstein als Grundherrschaft „besaßen" 14 Gemeinden; der Grundherr war auf seinem Besitz letzte administrative und gerichtliche Instanz. Auf dem Bild sichtbar ist ein Schrank mit Strafakten („Criminal-Fascickeln"), ein anderer mit Grundbuch-(„Catastral"-) und Steuerakten mit verschiedenen Arten direkter oder indirekter Steuern (Kopf- bzw. Klassensteuer, Umsatzsteuer, Gewerbesteuer). Auch Feuerversicherung gab es bereits.
Die Kanzlei und der ebenfalls in Originalzustand erhaltene Gerichtssaal samt Archiv vermitteln ein anschauliches Bild, wie ein ländliches Herrschaftsanwesen bis 1848, dem Jahr der Aufhebung der Grunduntertänigkeit, funktionierte.

198 Die Waffen der Aufständischen im oberösterreichischen Bauernkrieg: die sprichwörtlichen Sensen und Dreschflegel, Morgensterne und selbstgefertigte primitive Streitkeulen. Anfangs verfügten die Bauern über keine Handfeuerwaffen, deren Besitz vom Grundherrn streng verboten war. Sie mußten sich diese beim Feind selbst holen.
Linz, Schloßmuseum.

199 Stefan Fadinger, der Führer der aufständischen Bauern, der bei der Belagerung von Linz im Juni 1626 den Tod fand. Unbekannter zeitgenössischer Maler.
Linz, Schloßmuseum.

200 Gedenkstein auf die Toten des Blutgerichts auf dem Haushamerfeld vom Mai 1625.

201 Der „Bauernhügel" von Pinsdorf bei Gmunden. Hier kam es im November 1626 zur letzten, blutigsten Schlacht des Krieges. Bayerische Truppen unter General Graf Pappenheim („die Pappenheimer") standen gegen 6000 Bauern, die Gmunden belagerten. Auf dem Schlachtfeld blieben 2000 tote Rebellen; sie wurden auf einen Haufen geschichtet und mit Erde überdeckt. Zum Dank für den Sieg hängte Pappenheim sein Schwert in der Pfarrkirche Gmunden auf.

202 Der Sandwirt in St. Leonhard im Passeier, Geburts- und Wohnhaus von Andreas Hofer, dem Führer des Tiroler Freiheitskampfes gegen Bayern und Franzosen im Jahre 1809.

203 Bergbauernhof im Passeier.

204 Heute hat der Bauer den Anschluß an das technische Zeitalter gefunden. Mit immer geringerem Personalaufwand bestellt er unter Einsatz von immer perfekter werdenden Maschinen und Gerätschaften seinen Boden. Unser Bild: Mähdrescher im fruchtbaren Flachland Niederösterreichs.

197

# LOBET DEN HERRN

207    Wien, Stephansdom. Spätgotische Pfeilerfiguren.

208    Lambach, Oberösterreich, Stiftskirche Mariä Himmelfahrt. Aus der ältesten Bauperiode des 1056 gegründeten
209    Benediktinerstiftes stammen die Fresken im Gewölbe und an den Wänden des Westwerks der Kirche. Unser Bild:
Christus heilt die Besessenen (um 1080).

210    Admont, Bibliothek. Bei dem verheerenden Brand, der 1865 fast die gesamten Baulichkeiten des Benediktinerstiftes
211    vernichtete, blieb wie durch ein Wunder die Bibliothek, einer der schönsten Innenräume des österreichischen Barock,
unversehrt. Gegenüber der gemessenen Erhabenheit von St. Florian strömt die Admonter Bibliothek heitere Leichtigkeit
aus, die aber nie in Verspieltheit verflacht. 1774 vollendet, ist sie unter den großen österreichischen Bibliotheken – Melk,
Kremsmünster, Klosterneuburg – die jüngste.

212    St. Florian, Marmorsaal.
213    In dem wahren Baufieber, das zu Beginn des 17. Jhs. über Österreich hereinbrach, wurde innerhalb weniger Jahrzehnte
das uns heute vertraute architektonische Antlitz unserer Heimat geprägt.
Unter den Meisterleistungen des österreichischen Barock nehmen die gewaltigen Klosterbauten einen gewichtigen Platz
ein, Zeugen für die Macht und Herrlichkeit der Kirche.
Beim Neubau des 1079 gegründeten Augustiner-Chorherrenstiftes St. Florian bei Linz schuf Jakob Prandtauer 1718–1724
den Marmorsaal in seiner klassischen Formenstrenge.

214    Seckau, Engelkapelle. An die große Tradition der geistlichen Bauherren des 18. Jhs. schloß 1952 das Augustiner-Chorher-
215    renstift an, als es Herbert Boeckl den Auftrag erteilte, die Engelkapelle mit den kühnen Fresken über die Apokalypse
auszugestalten. Mit dem 1960 vollendeten Werk besitzt Seckau heute eine der bedeutendsten Schöpfungen zeitgenössischer sakraler Kunst.

216    Blick in die Kuppel des Salzburger Doms. Der 1628 vollendete Dom, der erste rein italienische Kirchenbau diesseits der
Alpen, war bestimmend für die weitere Entwicklung des sakralen Baustils im süddeutschen Raum. Im Zweiten Weltkrieg
durch Bombentreffer zerstört, wurde die mächtige, 65 m hohe Kuppel nach Kriegsende wiederhergestellt.

217    Melk. Unter all den großartigen Bauvorhaben des Barock in Österreich gehört das beherrschend auf einer Felsnase über
der Donau thronende Benediktinerstift zu den wenigen, bei denen das ursprüngliche Konzept vollständig realisiert
wurde. Jakob Prandtauers und Joseph Munggenasts Meisterwerk zählt zu den bedeutendsten Schöpfungen barocker
Kunst überhaupt.

218    Wallfahrtskirche Mariazell, Gnadenaltar. Gegründet im 12. Jh. als eine „Zelle", eine Klosterniederlassung des
Benediktinerstifts St. Lambrecht, wurde Mariazell Mittelpunkt der Marienverehrung und einer einer der bedeutendsten
Wallfahrtsorte Europas. In der Gegenreformation spielten handfeste politische Erwägungen mit, um es zum
österreichischen Nationalheiligtum zu erheben. Mittelpunkt des hochbarocken Altars ist das Gnadenbild, die Magna
Mater Austriae, eine spätgotische Holzplastik, die traditionsgemäß in (barocke) Kleider gewandet ist.

# BEIM GENIUS AUF BESUCH

221

# IM KRAFTFELD DER POLITIK

233 Wien, Ballhausplatz 2. Als Geheime Hofkanzlei erbaut 1719 von Johann Lukas von Hildebrandt, heute Sitz des Bundeskanzleramts. Von hier aus wird seit den Tagen des Fürsten Kaunitz die österreichische Außenpolitik gemacht. Der „Ballhausplatz" wurde zu einem Begriff wie der Quai d'Orsay für Frankreich oder die Downing Street für England.

234 Staatsdiner am Ballhausplatz. Auch das republikanische Österreich speist bei repräsentativen Anlässen vom Tafelgeschirr des abgedankten Herrscherhauses.

235 Der Kongreßsaal im Ballhausplatzgebäude. Hier versammelte Metternich 1814/15 die Großen Europas um einen Tisch. Damals war österreichische Politik Weltpolitik.

236 Aus dem Hofkammerarchiv, Wien.

237 Das Haus-, Hof- und Staatsarchiv, Wien. Gegründet unter Maria Theresia, die die auf mehrere Orte verteilten Archivbestände in einem Geheimen Hausarchiv zusammenfassen ließ. Seit 1763 der Hof- und Staatskanzlei (dem späteren Außenministerium) unterstellt und in der Hofburg untergebracht. Um 1900 wurde hinter dem Ballhausplatz ein neues Archivgebäude gebaut, von dessen elf Geschossen sieben unter dem Straßenniveau liegen.
Während im Hofkammerarchiv die Akten der Kronlande verwahrt werden, umfaßt das Haus-, Hof- und Staatsarchiv Archive vom Reich, Herrscherhaus und Hof, ferner die diplomatischen Akten und die Gesandtschaftsberichte.

238 Aus der Urkundensammlung des Haus-, Hof- und Staatsarchivs:
239 Linke Seite, oben links: Kaiser Karl VI. belehnt Herzog Franz Stefan von Lothringen mit dem Großherzogtum Toscana. Wien, Januar 1737. Originalpergament mit Wappensiegel des Kaisers in Messingkapsel.
Linke Seite, Mitte: Der Einband des Dokuments.
Linke Seite, oben rechts: Seite aus der Vidimierung des Privilegium Maius (siehe Seite 121), 1512. In der Randleiste Porträts von Habsburgerherrschern.
Linke Seite, unten: Brief Sultan Suleymans II. an König Ferdinand I. Aleppo, 3. März 1554. Originalpapier mit blaugoldener Tughra (= Paraphe) des Sultans.
Rechte Seite, oben: Original (= Unterhändlerinstrument) des Westfälischen Friedens zwischen Kaiser, Reich und Schweden mit den Unterschriften u. a. des schwedischen Bevollmächtigten Oxenstierna und des kaiserlichen Bevollmächtigten Lamberg. Osnabrück, 24. Oktober 1648. Originalpapier mit den Lacksiegeln aller unterzeichneten Bevollmächtigten.
Rechte Seite, unten: Ratifikation des Westfälischen Friedens durch den zehnjährigen Ludwig XIV. von Frankreich. Paris, 26. November 1648. Da Ludwig XIV. noch unmündig ist, unterzeichnet zusätzlich seine Mutter, die Regentin Anne d'Autriche, eine spanische Habsburgerin. Originalpergament mit Siegel in goldener Spiegelkapsel.

240 Der Heldenplatz.
241 Nach den Plänen Gottfried Sempers sollte er zum Mittelpunkt des gewaltigen Kaiserforums werden, das die Hofburg und die beiden Hofmuseen umfassen sollte. Es blieb unvollendet; nur ein Flügel der „Neuen Hofburg" wurde errichtet (1881–1913).
Links: Blick auf das Denkmal des Prinzen Eugen von Anton Fernkorn (1860–1865), im Hintergrund das Rathaus, erbaut 1872–1883 von Friedrich Schmidt.
Rechts: Die Front der Neuen Hofburg mit dem Balkon, von dem aus am 15. März 1938 Adolf Hitler „vor der Geschichte" den Eintritt Österreichs in das Deutsche Reich verkündete.

242 Mauthausen.
243 In dem kleinen Ort an der Donau, nahe bei Enns, errichteten die neuen Machthaber eines der größten Konzentrationslager Deutschlands. Hier starben 1938–1945 38.000 Menschen.
Links: Die Gaskammer. Nach 1945 ließen manche Hinterbliebene Votivtafeln für die Opfer anbringen.
Rechts: Die Todestreppe.

244 Unzerstörbares Mahnmal des Krieges: Flakturm im Augarten, Wien.

# AUFBRUCH INS HEUTE

247    Der Berg, der Eisen wachsen ließ.

Der steirische Erzberg von der Präbichlstraße aus. Schon die Römer bauten hier im 3. Jh. im Tagbau den Spateisenstein ab. Bis 1640 geschah dies ohne Zuhilfenahme von Geräten nur mit Schlägel und Eisen. Das gewonnene Erz wurde zu Roheisen verhüttet. Seit dem 14. Jh. war die Gewinnung und der Vertrieb des Eisens durch die Eberhöhe (Präbichl) geschieden. Was südlich dieser Grenzscheide gewonnen wurde, ging nach Vordernberg, was nördlich, nach „Innerberg" mit dem Hauptumschlagplatz Steyr. Eisenindustrie und Eisenhandel regten frühkapitalistische Unternehmensformen an. 1439 wurde in Leoben die erste österreichische Aktiengesellschaft, eine Eisenhandlung, gegründet; 1625 die Innerberger Hauptgewerkschaft in Steyr, 1626 die Vordernberger Radmeisterkommunität.

248    In den Hammerwerken des Ybbs- und oberen Erlauftales, der „Eisenwurzen", wurde das Innerberger Eisen verarbeitet. Die Kleineisenindustrie, deren Hauptort Waidhofen a. d. Ybbs war, florierte bis ins 19. Jh.

Oben links: Kienberg (Eisenwurzen). Werksschuppen einer Werkzeugfabrik, Anfang des 19. Jhs. mit pyramidenförmiger Esse, Hochofen und altem Werkkanal.

Oben rechts: Kienberg. Werkshalle aus der Mitte des 19. Jhs. mit Doppelgiebelaufbau. In der Mitte ein gußeiserner Doppeladler.

Unten links: Vordernberg. Radwerk 10. Vordernberg lieferte Eisen nach Ungarn und über Venedig bis in die Levante. Im 17. Jh. gab es hier 14 Radwerke. Bis 1806 war der Markt Sitz des Oberbergamts und des Berggerichts für Innerösterreich. Die 1840 gegründete Montanlehranstalt, 1861 zur Bergakademie erhoben, war die Vorgängerin der Montanistischen Hochschule von Leoben. Mit dem Bau der Erzbergbahn verlor Vordernberg seine Bedeutung als Industrieort; die Produktion übersiedelte nach Donauwitz. 1922 wurde der letzte Hochofen ausgeblasen. Von den 14 Radwerken, die im 17. Jh. in Vordernberg in Betrieb waren, stehen die meisten noch.

Unten rechts: Vordernberg. Radwerk 4, erbaut 1846, ist heute Museum. Rechts vorne Radwerk 3 mit dem ältesten Gebläse mit Dampfantrieb.

249    Oben: Teesdorf, NÖ., Weberei. Im frühen 19. Jh. gegründet, war der Betrieb lange im Besitz der Familie des großen Schriftstellers Hermann Broch. Das jetzige Fabriksgebäude wurde 1908 erbaut.

Unten: Ebreichsdorf, NÖ. Die ehemals Langsche Kattunfabrik, eine der frühen Manufakturgründungen unter Kaiser Josef II. Im Haupttrakt der schloßähnlichen Anlage waren die Wohnräume des Besitzers, in den Seitentrakten die Betriebsräumlichkeiten untergebracht.

250    Linz, Hochöfen der VÖEST.

252    Gemeindebauten der zwanziger Jahre in Wien.

253    Die in den zehn Jahren nach dem Ersten Weltkrieg errichteten öffentlichen Wohnbauten der Gemeinde Wien hatten in Konzeption und Ausführung nichts ihresgleichen.

Links oben: Karl-Marx-Hof, Wien 19, Heiligenstadt. Erbaut 1927–1930, Architekt Karl Ehn. Mit 1325 Wohnungen war es zu seiner Zeit die größte Wohnanlage der Welt. Monumentale Türme und Torbögen lockern die über 1,2 km lange Front der Wohnanlage auf.

Links unten: Wohnanlage Albertgasse 13, Wien 8. Erbaut 1924/25, Architekt Poppovic. Blick in die Arkadenhalle, Blättersäulen mit Keramikdekor.

Rechts: Reumann-Hof, Wien 5, Margaretengürtel. Erbaut 1924, Architekt Hugo Gessner. Platzbildung durch zurückgesetzten Haupttrakt, unterstrichen durch Eingangspavillon.

254    UNO-City, Wien 21. Baubeginn 1973, Architekt Johann Staber.

übrig als ein langer Streifen von Rauch, der sich als Säule in die Luft hob; der Qualm des Feuers der Rechtgläubigen verfinsterte mit Wolken die Sonne . . ." Und Suleymans Sklaventreiber verschleppten damals etwa 30.000 Christen aus der Steiermark, aus Ungarn und aus Kroatien.[7]

Dieser „Zwangsimport" hatte jedoch eine gewisse „Austrifizierung" des Sultanshofes zur Folge. Edelleute aus der Steiermark, die in jenen Jahren mit Gesandtschaften in die Türkei gelangten, trafen dort eine imponierende steirische Kolonie: der Obereunuch im Harem des Sultans stammte aus dem steirischen Geschlecht der Welser, für die leibliche Versorgung der Damen des Großherrn war der ehemalige Grazer Uhrmacher Oswald Kaiser zuständig, ein Laibacher hatte es zu einer türkischen Prinzessin als Frau und zum Rang eines Wesirs gebracht. Der Truchseß Mehmut war Grazer. Und auch der 1579 zum Großwesir erhobene ehemalige Begler-Beg von Rumelien, Achmed, der das Herz der Lieblingstochter Suleymans gewonnen hatte, soll in Graz geboren sein.[8]

Wie die Türken immer wieder für eine Blutauffrischung aus Europa sorgten und Renegaten die Türen zu den glänzendsten Laufbahnen öffneten, so strebten sie jedoch weiter nach Wien. Zwischen den beiden Türkenbelagerungen liegen mehr als 150 Jahre. Dennoch vergeht in diesem Zeitraum kaum eine Dekade, in der nicht ein Sultan oder ein Großwesir über den Plänen eines Marsches auf Wien gebrütet hätte. Der letzte Feldzug Suleymans endete 1566 nicht weit von Mohàcs vor der südungarischen Festung Sziget-var. Noch bevor die von Nikolaus Zriny verteidigte Burg fiel, starb der größte osmanische Herrscher der neueren Zeit. Auch das Heer, das 100 Jahre später bei St. Gotthard geschlagen wurde, wollte nach Wien. Das Belagerungsheer Kara Mustafas stellte sich als Kampfpreis jenes Wunder-Wien vor, das der Fabulierer Evliyâ in so glänzenden Farben gemalt hat. Dieser Baedeker-Poet läßt den Stephansdom in einem Feuerwerk von bildhaften Vergleichen erstrahlen, und die Straßen Wiens sind für ihn so spiegelblank gefegt, „daß man von ihnen ruhig Honig auflecken könnte, der etwa ausgeschüttet worden ist". Am wirklichkeitsnächsten muten des Türken Beobachtungen in den Heurigengefilden der Umgebung Wiens an: „Die ganze vornehme Lebewelt von Wien gibt sich in dieser Stadt und in ihren Weinbergen und Obstgärten durch Wochen und Monate dem Wohlleben und Vergnügen hin. Vom Genusse des Rebensaftes und des Branntweines erhitzt, sinkt man da einander in die Arme und weiß die Freuden eines verschwiegenen Winkel, auszukosten. Es gedeiht ja dort infolge der Milde des Klimas ein Menschenschlag von weitberühmter Schönheit. Übrigens schließen sich dort die Mannsbilder und die Frauenzimmer voneinander nicht ab; selbst mit uns Türken saßen dort die Weiber bei Wein und Unterhaltung zusammen, ohne daß ihre Männer deswegen auch nur ein Wort verloren . . ."[9]

Ähnlich kühn urteilen auch christliche Reisende über orientalische Sitten. Aber man kannte einander, und ob nun Krieg oder Frieden herrschte, die Berührung zwischen den beiden Kulturen blieb, und allen religiösen Unterschieden zum Trotz beeinflußten sie einander. Die Begegnung fand ja nicht nur im Krieg statt. Die Bewohner der Hauptstädte hatten zumindest einmal in ihrem Leben dem monumentalen Schauspiel des Einzuges einer Großbotschaft als staunendes Publikum beigewohnt. In einer Art wandelnder Nationalausstellung mit Zirkusprogramm, Leistungsschau, Reichtumsgeprotze, Militärdemonstration und einem kräftigen Schuß eindeutiger politischer und religiöser Propaganda produzierten sich die Gesandten in Stambul und Wien stellvertretend für den Kaiser und den Sultan, als ob von der Glorie ihres Auftretens das künftige Geschick der beiden Reiche abhinge. Ähnliche ideologische Showbusineßaktivitäten werden heute entfaltet, wenn im Zuge einer Entspannungsgeste Sowjets und Amerikaner durch gegenseitige Mustermessen im Lande des anderen die Gelegenheit zu einer aufwendigen Selbstdarstellung wahrnehmen. Als Evliyâ seinen Botschafter 1665 begleitete, unterhielten die Türken die Wiener bei ihrem Einzug mit tollkühner Reiterakrobatik und exotischen Gaukelkunststücken. Fünfunddreißig Jahre später, am 31. Jänner 1700, nach dem Frieden von Karlowitz, der den osmanischen Eroberungsdrang in Richtung Mitteleuropa ein für allemal eindämmte, herrschte ein etwas gedämpfterer Ton. Für den Wiener Winter wurde dennoch genug orientalische Exotik geboten. Der Zug dieser 700 Mann starken Botschaft – dazu kamen neunhundert Pferde, Kamele und Maultiere – wurde vom Hofmarschall und vom Hofdolmetsch angeführt. Die Leibwachen der bosnischen „Tollkühnen" und der albanischen „Beherzten" eskortierten die vier Wagen mit den Geschenken für den Kaiser: ein Prunkzelt, einen mit 52 Diamanten gezierten Helmbusch, ein mit 531 Diamanten und 338 Rubinen besetztes Reitzeug, eine Goldkette, die vom Sattel bis zum Gebiß des Pferdes reichte, ein goldener Gurt und goldene Halfter, ein Paar goldene Steigbügel mit 128 Diamanten und 204 Rubinen eingelegt, eine gold- und perlenbestickte Sattelschabracke, ein rotsamtener, perlenbesetzter Sattel, dann noch so manch anderes Pferdezubehör, das mehr zum Glitzern und Gleißen war als zum wirklichen Gebrauch. Dazu die feinsten Stoffe aus Stambul, wobei zehn Stück Wollzeug für Turbane wohl besonderen Anklang gefunden haben müssen, auch die neben vier großen Persern dargebrachten 15 turkmenischen Gebetsteppiche waren für einen christlichen Herrscher eine Art Wink mit dem Weberschiffchen. Weiters 15 prächtige arabische Pferde und zwei Leoparden an silbernen Ketten – der „König" aus dem Morgenland ließ sich nicht lumpen. Dieser Großzügigkeit und diesem Großtun entsprach auch der Auftritt seines Gesandten, des in Genua geborenen Ibrahim Pascha: vor ihm wurde die große rote Fahne hergetragen mit den ihm als Rangabzeichen zustehenden zwei Roßschweifen (der Wesir hat drei). Und weiter liest man dann in Joseph von Hammer-Purgstalls schöner und noch immer nicht übertroffenen „Geschichte des Osmanischen Reiches"[10]: „. . . die acht Leibpferde des Botschafters, jedes mit drei Schabracken, eine aus Goldstoff, eine aus Silberstoff und eine dritte aus Tigerfell, auf der rechten Seite des Sattels hing ein großes silbernes Schild, ein Streitkolben, Bogen und Köcher voll Pfeile; der Botschafter lag in einem türkischen mit rotem Tuche überzogenen Wagen von sechs Schimmeln gezogen, deren Mähnen und Schweife nach türkischem Geschmacke durch Henna rot gefärbt; vor dem Wagen sechs seiner Lakaien mit kurzen Hellebarden, zur Seite vier Jajabaschi, d. i. Janitscharenhauptleute, und vier Trabanten mit Schilden und Pfeile; hinter dem Wagen wurde sein Feldsessel von rotem Samt mit Gold gestickt, sein Turban mit grünem Tuche überdeckt, getragen; der Schwertträger und der Siegelbewahrer, der Schatzmeister und der erste Kammerdiener, und andere Hausoffiziere mit dem Zugehör ihrer Ämter, als: der Kannenträger mit Gießkanne und Becken, der Kaffeekoch mit der Kaffeekanne, der Oberbarbier mit Spiegel und Messer, der Wäschebewahrer mit Handtuch usw.; die Sänfte des Botschafters von zwei Pferden getragen, sechzig Janitscharen mit langen, schweren, zur Erde gesenkten Flinten, der Kiaja oder Hofmeister, und der Oberstkämmerer des Botschafters mit silbernem Stabe, der Diwan-Effendi und Imam, d. i. der Botschaftssekretär und Botschaftskaplan, drei Fahnen und die türkische Musik, in deren gellendes Schalmeien-, Zimbel-, Trompeten- und Paukengetön die große tatarische Heertrommel mit dumpfem Schlag einscholl..." Ja, damals war die Diplomatie noch ein Ohren- und Augenschmaus, ein Spektakel, das die Massen auf die Straße lockte, und der äußere Schein, der in diesem Gewerbe von solcher Wichtigkeit ist, erhellte sich hier zu östlichem Morgenglanz mit Pomp und einem für Europa damals noch neuen Tschinderassabum.

Was hatte ein kaiserlicher Botschafter diesem gezielten Aufplustern der Türken entgegenzusetzen? Der Reichshofkriegspräsident Graf von Öttingen, der bereits bei den schwierigen Karlowitzer Friedensverhandlungen Erfahrungen im Umgang mit den Türken gesammelt hatte, war schon vier Monate früher durch Stambul paradiert. Hammer-Purgstall meint, daß sein Gefolge zwar weniger pompös war als das des Osmanen, dafür aber „strahlender durch glänzendere Namen. Nach den Kurieren, Handpferden, Pagen, Trompeten, Musikanten ritt der Leibarzt des Botschafters zwischen einem Apotheker und Wundarzt, die beiden Beichtväter Benediktiner, der Botschaftsmarschall, zwölf Edelleute, je drei und drei, mit der Standarte des Öttingischen Wappens, unter diesen Edelleuten der Ingenieur-Hauptmann Jacob von Rauschendorf und Wilhelm Ernest Schmid aus Anhalt-Zerbst, der Botschaftssecretär Macari und der Secretär der orientalischen Sprachen Lackowitz, und zwischen beiden Simpert, der Prälat der Botschaft, der Abt von Neresheim; fünfzehn Grafen Botschafts-Cavaliere, je drei und drei, zwischen den Grafen Kollonitz und Breuner der Sohn des Botschafters, die Leibstandarte aus Silberstoff tragend, auf deren einer Seite das Bild unserer lieben Frau zu Altötting, auf der anderen der Doppeladler mit dem ungarischen, böhmischen und österreichischen Wappen auf das reichste gestickt; die Grafen Dietrichstein, von der Lippe, Swirby, Sprinzenstein, L. Sinzendorf, Thun, Saurau, Kuefstein, Nostiz, die beiden Grafen Adolph und Carl Sinzendorf, und zwischen beiden Adolph August, der Herzog von Holstein, alle mit samtenen scharlachroten zobelverbrämten Hauben, in vielfarbigen samtenen Oberkleidern mit Unterkleidern aus Silber und Goldstück. Der Botschafter das Haupt mit hochrotsamtenem zobelausgeschlagenem ungarischem Kalpak bedeckt, mit schwarzem diamantenbesetztem Reiherbusch aus der kaiserlichen Schatzkammer entlehnt, das weite Oberkleid aus Goldstoff innen und auch von außen auf dem Rücken mit Zobel ausgeschlagen nach Art der Staatspelze des Sultans und der Großwesire, mit türkischem juwelenbesetztem Säbel, von 24 Lakaien umgeben, mit türkischen Hacken in der Hand. Außerhalb der 24 Lakaien gingen 24 Trabanten, denen zwei tafftene Fahnen vorangetragen wurden, die eine weiß und rot mit unserer lieben Frauen Bild von Altötting, die andere gelb und schwarz mit doppeltem Adler; des Botschafters Leibwagen mit karmesinrotem Samte gefüttert und sechs dänischen Pferden bespannt, zwei andere sechsspännige Wagen, und endlich der Wagenmeister zu Pferde..."[11] Diese österreichische Modenschau kokettierte ein wenig mit dem türkischen Geschmack und vermehrte dadurch den Effekt dieses wahrhaft majestätischen Einfahrens und Einreitens in Stambul. Das Marienbild auf den Fahnen der „Giaurs" muß das türkische Publikum jedoch echt schockiert haben – das Porträt einer unverschleierten Frau durch ihre Stadt zu tragen, das war nur ein weiterer Beweis für die „üblen Bräuche der Ungläubigen". Aber was mögen wohl die vielen christlichen Gefangenen oder Überläufer, die Zeugen dieses Schauspiels geworden waren, empfunden haben? Die Kaiserlichen taten damit vor allem ihr neues Selbstbewußtsein als Türkensieger kund. War doch der Friede von Karlowitz so etwas wie eine Wasserscheide. Die Völkerströme, die zweihundertfünfzig Jahre lang weite Teile Europas mit ihren Heermassen überspülten, flossen nun in eine andere Richtung. Und das Türkenproblem wurde in einem neuen Vokabular abgehandelt. Sosehr sich die Türken auch bemühten, sich in Wien noch einmal wie in alten, für sie besseren Zeiten zu geben, in Konstantinopel zogen die Sieger ein. Während die Türken den Niedergang ihres Reiches und den Verlust ihrer Vorrangstellung noch zu tarnen versuchten, repräsentierten Öttingen und seine adeligen Kavaliere eine neue Groß-macht: Österreich. Der große Historiker Oswald Redlich schreibt dazu: „Der Friede von Karlowitz beendete das schwere sechzehnjährige Ringen Österreichs und der Heiligen Liga mit der Macht der Osmanen. Die Hohe Pforte selber hatte wider das Haus Österreich den Krieg heraufbeschworen. Aber schon das erste Jahr 1683 brachte nicht bloß die siegreiche Abwehr der ärgsten Gefahr, sondern auch den Beginn einer erfolgreichen Offensive der christlichen Waffen . . . Und indem nun die rückeroberten weiten Länder Ungarns, Slavoniens und Siebenbürgens dem unmittelbaren Machtge-biete des Hauses Österreich eingegliedert wurden, erwuchs dieses in sich, und unabhängig davon, daß sein Herrscher auch die deutsche Kaiserkrone trug, zu einer Gesamtmacht eigener Existenz, zu einer neuen europäischen Großmacht. Die monar-chia Austriae, die österreichische Monarchie, wie man eben jetzt dieses Gesamtgebiet der deutschen Habsburger zu nennen begann, seit 1526 vorgezeichnet, war jetzt verwirklicht".[12] Das Panorama dieser Monarchiewerdung fügt sich vollkommen in das große Spektrum jenes geschichtlichen Vorganges ein, der Österreich schuf: am Anfang das Debakel der Ungarn bei Mohàcs, ein Erbe, von dem der Habsburger nur einen Bruchteil antreten kann, und dann eine Kette von Kriegen und Niederlagen, von ständiger Angst und Panik, Kaiser müssen ihre Schätze auf Karren laden und aus ihrer Residenz fliehen, alles wankt, zittert, bebt, droht einzustürzen, und als ob der eine Feind aus dem Osten nicht genügte, nützen die Franzosen im Westen die Drangsal des Kaisers aus und greifen am Rhein und an der oberen Donau an: das perfekte Schlamassel, das in Österreich erst zum auslösenden Moment für Größe wird!

Ein weiter Weg. Erschrocken, verstört und hilflos kommentierten die Chronisten die ersten Türkeneinfälle auf habsburgisches Territorium, so wie Jakob Unrest, der Kärntner Geschichtsschreiber, ein Zeitgenosse der frühesten Türkeninvasionen, von der Verheerung Krains und Kärntner Grenzgebiete 1469 sein Schaudern zu Papier brachte: „Sy vienngen yeden mann, alt und chindt haben sy getodt und annder volck alles mit inn gefuert, die kind an die zwen gespist und in die lackhen vertretten, frawen in den kindlpetten veruert, die kirchen all verprannt und perawbt, gotzleichnam unmaslichen geschmacht, frawen und junckfrawen zwtodt geprawt (genotzüchtigt) und daselbs in dem landt 14 tag pleyben und gewuest und haben daselbs getodt und verfuert mer dan 20 tausent menschen . . ."[13] Totschlag, Feuer, Vergewaltigungen, die Gefangennahme Tausender Menschen – das sind die fixen Bausteine der Schreckensge-schichte, bis zur großen Gegenbewegung. Aber die Österreicher mußten sich auch mit einer Großmacht auseinandersetzen, die auf seltsame Weise archaisches Gottes-staatsdenken mit einem modernen zentralistischen Absolutismus verband. Während die Kaiser von Jahr zu Jahr von den Ständen der einzelnen Länder durch Zugeständ-nisse und Privilegien die für die Aufstellung einer Armee nötigen Gelder erbetteln mußten, kommandierten die Sultane oder Großwesire ein stehendes Heer. Und ihr

Wille war in den besten Jahren des osmanischen Weltreiches in jedem Winkel des Imperiums ein Gebot, dem niemand zu widersprechen wagte. Modernes militärisches Denken, durch viele Renegaten importiert, faßte in der türkischen Armee oft leichter Fuß als auf der Seite der Kaiserlichen, die einer straffen Militärorganisation entbehrten.

An der Wende des 17. zum 18. Jahrhundert hatte sich die Szene jedoch völlig gewandelt: die Reichsidee hatte sich auf den Schlachtfeldern des Dreißigjährigen Krieges verblutet, die geschichtliche Notwendigkeit, sich gegen den Vorwärtsdrang der Osmanen zu verteidigen, hat den Habsburgern jenen Raum angewiesen, in dem sie sich bis zu ihrem Ende am besten behaupten sollten. Der von Wallenstein vorexerzierte Aufbau eines stehenden Heeres war zu einer Selbstverständlichkeit geworden. Und die Kaiser hatten nun auch Männer zur Seite, die vor allem „österreichisch" dachten – im Sinn eines eigenen Staates, dessen Schicksal sich mit dem des Reiches nicht immer decken mußte. Das übernationale Element war dabei noch stärker betont worden: Raimund Montecuccoli, der Sieger von Mogersdorf, der auch als Staatsmann bewährte Feldherr, stammte aus Italien, der „größte Österreicher" jener Zeit aber war geborener Franzose: Prinz Eugen von Savoyen. Obwohl er einige seiner glänzendsten Siege in dem habsburgisch-bourbonischen Erbstreit um die Dominanz des westlichen Europa errungen hatte, ist der Prinz doch ein Geschöpf der Türkenkriege. Und er hat nicht nur auf eine geniale Weise das Geschäft des siegreichen Schlagens von Schlachten beherrscht, sondern auch besser als die meisten gelernten Diplomaten gewußt, was man danach mit einem solchen Sieg anzufangen hatte. „Er schuf Bündnisse und wußte Allianzen der Gegner zu sprengen", pries Hugo von Hofmannsthal den Savoyer. „In einer Zeit der verschlagenen Kabinettspolitik ruhte in seinen Händen die diplomatische Vorbereitung der großen, auf weite Ziele eingestellten Aktionen. Er erobert, und wo er erobert, dort sichert er; er gewinnt Provinzen mit dem Schwerte zurück und gewinnt sie auch wirklich. Unversehens blühen ihm unter schöpferischen Händen, und überall, aus kriegerischen Taten die Werke des Friedens hervor. Hinter seinem Heer geht der Pflug und im Walde die Axt des Kolonisten. Er besiedelt das verödete Kroatien, Syrmien, das Banat. Die Warasdiner Grenzer, die Banater Schwaben sind von ihm angepflanzt. Er rodet Dickicht aus, er legt Sümpfe trocken, er baut Straßen und Brücken. Sein Feldherrnstab, das Symbol der zerstörenden Kriegsherrschaft, befruchtet die Länder und weckt das erstarrte Leben auf. Er unterwirft und versöhnt, er vereint und leitet. Dieses Heer, in dem zum erstenmal die Ungarn mit Österreichern Seite an Seite fechten, ist das Werk seiner großen Seele. Er gründet, wo er hin kommt, und was er gründet, hat Bestand. Er baut, er schmückt, er veredelt, er beschenkt . . ."[14] Und das alles bewußt im Namen der österreichischen Monarchie, der er dient und die er mehrt. Obwohl er 1718 im Frieden von Passarowitz ein Befürworter weiser Mäßigung war, erreichte damals das Reich der Habsburger seine größte Ausdehnung.

Doch auch dieser rastlose Mann, der sich in seinem Umgang mit den Wissenschaften und den Gelehrten und Literaten seiner Zeit als ein aufgeklärter, zukunftsbewußter moderner Mensch offenbarte, wurde müde, alt und schließlich senil. Man hörte nicht mehr auf ihn, aber erst nach Eugens Tod wußte man in der Burg wieder so recht, was man an ihm verloren hatte. Der nächste Türkenkrieg wurde zu einem blamablen Fiasko für die Kaiserlichen. Er endete mit dem Verlust Belgrads (1739). Doch bald wurden die Blicke vom südöstlichen Kriegsschauplatz abgelenkt, Österreich wurde wieder als deutsche Macht angesprochen, und es begann das zähe Ringen um den Stellenwert der Habsburger und Österreichs im deutschen Raum. Von den ersten Niederlagen Maria Theresias gegen den Preußenkönig Friedrich, der selbst ein Schüler und Bewunderer Eugens war, bis zu Königgrätz 1866 und dem 12. März 1938 läßt sich eine gerade Linie ziehen.

Ein Feldherr, der sich im Siebenjährigen Krieg Ruhm geholt hat, wurde in seinen alten Tagen noch einmal zum Türkensieger: Feldmarschall Gideon von Laudon. Im unnötigsten aller Kriege gegen die Osmanen, in einer Zeit, da ein solcher Feldzug längst ein Anachronismus war, holte sich Josef II. bei seiner Armee den Keim der tödlichen Krankheit. Als der bereits zweiundsiebzigjährige Laudon, aus der Pensionierung herausgerissen, noch einmal mit dem Oberbefehl betraut wurde, eroberte er wie einst Prinz Eugen Belgrad wieder zurück. Österreich jubelte wie in alten Türkentagen, obwohl es längst andere Sorgen plagten. Und der letzte Türkensieger hatte sich der Nachwelt auf eigenen Wunsch lebensgroß in Wachs bewahren lassen. Nach seinem Tod wurde die Figur dem Bürgerlichen Zeughaus Am Hof in Wien dediziert („. . . das einstige wahre Original dieses nunmehro verklärten Helden mit seiner ganzen Kleidung, Ordenszeichen und geführten Streitdegen, wie er solche bey der Belagerung Belgrads angehabt", heißt es in der Schenkungsurkunde). Zwischen 1830 und 1840 wundert sich ein Besucher über das seltsame Monument vergangener Kriegsherrlichkeit: „In einem einsamen Winkel liegt auf einem niedern Bette ausgestreckt eine menschliche Figur, mit Laudons vorzüglich schöner Wachslarve mit einer Uniform angethan, die der unvergeßliche Feldherr einst wirklich trug. (Leider ist sie sehr von Motten zerstört.) Dieses treue Bild des großen Todten läßt, wie beinahe alle guten Wachsfiguren, einen wahrhaft ergreifenden Eindruck in dem Besucher zurück und würde eine sorgfältigere Aufbewahrung verdienen . . ."[15]

Es muß an der Aufbewahrung gelegen sein. Ein Zeughaus ist kein Wachsfigurenkabinett, und so schmolz der Feldherr anscheinend dahin, weil von seinem „treuen Bild" nichts auf uns gekommen ist. Das nächste direkte militärische Engagement mit den Türken – wenn man von der Okkupation Bosniens absieht – verwandelte Osmanen und Österreicher in Waffenbrüder. Im Ersten Weltkrieg wurden „Kaffeehäferln" unter der Devise „Viribus unitis" mit den Porträts Franz Josephs, Wilhelms II. und Sultan Mehmets „verziert". Ein österreichisches Kontingent focht Schulter an Schulter mit den Türken. Nach dem Waffenstillstand fuhren die österreichisch-ungarischen Soldaten und Offiziere per Schiff nach Triest. Und 450 Jahre nach der ersten Begegnung Kärntner Grenzkämpfer mit tatarischen Reiterscharen endeten die österreichisch-türkischen Militärbeziehungen mit der Ankunft des k. u. k. Militärpersonals am Wiener Südbahnhof. Der österreichische Militärattaché in Konstantinopel, Feldmarschalleutnant Pomiankowski, schrieb darüber in seinen Erinnerungen: „Trotzdem ich das liquidierende Kriegsministerium von unserer Ankunft rechtzeitig avisiert hatte, war bei unserem Eintreffen am Bahnhof in Wien niemand anwesend. Der Transport löste sich am Bahnhof ohne weitere Zeremonie auf."[16]

WOLFGANG HERZIG

# WEIHRAUCH UND MONSTRANZ

Erdspuren von den Rübenfuhren auf dem Asphalt, aufgeschreckte Fasane, blaue Schürzen zwischen Weinstöcken, Bottiche mit Trauben, Nebelschleier zwischen Hügeln, das niederösterreichische Weinviertel im Herbst. Ein gewöhnlicher Wochentag, durch keinen besonderen Kalenderheiligen ausgezeichnet. Aber in einem winzigen Dorf, dessen Namen man normalerweise nicht vergessen kann, weil man ihn sich gar nicht erst merkt, wehen rot-weiß-rote und weiß-gelbe Fahnen. Eine Blaskapelle hat ihr Blech auf getragene Frömmigkeit gestimmt. Gesang vieler hundert Stimmen weht zwischen den niedrigen Häusern, Kerzen flackern, und jede Bewegung scheint dem beruhigenden Rhythmus eines immerwährenden Rosenkranzgebetes untergeordnet zu sein. Ein paar tausend Leute hat es hierher gezogen, nach Maria-Roggendorf, wegen der „Maria" auf der Ortstafel, und weil heute der Dreizehnte ist. So wie die Menschen am 13. eines jeden Monats in das Dorf strömen, wo nichts ist als eine Kirche, ein Marienbild und ein Hauch jener Sicherheit, die früher einmal von der katholischen Kirche, von ihrer Autorität und durch ihre Selbstdarstellung ausgestrahlt worden ist.

Was ist dieses Maria-Roggendorf, wodurch unterscheidet es sich von den vielen Wallfahrtsorten, zu denen fromme Seelen ihre Sorgen und Schmerzen, ihre Ängste und Nöte tragen und wo sie ihre Verzweiflung und ihre Zweifel in Hoffnung und Glauben ummünzen lassen? Mit Mariazell, mit Maria Taferl, mit Maria Plain oder anderen Magneten der Marienverehrung kann Maria-Roggendorf den Bekanntheitsgrad kaum teilen. Und im Gegensatz zu diesen Zentren der Wanderandacht und Pilgerrast war das Dorf im Weinviertel nach der barocken Wallfahrtskonjunktur in Vergessenheit geraten. Nur die Nachbargemeinden bewahrten dem Heiligtum noch die Treue. Und auf einmal geschah es: In einer Zeit, da junge Priester über Wallfahrten, Prozessions-fahnen, Weihrauchduft und alle Formen einer öffentlichen Anbetungsmystik mindestens so abfällig urteilen wie josefinische Kirchenverwalter (nach Kaiser Josefs Wallfahrtsverbot wurden zuwiderhandelnde Vorbeter, Kreuz- und Fahnenträger mit 50 Stockstreichen bestraft), in dieser Periode schärfster innerkirchlicher Spannungen wuchs sich Maria-Roggendorf über Nacht zu einem der populärsten Wallfahrtsorte Niederösterreichs aus.

Früher einmal, im 17. Jahrhundert, und auch im 18., wurden an einem Festtag in Maria-Roggendorf bis zu 5000 Kommunionen gespendet. Und wegen der vielen Leute mußte auch „außerhalb der Kirche in einigen alt gedeckten Häusern celebriert werden", wie es in einem Visitationsreport heißt. In dem gleichen Bericht werden jedoch auch die Aktivitäten kritisiert, die aus dem Glaubenseifer Kapital schlagen und fromme Seelen neppen. Der Visitator verlangte Maßnahmen „mittels Hinwegschaffung der Bratlbuden und der Krämerladen". Und 1778 ärgerte sich ein Pfarrer darüber, daß „während des Gottesdienstes von allerley Kramern und Kaufleithen, deren einige nur drei oder vier Schritte von der Kirche ihren Stand aufrichten, zum Ärgerniss vieler Christen und Hinderniss des Predigers gekauft und verkauft" wird.[1]

Obwohl dieses Ärgernis auch heute noch zu Wallfahrtsorten gehört wie die Krone auf das Marienbild, kommt man in Roggendorf nun ohne diesen Kommerz in Gottes Names aus. Seit dem Jahre 1969 streben an jedem Dreizehnten – dem Tag der Fatima-Erscheinung – Wallfahrten aus dem ganzen Land dorthin. Nach kleinen Anfängen wurden es mehr und mehr. Jetzt sind es oft Tausende. Sie kommen in Autobussen, zu Fuß, in ihren Privatautos. Sie kommen am Nachmittag und am Abend, aus der Nähe und aus der Ferne, und sie haben kein anderes Ziel, als zu beten, zu singen und zusammen zu sein. Denn etwas anderes zählt nicht in Maria-Roggendorf. Selbst das einzige Gasthaus im Ort erfreut sich am Wallfahrtstag kaum eines wesentlich höheren Umsatzes. Und das fromme Kitschangebot der Devotionalientandler wurde durch eine einfache Bestimmung der Behörden unmöglich gemacht: Fliegende Händler dürfen ihre Stände nur dort aufstellen, wo das in den letzten hundert Jahren üblich war. Aber in diesen hundert Jahren hat Maria-Roggendorf geschlafen, und da war auch kein Geschäft zu erhoffen.

Die äußeren Formen eines barocken Wallfahrtsgetriebes fehlen also – oder besser die Begleiterscheinungen. Die Lichterprozessionen, der Orgelklang, die Lieder, das Auftreten von Kardinälen, Bischöfen und Äbten werden jedoch zu einem Bittgang in die Tradition, zu einer Sehnsuchtskundgebung nach dem verlorenen Prunk eines Schauchristentums, das dem österreichischen Katholizismus trotz Aufklärung, Josefinismus, Liberalismus, sozialdemokratischer Austrittsbewegung und nationalsozialistischem Kirchenkampf seit der Gegenreformation als Inbegriff der Beziehungen zwischen Gott und der Welt erschienen ist.

Als Feind theologischer Auseinandersetzungen und Disputationen hat sich der österreichische Katholik in seinen Frömmigkeitsäußerungen immer gerne dem Gefühl hingegeben, diesem Erhabensein über die tägliche Plage, wenn Weihrauchduft die Wohlgerüche des Himmels vorgaukelt, der Goldglanz der Monstranz einen Blick in eine schönere unwirkliche Strahlenwelt erlaubt und das Credo von Pauken und Trompeten begleitet wird.

Die Wurzeln dieser Einstellung sind im Wesen des Österreichers zu suchen, in seiner Freude am Spiel, am Schauen, am äußeren Anlaß. Statt auf ein heiliges Leben wird vielmehr Wert auf die „heiligen Zeiten" gelegt. Und die Gehirnwäscher der Gegenreformationen, die Österreich wieder dem Katholizismus zuführten, nutzten die Mentalität der Leute geschickt aus. Sie bauten ihre Mission auf die Effekte der „Volksliturgie" auf – dabei sein war alles, die Zahl triumphierte (wie viele Tausende einer Prozession folgten, wie viele Kommunionen gespendet, wie viele Beichten gehört wurden usw.). Die christlichen Feste bestimmten den Jahrlauf wie der Wechsel der Jahreszeiten, und die schöne Oberflächlichkeit einer demonstrativen Andacht wurde dem viel anstrengenderen tiefen Versenken in die Geheimnisse der Religion vorgezogen. Und dabei blieb's. „Seit diesen Tagen besteht der Katholizismus für den Großteil der Österreicher darin, daß sie ihre Kinder taufen lassen, sie zur ersten Kommunion begleiten, ihre Firmung zu einem Familienfest machen, mit mehr oder minder großem Aufwand heiraten und sich ebenso mit mehr oder minder großer Pracht begraben lassen . . .", schreibt Willy Lorenz in seinem Essay über die Kirche in Österreich. „Seit dieser Zeit besteht der Katholizismus vieler darin, daß sie zu den ‚heiligen Zeiten' in die Kirche gehen, die Krippe ‚besuchen', die Heiligen Drei Könige anstaunen, am Palmsonntag sich ‚Palmkatzerln' weihen lassen, am Karfreitag möglichst viele ‚Heilige Gräber' besuchen, am Karsamstag und zu Fronleichnam den großen Prozessionen beiwohnen, wenn sie nicht als Honoratioren im Zug mitgehen . . ."[2]. Darum sträubte man sich hier mehr als anderswo gegen alle modernen Reformbestrebungen, die als Angriff auf den guten Kern der katholischen Überlieferung verteufelt wurden. Der Geist der Gegenreformation verteidigte liebgewordene Gewohnheiten. Man betrete nur an einem gewöhnlichen Abend eine Kirche, in der bei der Segenandacht das Allerheiligste ausgesetzt ist und ein paar alte Weiblein ihr „Kommet, lobet ohne Ende" hinter der Orgel herleiern: Da wird der letzte Rest eines öffentlichen Prachtkatholizismus gepflegt, der, aus den Nöten der Reformation, aus der Existenzangst der Pest- und Türkenjahre geboren, über den irdischen Jammer mit vorweggenommenen himmlischen Freuden (oder zumindest einem Versuch ihrer Darstellung) hinwegtrösten sollte und schließlich zur monopolartigen religiösen Verhaltensweise loyaler Untertanen des Hauses Habsburg wurde. Nirgends läßt sich diese spezielle Form des österreichischen Katholizismus besser studieren als in Mariazell.

1687 verfaßt der Dominikanerpater Johann Braumiller eine Flugschrift über die „Marianische Zeller-Reiß", die große Wallfahrt von Wien, die neun Tage dauerte. In einer Einleitung gedenkt der Wallfahrtsführer der ersten von den Dominikanern geleiteten Prozession 1617. „Die Löbliche Andacht ware zwar anfänglich sehr klein, dann kaum 20 oder 30 Persohnen darbey erschienen, dieweil die gantze Straße nach dem trostreichen Ohrt mit lauter Ketzer besetzt waren . . ." Ein Spießrutenlaufen also auf der Via Sacra durch ketzerisches Gelände. Aber mit dem Vormarsch der Gegenreformation hatte diese jährliche Sommerprozession („aussgenommen in der Pest und Türcken-Rummel") bald mehrere tausend Teilnehmer. Der Weg führte von Maria Hitzing den ersten Tag nach Alland, die nächste Station war Heinfeld, dann Türnitz, Lilienfeld, Mariazell und am Rückweg Annaberg, St. Veit und Heiligenkreuz. In einer wohltönenden Einladung wird das Programm angepriesen mit Messen und Predigten und gesungener Litanei: „Das Ave Maria wird auch täglich Frühe und Abends unter drey-mahligen Schall der Trompeten und Paucken gehalten, für die Abgestorbenen aber erschallen kläglich die Sartinl mit überzogener Paucken . . ."[3]

Während dieser mühsamen, beschwerlichen und heiligen neun Tage werden die Predigten von einem Thema beherrscht. 1687 findet der Dominikaner auf der

Wanderung jeden Tag eine andere Blume, die eine christliche Tugend verkörpert. Und seine „Kirchfährter" sollen sein wie die Bienen und sich darauf niederlassen und sie aussaugen. Im Jahr darauf wählt Braumiller das Bild der Reiseutensilien, die ein jeder braucht, und so erhält er bei jeder Etappe ein neues Stück, damit er auch wohl gut zur Himmelstür gelange. 1689 aber schöpft Braumiller aus dem damals so geläufigen Wortschatz des Kriegers. Er wirbt seine Pilger in den Predigten für die Armee Gottes: „Andächtige Kirchfährter! In meinen Ohren erschallet ein großes Getümmel, Heulen und Weinen der armen Witwen, Weisen und unmündigen Kindern, aller Orthen steht man in Waffen, als in Holland, Engelland, Welschland, Franckreich, Spanien, Türkey, Hungarn, in gantzen Römischen Reich, ja überall zeugt sich nichts anderst, als bluthiger Krieg. Nun wo Krieg ist, da seynd auch Soldaten vonnöthen, dahero werde ich einen Werber abgeben, und so wohl zu Fuß als zu Pferd werben. Vor allen aber wird in einen wohlerfahrenen Kriegs-Mann oder Soldaten erfordert, daß er absonderlich 3. Stuck in sich habe, nemblich etwas von den Garten, etwas von der Karten, und etwas von der Schwarten, von der Schwarten, daß er bey einfallender Noth känne Hunger leyden, daß ihm die Schwarten krachen, von der Karten muß er haben den Hertz-Buben, daß ist, er muß Guraschi haben zum Fechten und Streitten, er muß sich nicht fürchten, wann die Carthaunen saussen, wann die Säbel und Degen glützen, wann die Mussqueten, Pistollen, und Carbiner knallen, sondern muss seyn wie ein Löw, von welchen Plinius schreibt, er habe seine meiste Krafft und Stärck in dem Hertzen, dahero der Löw aller hertzhafften und streitbahren Soldaten eigenthumbliches Sinnbild ist. Von dem Garten muß er haben das Blümel, so die Lateiner Eringion, die Teutsche aber Mansstreu nenne, daß ist, er muß seinem General, Obristen oder vorgesetzten Obrigkeit treu seyn . . ."[4]

Da ist Kraft drinnen und Plastizität. Mit diesem verbalen Kanonendonner mußte es dem Pater Johannes ein leichtes sein, seine Pilgerschar über alle Schlachtfelder des Zweifels, des Kleinmuts und sündiger Begierde zu kommandieren. Und ebenso offenbart der christlich-militärische Wortschwall auch die Beziehungen zwischen dieser aus dem täglichen Leben gegriffenen körperlichen, sinnlich-wahrnehmbaren Frömmigkeit und dem Obersten Kriegsherrn, dem Kaiser, dem es sich gleich nach dem lieben Gott völlig zu unterwerfen galt. Da wird Religion zur staatstragenden und staatserhaltenden Kraft – so wie die protestantischen Stände ihren neuen Glauben als geistige Waffe gegen die von ihnen geleugnete und bekämpfte Souveränität des Landesherren benutzten.

Und Mariazell – das ist auch die Summe aller politischen und landesherrlichen Beziehungen zur katholischen Kirche. Und noch mehr – dieses innerösterreichische Heiligtum empfing das Beten und Flehen und Opfern und Danken aller Länder der großen Donaumonarchie. Österreichisch-ungarisch-böhmisch war Mariazell schon lange bevor diese drei Kronen von einem Haupt getragen wurden. Auf dem gotischen Fries über dem Haupteingang kniet zwar auch der Habsburger Albrecht II., aber neben ihm ein mährischer Markgraf, und Ungarns König Ludwig I. schlägt in wildem Schlachtgetümmel und mit Mariens Hilfe die Bulgaren. Ludwig war es auch, der aus Dankbarkeit für diesen Sieg in der Marienkirche in den steirischen Bergen eine Gnadenkapelle gestiftet hat. Und wenn man genau hinschaut, begegnet man seinem Blick unter dem Gebälk des großen Marmorbaldachins – seine Porträtbüste ist dort neben der seiner Frau Elisabeth angebracht. Überstrahlt wird die bescheidene Andacht der Ungarn jedoch vom gleißenden Silberglanz des Prunkgitters, das Maria Theresia und Kaiser Franz I. 1756 gewidmet haben. Nicht einmal zwei Jahrzehnte bevor aufklärerisches Denken die ersten Schläge gegen den Wallfahrtsbetrieb führte, werden der inzwischen auch zur geistlichen Königin des habsburgischen Österreichs erhobenen Gnadenmutter die Kronen dargebracht – die des Reiches, die Franz eigen war, und die Stephanskrone Maria Theresias. Über ihnen schwebt aber einer der schönsten und triumphierendsten Doppeladler, die jemals für Habsburg ihre Flügel gespannt haben: und all den Tausenden, die jemals vor dem Gnadenbild knieten, wurde auf diese Weise auch die Heiligkeit der Symbole weltlicher Macht eingeimpft.

Doch das war nicht alles kalkuliert, berechnet, beabsichtigt, obwohl die Gegenreformation – wie auch die Reformation – nicht nur als eine Angelegenheit des Seelenheils zu werten ist. Und die Habsburger hatten auch manchen Nutzen davon, daß sie sich der Mutter Kirche so innig an die Brust warfen. Ihre Frömmigkeit war jedoch echt, auch wenn sie sich in den übersteigerten Formen ihrer Zeit zeigte. In dem entscheidenden Jahr 1572, in dem Karl von Innerösterreich die Jesuiten nach Graz rief, pilgerte der Erzherzog zum erstenmal samt Familie zu Fuß in die Mariazeller Berge. Und sein Sohn Ferdinand II., der Kaiser der Gegenreformation, gelobte in Mariazell mit einem feierlichen Eid vor dem Gnadenbild die Rekatholisierung Österreichs und Böhmens.

Diese äußeren Bekundungen einer intensiven Frömmigkeit wurden den Habsburgern schon von Kindheit an als eine selbstverständliche Übung anerzogen. Dabei beriefen sie sich immer wieder auf die Geschichte ihres Ahnherrn Rudolf, der dem Priester auf dem Versehgang sein Pferd gegeben hatte. Und fast von jedem Habsburger wird bis hinauf zu Franz Joseph eine ähnliche Begebenheit überliefert.

In all den Notzeiten des Dreißigjährigen Krieges, des neuerlichen Vordringens der Türken und der Pest eilten die Habsburger, und ihrem Beispiel folgend der hohe Adel und die Untertanen, voll Vertrauen zur Mariazeller Muttergottes. Privates königlich-kaiserliches Wohlergehen wurde genauso zum Anliegen wie der Gesundheitszustand des Staates. Und die Lieder der großen Wallfahrtsprozessionen werden zu Chroniken ihrer Zeit: Als Leopold 1673 mit Frankreich im Krieg lag, sangen die Wiener in Mariazell: „Schütz das Heilig Römisch Reich und die Länder allzugleich – Gottes Segen nur nicht weich' von dem Ertz-Haus Österreich..." Und im Jahr nach der Türkenbelagerung kamen die Wiener mit Freudenversen, in denen aber noch immer der Schrecken des Erlebten mitschwang, nach Mariazell: „Wir lagen hart gefangen in der sündigen Welt", sangen sie, „laß uns auch Gnad erlangen, wir bitten herziglich, für alle so gefangen, beym Türken ängstiglich... Den kayserlichen waffen gib Victori allzeit! Die etwann synd entschlafen im harten Kriegsstreit, und noch ihre Seel' möcht leiden Peyn und Quäl vom Feuer reiss sie rauss führ sie ins Himmelshaus, O Maria!"[5]

Über den Andrang der Massen geben die Kommunions-Statistiken Auskunft: 1689 wurde die Hostie 61.000 Menschen gespendet, 1692 waren es bereits 104.000 und 1725 gar 188.000. Die Gläubigen näherten sich dem Gnadenort als schlichte, andächtige Gruppen, oder sie waren Soldaten einer Pilgerarmee oder Statisten einer Prunkprozession, in der Religiosität zur reinen Prachtentfaltung wurde. So wie 1692 Fürst Paul Esterházy für die Befreiung Ungarns von den Türken dankte. 11.000 Menschen führte er am 27. August von Eisenstadt nach Mariazell.

Daß es Allerhöchst Herrschaften auch einfacher halten können, erfuhr die schöne Elisabeth von Braunschweig, die zum katholischen Glauben übertreten mußte, um mit dem späteren Kaiser Karl VI. verlobt werden zu können. Sie lernte die religiösen Bräuche ihrer neuen Heimat gleich auf die beschwerlichste Weise kennen: Mit der verwitweten Kaiserin Eleonora und deren Töchtern Elisabeth, Maria Anna und Magdalena legte sie den größten Teil dieser österreichischen Via Sacra von Wien nach Mariazell zu Fuß zurück. In gewöhnlicher Pilgerkleidung, gestützt auf den Pilgerstab, zogen die Fürstinnen in den Ort ein, und am nächsten Tag knieten die Damen betend von fünf Uhr früh bis zwölf Uhr mittag auf dem bloßen Boden. So vermelden es die Wallfahrtsannalen.

Das steirische Marienheiligtum nahm auch in der Frage der Erhaltung des Hauses Österreich eine wesentliche Rolle ein. Vor allem dann, wenn der Kaiser noch nicht mit einem männlichen Erben gesegnet war. In den letzten Jahrzehnten des reinen Habsburgstammes wurde die Öffentlichkeit immer wieder von den Fortpflanzungsproblemen des Kaiserhauses bewegt. Weil die habsburgische Linie in Spanien erloschen war, mußte Karl dort (als Karl III.) die umstrittene Thronfolge antreten. Als er nach dem frühen Tod seines Bruders Josef I. 1711 heimkehrte und selbst die Kaiserwürde erlangte, hatte ihm Elisabeth noch immer keinen Kronprinzen geschenkt. Die Pragmatische Sanktion sollte wohl eine Nachfolge der Habsburger in weiblicher Linie sichern, aber das Volk wußte, daß damit nur neuer Krieg, neue Not und neue Unsicherheit verbunden sein würden. So drangen aus tiefster Seele die flehenden Lieder zur Mariazeller Muttergottes mit der Bitte um einen männlichen Thronerben: „Österreich sonderbar begegne, daß es der dreyeinige Gott bald mit einem Prinzen segne, zu verhindern große Not, die da kunnt mittler Zeit überfallen Land und Leut." Und im Rosenkranzgebet ergänzten die Pilger die Bitte um „beste Leibs- und Seelen-Wohlfahrt für Unsere Allergnädigste Kayser, Kayserin . . ." noch mit dem Wunsch nach „gesegneten männlichen Leibs-Erben und Erbens-Erben". Auch Karl selber machte sich auf den Pilgerweg, um in Mariazell um einen Sohn zu beten. Und dann jubelte die ganze Monarchie. Am 16. April gebar Elisabeth einen Buben, er wurde Leopold getauft, und Wien feierte das Ereignis tagelang. Sobald die Kaiserin genesen war, pilgerte sie mit ihrem Gemahl danksagend nach Mariazell. Und das Volk war voll des Preises: „Wien! gib vor dein Glückseligkeit Mariä Zell den Lohn. Sag! wer dich sonsten hat erfreut mit der Succession? Die uns den Prinzen hat gegebn, erhalt ihn uns auch bey dem Lebn! Diss bitt und bet mein Seel jetzt zu Maria Zell."[6]

Das Bitten war vergebens. Der Kronprinz starb im November, und bei Lady Montagu liest man von der tiefen Trauer der Kaiserin: „. . . die meiner Meinung nach die schönste Prinzessin auf dem Erdboden ist. Sie befindet sich in gesegneten Umständen, und dies ist der einzige Trost des Hofes bei dem Verlust des Erzherzogs. Am Tag vor meiner Abreise aus Wien hatte ich meine Abschiedsaudienz bei ihr, und sie sprach mit so viel Betrübnis und Zärtlichkeit von dem Tod dieses jungen Prinzen, daß ich alle Mühe anwenden mußte, meine Tränen zurückzuhalten . . ." Und gerührt spricht sie vom „traurigen Ende des einzigen Sohnes, der nach so langen Wünschen geboren war und aus Mangel an guter Behandlung zugrundeging, indem man ihn im Anfang des Winters entwöhnte . . ."[7]

Auch in seinem Schmerz drängte es das Kaiserpaar wieder nach Mariazell, und Karl opferte dort eine silberne Figur, die der Gestalt und dem Gewicht des toten

Kronprinzen entsprach. Das Kind aber, das Elisabeth erwartete, wurde ein Mädchen: Maria Theresia. Zu Lebzeiten dieser Kaiserin wurde, obwohl sie selber starke Beziehungen zu Mariazell und anderen Marienorten hatte, das Wallfahrtswesen bereits gesetzlich eingeschränkt, 1756 erlebte Mariazell anläßlich seiner 600-Jahr-Feier einen letzten Höhepunkt: 373.000 Kommunikanten wurden gezählt. Es erhob sich jedoch immer lautere Kritik, vor allem an den mehrtägigen Wallfahrten. 1772 untersagte Maria Theresia alle Pilgerreisen, bei denen man über Nacht ausbleiben mußte. Nur für die Wiener Prozession von St. Stephan und die Grazer Wallfahrt galt eine Ausnahmeregelung.

Man darf jedoch die persönliche Frömmigkeit der Habsburger nicht mit ihrer Staatsgesinnung verwechseln. Ihre Beziehungen zum Himmel waren eine Sache, ihr Verhältnis zur Kirche – und deren weltlichen Ansprüchen – eine andere. Wo wäre die römische Kirche in Österreich ohne uns, konnten sie den Bischöfen und Äbten nach dem Gelingen der Rekatholisierung entgegenhalten. Und sie verlangten auch einen angemessenen Lohn dafür. Sie wollten eine Kirche, die vor allem dem Staat zu dienen hatte. Auch die Klöster, deren Äbte als Mitglieder der Landtage und als reiche Grundherren politische Macht repräsentierten, sollten sich diesem Prinzip unterwerfen. Die grandiose Gigantomanie der barocken Klosterumbauten wird oft als eine Materialisierung des Triumphes der Kirche über alle ihre Feinde gedeutet. Mit ihren Kaiserappartements waren diese Mönchspaläste zusätzlich Heimstätten der Herrscher – im Geist idealer Harmonie zwischen den Orden und dem Haus Österreich. Doch dieser Eindruck täuscht, und die Prunkfassaden verbergen nur die dahinter schwelenden Gegensätze. Da ist zuerst einmal das Ringen der verschiedenen Orden um Einfluß bei Hof – gegen das Übergewicht der Jesuiten, auf die die Kaiser seit der Gegenreformation hörten (sie kontrollierten die Universitäten und allen höheren Unterricht, stellten die Beichtväter der Habsburger und waren für die Zensur verantwortlich). Dann prallten auch die Interessen des Landesherren und der Äbte in deren Rolle als führende Mitglieder der Stände aufeinander. Betrachten wir doch den niemals vollendeten Ausbau Klosterneuburgs zu einer Art österreichischem Escorial. Karl VI. setzte den Propst ständig unter Druck, das Projekt noch aufwendiger, noch monumentaler zu gestalten. Nur aus Prunksucht, nur, weil er spanische Vorbilder übertreffen wollte? Floridus Röhrig meint dazu: „Man kann, wenn man will, in diesem grandiosen Projekt die letzte sichtbare Ausprägung des ottonischen Reichskirchensystems sehen, die letzte Verkörperung der Einheit vom Imperium und Sacerdotium. Vielleicht dachte Kaiser Karl VI. wirklich so. Wahrscheinlich spielten aber auch viel realistischere und keineswegs sehr hochherzige Motive mit: nämlich daß man das kirchliche Vermögen durch kostspieligen Aufwand schmälern sollte, wofür großzügige Bauunternehmen besonders geeignet seien; es würden dadurch Arbeitsplätze geschaffen und Geld ins Rollen gebracht, nebstbei würden die Klöster ruiniert, und man erspare sich gesetzliche Maßnahmen gegen sie. Man kann verstehen, daß der Klosterneuburger Konvent samt seinem Prälaten nur sehr widerstrebend die Wünsche des Kaisers erfüllte. Die Ausführung des ganzen riesigen Planes hätte das Stift denn auch unweigerlich finanziell zugrunde gerichtet."[8]

So wird den Prälaten dieser Gottesburgen auch nicht immer nur zum Jubeln zumute gewesen sein, wenn sie für die Majestäten Hausherren spielen und ihnen in ihrem Kloster feudales Obdach bieten mußten. „Primo – möchte sich auf der Station grobes

Geschütz befinden und die sothane Abfeuerung deren Kanonen oder Pöller sollte dermaßen veranstaltet werden, damit andurch keine Unordnung unter den Pferden veranlasset würde . . ." heißt es in einer Instruktion, die das Stift Melk 1764 erhielt, als sich Erzherzog Josef auf seiner Reise nach Frankfurt zur Krönung zum Römischen König in Begleitung von Kaiser Franz in den Kaiserappartements einquartierte. Auf dem Rückweg wurde der gekrönte König in Melk auch noch von Maria Theresia empfangen, und die gesamte majestätische Gesellschaft verbrachte allsogleich das Osterfest bei den Benediktinern.

Die Vorbereitungen dauerten viele Tage, die Zahl der zu Bewirtenden stieg ständig. Militär rückte an – 100 Fürst Löwensteinsche Dragoner, 100 Mann Infanterie vom Regiment Erzherzog Ferdinand, die Melker Schützen mit „eleganter Feldkapelle". Die Liste des kaiserlichen Gefolges las sich wie ein österreichischer „Gotha": Khevenhüller-Metsch, Salm, Thurn, Colloredo, Schwarzenberg, Auersperg, Schaffgotsch, Thun, Leslie, Montecuccoli usw. Die Leute liefen zusammen, um die so weltlichen Gäste des geistlichen Hauses zu bewundern: „Dem so häufig gelaufenen Volk wurde der Trost gegönnt, nach und nach in den Speisesaal zu treten, um Sr. Majestät und die beiden Erzherzöge beim Mahle zu sehen . . ." Als besondere Attraktion schlug der stiftliche Steuereinnehmer verschieden dicke Gläser mit Holzstäbchen und entlockte seiner „Glasharfe" auch noch durch geschicktes Reiben der Ränder gar liebliche Melodien. Konkurrenz kam ihm vom Pfarrer von Traiskirchen, Pater Brunno Glatzl: „Er spielte vor den Majestäten auf 2 Maultrommeln, nemlich er spielt Prim und secund zugleich und schlagt aus den Noten Minueter, concerter, und tausend schön Künstliche Sachen." Die Sängerknaben präsentierten ein Singspiel, und zu Ostern bei der Rückkunft der hohen Herrschaften produzierte sich die Künstlerschar auch vor der Kaiserin. Generalfeldmarschall Daun ergänzte das Gefolge, und die Majestäten begaben sich an diesem Karfreitag sofort zum Heiligen Grab, „allwo sie ihre Andacht vor dem ausgesetzten hl. Sakrament mit großer Auferbaulichkeit verrichteten". Die abendliche Mahlzeit dauerte nicht lange, weil der geheizte Marmorsaal wegen der kalten Winter „die Wärme nicht hielt". Bei der Auferstehung am Karsamstag erdröhnten von den Basteien die Kanonen, und wer etwas zum Schießen hatte, knallte sein Halleluja in die Luft. Der Chronist aber war begeistert: „Die Beywohnung so hoher Häupter und eines so vornehmen Adels ergaben ein entzückendes und hier niemals erblicktes Ansehen." Erst am Ostermontag wurden Kaiser, Kaiserin und König samt Anhang wieder verabschiedet. Am Sonntag abends hatten sie noch ein gar prächtiges Feuerwerk distraktiert. Die Bürger des Marktes stellten Kerzen in die Fenster und „Trompeten und Pauken liessen sich hören und die Luft ertönte von einem unaufhörlichen Freudengeschrey . . ."9

Was nicht in dem Jubelreport steht, sind die Gespräche, die an diesen Melker Tagen geführt wurden; vielleicht hat der Prälat beim Kaiser, bei der Kaiserin oder beim König Klage über die Jesuiten geführt, mit denen die Benediktiner, und besonders die gelehrten Herren aus Melk, in einem harten Wettstreit um die Lehrfreiheit lagen. Und wenn die Habsburger vor dem Sakrament demütig die Knie beugten, so gehörten sie doch einer Generation an, zu deren christlichem Glauben die Überzeugung trat, daß die Kirche dem Staat zu Gebot sein sollte und zu nützen hatte.

Daß die katholischen Habsburger mit Rom in Streit geraten können, erfuhr die Welt nicht erst unter Josef II., sondern schon siebzig Jahre früher unter Josef I. und Karl, damals noch König von Spanien. Da schrieb 1708 der österreichische Gesandte in London, Graf Wenzel Wratislaw, an Karl: „... so gibt es sich von selbsten, dass damit das objectum belli völlig verändert und unsere Troupen anstatt Frankreich zu bekriegen, gegen Rom werden müssen geschicket werden."[10] Und das in den Jahren, da keine Herrscherfamilie dem römischen Katholizismus inniger verbunden zu sein schien als die Habsburger. Aber im Spanischen Erbfolgekrieg waren die Österreicher auch in Italien engagiert, und als ihre Truppen einige Gebiete des Kirchenstaates berührten, oder auch verheerten, und in umstrittenen Landesteilen Kontributionen einhoben, setzte sich der kämpferische Papst Clemens XI. gegen diese weltliche Gewaltanwendung mit geistlichen Waffen zur Wehr. Er bedrohte den Kaiser und seinen obersten Befehlshaber Prinz Eugen mit dem Kirchenbann (1707). Eugen reagierte jedoch gelassen und riet seinem Kaiser, gegen dieses päpstliche „Unwesen" eine scharfe Resolution zu fassen und Sr. päpstlichen Heiligkeit keineswegs zu gestatten, daß sie sich in die Temporalia so weit vermischen und einmengen sollen! Als sich der Konflikt noch ausweitete und man in Wien schon ernstlich daran dachte, der kaiserlichen Armee einen Marsch auf Rom zu befehlen, lenkte Prinz Eugen jedoch wieder ein, da der Papst „nicht nur allein als ein weltlicher Fürst, sondern auch als das Haupt der katholischen Kirche zu considerieren sei". Zum letztenmal prallten hier die Interessen des Kaisers und des Reiches mit denen der irdischen Gewalt der Kirche zusammen – wie früher so oft im Mittelalter. Der Papst mußte jedoch klein beigeben, weil seine Ansprüche in „der säkularisierten Welt ganz unzeitgemäß, veraltet und nebensächlich erschienen. Es meldete sich schon sehr deutlich der Geist des 18. Jahrhunderts, der Geist der aufgeklärten Staatsomnipotenz" (Oswald Redlich).[11]

Dieser Geist erzwang gegen Ende desselben Jahrhunderts ein Schauspiel, wie es die Geschichte noch nicht gesehen hatte: „Den 22. reiseten Se. kaiserl. Majestät abermal in Begleitung Sr. königl. Hoheit des Erzherzogs Maximilian von hier nach Neunkirchen dem Pabste entgegen, allwo Allerhöchst dieselbe den Pabst auf's zärtlichste empfiengen und bewillkommten, auch zugleich den heiligen Vater ersuchten, in Ihren Reisewagen überzutreten, welches allerhöchste Anerbieten Se. Heiligkeit mit vielem Vergnügen annahmen." So wurde es vom 22. März 1782 vermeldet. An diesem denkwürdigen Tag begegneten einander Kaiser Josef II. und Papst Pius VI. Braschi vor den Toren Wiener Neustadts, und nach einer Besichtigung des Kadettenkorps ging der Zug weiter nach Wien: „Es ist unbeschreiblich, was für eine Volksmenge sich an diesem Tage in und um Wien versammelt hatte, den heiligen Vater zu sehen; denn von Neudorf her bis an die Stadt war eine Spalier von unzähligem Volke von allen Ständen versammelt, welches die Ankunft des heiligen Vaters abwartete ..."[12]

Das Volk genoß dennoch dieses Spektakel aus ganzem Herzen. Daß Josef durch sein Toleranzpatent den Protestanten Religionsfreiheit erteilt hatte, wollte man noch hinnehmen, daß er den Leuten jedoch ihre Prozessionen und all die liebgewordenen Gewohnheiten einer religiösen Folklore rauben wollte, verbitterte manchen guten Katholiken. Darum erhofften sich viele von diesem Bittgang des Papstes nach Wien eine Änderung der kaiserlichen Kirchenpolitik. Auch der Papst vertraute seiner persönlichen Ausstrahlung, er glaubte an die Wunderwirkung eines „Gipfeltreffens" und erwartete, dadurch die Zerstörungskraft der eiskalten aufklärerischen Reaktion Josefs auf zwei Jahrhunderte barocken Überschwanges zumindest bremsen zu

können.

Doch der Kaiser, der selbst das Patenkind eines Papstes war, hatte Pius V. schon vorher eine eindeutige Absage erteilt. „Wir glauben jedoch, keineswegs verhalten zu sollen, daß in Betreff der Sachen, die Wir zum Vortheile der Religion, zur besseren Einrichtung der Kirchenzucht, und in Ansehung derselben zur rechtmäßigen Ausübung der landesherrlichen Gewalt in Unsern Reichen und Staaten nach reifer Überlegenheit festgesetzt haben, von den richtigen Grundsätzen, der Bewegursache und dem Endzwecke, so und nicht anderst zu handeln, Wir so fest überzeugt sind, daß es nicht möglich ist, etwas auszusinnen, oder beizubringen, was Uns eines anderen überreden, oder von Unserm Unternehmen abzulassen, jemals bewegen könnte . . .“[13] Deutlicher kann es niemandem gesagt werden, daß seine Mission schon gescheitert ist, noch bevor er sie begonnen hat. Josef war bereit, den Heiligen Vater in aller Ehrfurcht aufzunehmen, ihm das Leben in Wien (er logierte in der Hofburg) so angenehm wie möglich zu gestalten und ihm den umgekehrten Canossagang in eine Ferienreise mit vielen interessanten Besichtigungen, Visitationen und kirchlichen und gesellschaftlichen Ereignissen zu verwandeln. Nebenbei lief jedoch eine geschickt gesteuerte, durchaus modern anmutende Propagandakampagne mit Flugschriften, die die Frage stellten: „Was ist der Papst?“, mit Kernsätzen wie: „Es ist allen zu gut bekannt, daß die Landesfürsten ihre Gewalt von Gott haben; daß sie Niemand als Gott schuldig sind, von ihrer Regierung Rechenschaft zu geben, daß sie hiermit auch die Ursache dieser oder jener Einrichtung, Fremden schon gar nicht zu offenbaren haben; daß man ihnen den Vorwurf nicht machen könne, daß sie die Religion verletzen, wenn sie keinen Glaubensartikel, sondern nur die Mißbräuche angreifen, und eben das zurückführen, was der Religion in erstern Zeiten so vielen Glanz zuweggebracht . . .“[14] In einem „Prophetischen Prolog“ bedichtete Aloys Blumauer, einer der journalistischen Vorkämpfer des Josefinismus, die Ankunft des Papstes. Wenn er der Mann sei, der den göttlichen Idealen entspräche, dann sei er nur gekommen, um dem großen Werk Josefs seinen päpstlichen Segen zu erteilen: „So einer also kömmt – zu Joseph, der in einem Jahre seines Reiches mehr zum Wohle der Menschheit that, als der Regenten viele, die man die Großen hieß, an ihres Lebens Ziele wohl kaum gethan. Zu Joseph, der die Wand, die uns von unseren Brüdern trennte, zerriß, und Menschen – Menschenrechte gönnte . . .“[15]
So freuten sich die Massen wohl, als sie endlich wieder einmal kirchlichen Prunk genießen durften – bei der Erteilung des vollkommenen Ablasses etwa am Ostersonntag Am Hof: Der Papst erschien am Balkon, Kardinal Batthyány setzte ihm die Tiara aufs Haupt: „In eben demselbigen Augenblicke, als der heilige Vater die Hand zum Segnen erhoben, wurde auf der Freyung von dem daselbst postirten Grenadierkommando durch eine Salve das Zeichen gegeben, worauf von den Wällen rings um die Stadt die Kanonen abgefeuert wurden, um alle Katholiken inner der Linie dardurch zum vorgeschriebenen Gebete, und Erlangung des vollkommenen Ablasses zu ermahnen . . .“[16] Der Kaiser hörte die Salven in der Burg, ein Augenleiden hatte ihn gehindert, an den Feierlichkeiten der Ostertage teilzunehmen.
Und als der Papst wieder feierlich verabschiedet worden war und der Kaiser eine Gegeneinladung nach Rom angenommen hatte, der er ein Jahr später auch nachkam, blieb alles so, wie es war. Ein zeitgenössischer Berichterstatter resümierte trocken: „Es ist überhaupt sehr zu zweifeln, daß Se. kaiserl. Maj. sich von dem Pabste werden haben überreden lassen, in wesentlichen Punkten, die schon einmal festgesetzt waren, eine

Abänderung zu machen; denn so beredt und einnehmend auch Pius VI. ist; eben so fest und entschlossen ist der Charakter Josephs II."[17]

Die Kirche war reif für Reformen, und der moderne Staat forderte eine andere Einstellung zur Kirche. Bereits zu Prinz Eugens Zeiten wurde darüber Klage erhoben, daß Österreich auf so viele wertvolle Männer nur deshalb verzichten müsse, weil sie Protestanten waren und deshalb in der Habsburg-Monarchie keine Karrierechancen hatten. Trotz ihrer einfachen und ehrlichen Frömmigkeit hörte schon Maria Theresia auf Reformgeister (auf van Swieten, auf ihren Beichtvater Probst Müller usw.), und man darf nicht übersehen, daß die Aufhebung des Jesuitenordens noch zu ihrer Zeit erfolgte (1773). Sie hat schon eine Reihe kirchlicher Feiertage abgeschafft, einige nicht funktionierende Klöster geschlossen, das Mindestalter für das Ablegen von Ordensge- lübden auf 25 Jahre hinaufgesetzt und die Romabhängigkeit der Kirche eingeschränkt. In ihrer Ära wurden auf den Seminaren und Universitäten all die Priester und späteren Bischöfe erzogen, die wie Josef den Wandel der Welt erkannt hatten und ihr neues Gedankengut an den Mann bringen wollten. Als Josef dann endlich allein regieren konnte, war er von seinem Radikalismus so besessen, daß er, wie Friedrich der Große spöttisch-skeptisch kommentierte, immer den zweiten vor dem ersten Schritt tat. Er glaubte dem Volk zu helfen und ignorierte dabei nur allzuoft dessen Gefühle, dessen Empfinden, dessen Auffassung vom Glück. Ab 23. August 1784 gestattete die neue Begräbnisordnung die Bestattung der Toten nur noch in Leinensäcken. Am 20. Jänner 1785 mußte der Kaiser das Dekret widerrufen. Und ebenso wurden die Jahrzehnte nach seinem Tode zu einer Periode des Widerrufs und der Restauration. „Was Maria Theresia klug und vorsichtig eingeleitet hatte, wurde von Josef in großer Hast übersteigert", meint Hans Wagner, ein Historiker von heute. „Die von Josef II. weiter als im übrigen Europa vorangetriebenen sozialen und kirchlichen Reformen, die von seinen Nachfolgern zu gutem Teil wieder rückgängig gemacht werden mußten, haben den revolutionären Bestrebungen (in Österreich) den Boden entzogen. Daß besonders im kirchlichen Bereich schwere Schäden verursacht wurden, daß man bei den Klosteraufhebungen mit einer Barbarei sondergleichen alte Kulturwerke vernichtete und daß man mit der Zerstörung der barocken Formen auch der Religiosität des Volkes tiefe Wunden beigebracht hat, ist nicht zu leugnen. Dem Utilitätsstreben der Aufklärer wurde der Inhalt des religiösen Lebens selbst zum Opfer gebracht, der Klerus wurde zum Staatsbeamten, Sozialarbeiter und Wohlfahrtspfleger degra- diert . . ."[18]

Dieses Ordnungssystem, dieses staatliche Organisationsschema, dem Josef seinen neuen Klerus unterwarf, sollte bis in die Gegenwart erhalten bleiben. Wer in einem österreichischen Pfarrhaus das Schild „Pfarrkanzlei" liest, befindet sich mitten im Josefinismus. Willy Lorenz: „Seit dem Josefinismus machen die österreichischen Geistlichen nicht Seelsorge, sondern ‚Dienst', Dienst in der Pfarrkanzlei, im Friedhof, in der Schule, im Beichtstuhl, auf der Kanzel".[19] Der josefinische Idealpriester sollte „moralischer Staatsbeamter höchster wissenschaftlicher Qualifikation" sein.[20]

Der Österreicher sträubte sich zuerst gegen die Vergewaltigung seines religiösen Spieltriebes. Aber als es ihm wieder erlaubt war, das elegante Kleid des Barockkatholi- zismus anzuziehen, hatte es doch einen moderneren Schnitt erhalten. Die Accessoires waren josefinisch, und die Linie hielt sich an die Zeit, so wie in historischen Filmen

Garderoben und Frisuren zwar meist nach Originalvorlagen geschneidert, aber dennoch von der aktuellen Mode, vom Geschmack des Tages beeinflußt werden. So nennt zum Beispiel Eduard Winter die deutsche Singmesse „Hier liegt vor Deiner Majestät" von Michael Haydn eine Siegesfanfare der Reformer: „Diese Singmesse in der Volkssprache war der künstlerische Sieg der katholischen Aufklärung über den lateinisch-römischen Barockkatholizismus. Das Verlangen des Bürgertums, auch in der römisch-katholischen Kirche in der Volkssprache zum Ausdruck zu kommen, fand hier einen vielversprechenden Anfang. Der Ruf nach der Messe und dem Brevier in der Volkssprache blieb freilich noch ungehört . . ."[21]

Für Liturgiereformer von heute ist das sture Absingen der geliebten Haydn-Messe hingegen schon wieder der Höhepunkt des Unbeteiligtseins, eines bloßen Gottes-dienst-Automatismus. Das Aufklärerische, das Josefinische ist auf einmal von barok-kem Weihrauchduft umnebelt. Wahrscheinlich deshalb, weil der Österreicher trotz Josef und all dem, was danach geschah, seinen Barockengel im Herzen trägt, die Form über den Inhalt stellt und seinen Bedarf an Höherem am liebsten durch Riten und Kulthandlungen deckt, die nicht nur im Barock, sondern auch in fernen heidnisch-mythischen Welten ihren Quell haben.

Kaiser Franz Joseph dachte über das Verhältnis von Kirche und Stadt wenig anders als Josef II. Die denkwürdigste Schaustellung seiner Frömmigkeit entsprang jedoch ganz und gar dem gegenreformatorischen Demonstrations-Katholizismus seiner Vorfahren: die alljährliche Fronleichnamsprozession. Ein Anlaß, bei dem die Armee vor der Kirche Habtacht stand und die Beamtenhierarchie ihre Zylinder zog und die scharfe Bügelfalte in den Straßenstaub beugte. Das Frühlingsgrün wurde in die Stadt verpflanzt, die Unschuld in Form unzähliger weißgekleideter Mädchen auf einen Korso der Andacht geschickt, und jedermann war es gestattet, und auch geboten, seinen Glauben vor sich her zu tragen wie der Priester die Monstranz aus dem Reservat der Kirche hinaus auf sonst so geschäftige weltliche Promenaden. Durch diese Vermählung des Profanen mit dem Heiligen war der Himmel auf einmal ganz nah und natürlich. Vier Männer konnten ihn tragen, und er schwankte in seinem goldenen Seidenglanz über den Köpfen der Menge hin und her, als ob ihn die geweihten Duftwolken oder der Hauch der Gebete und Gesänge, oder das Schwingen des Blechs der Musik bewegten. Hinter dem Himmel aber schritt der Kaiser, barhäuptig, ehrfürchtig und Ehrfurcht verbreitend, seine Demut vor dem Allerhöchsten aber doch so weit im Zaum haltend, damit keine Zweifel darüber entstehen konnten, wer hier auf Erden, oder zumindest auf habsburgischen Erden, der Höchste war.

RUDOLF SCHÖNWALD

# WO DER GEIST WOHNT

Streu Deinen Segen aus auf unser Kaiserhaus, auf Kaiser Franz. Franz und Theresen gleich blüh' jeder edle Zweig des Stammes Österreich. Heil Kaiser Franz." Auf die Haydn-Melodie paßt diese hymnische Lobpreisung habsburgischer Herrschertugenden nicht. Wenn man jedoch „God Save The King" – oder „Queen", wie man will – dazu summt, dann stimmt's. Die vaterländischen Verse sind samt den Noten der englischen Hymne auf eine zierliche Schnupftabakdose gepinselt, wahrscheinlich um jedes geschnupfte Prosit in eine patriotische Kundgebung zu verwandeln. Mit Haydn und seiner Hymne hat dieses schöne Stück nur indirekt zu tun. Es liegt im Wiener Haydnhaus in einer Vitrine neben einem Erstdruck des „Gott erhalte" und scheint auch ein wenig älter zu sein als die Volkshymne. Aber diese kunsthandwerkliche Übung ist das Produkt eines Zeitgefühls, das plötzlich neben Fahnen und Wappen auch noch einer klingenden „Standarte" zur Bekundung nationaler Überzeugung bedurfte.

Die alten Königreiche Europas zitterten vor den Gewittern der Französischen Revolution. Und die Heere der Republik zogen mit einem neuen Lied in die Schlachten, mit der „Marseillaise". Die psychologische Wirkung dieser zündenden Melodie mußten kaiserliche Generäle schon mehrmals im Kampf erfahren. Die Engländer besaßen bereits seit einigen Jahrzehnten ihre Königshymne, Preußen übernahm die gleiche Melodie zu „Heil Dir im Siegeskranz", nur Österreich empfand die Nacktheit der Hymnenlosigkeit noch als peinliches Manko. Als nun Anfang 1797 Napoleon seine Armee durch Oberitalien immer bedrohlicher in die Nähe Österreichs führte, war die schnelle Produktion einer den Wehrwillen fördernden und die Anhänglichkeit des Volkes an die Dynastie betonenden Hymne ein Gebot der Stunde. Ob nun Haydn, der in England das „God Save The King" oft genug gehört hatte, die Idee an den Direktor der Hofbibliothek Gottfried van Swieten weitergab oder ob die

Anregung von oben gekommen ist, läßt sich heute nicht mehr ganz klären. Der eigentliche „Manager" dieser Hymnenerzeugung heißt jedoch Franz Joseph Graf Saurau, zwischen 1795 und 1797 als Statthalter Österreichs unter der Enns für die materielle wie die geistige Landesverteidigung verantwortlich. Er besorgte einen Text, den Haydn dann komponierte, und er organisierte auch die schlagartige Verbreitung und Popularisierung der Hymne. Haydn bekam die Worte in der zweiten Jännerhälfte. Ende des Monats erhielt Saurau das Lied vorgelegt und genehmigte es am 29. Jänner 1797. In aller Eile wurden so viele Exemplare gedruckt, daß sie bereits am 12. Februar in allen Theatern Wiens und auch in den österreichischen Provinzstädten an das Publikum verteilt werden konnten. Der 12. Februar war Kaisers Geburtstag, und als Franz an diesem Abend die Loge des Burgtheaters betrat, erhoben sich die Zuschauer und sangen die so einfache und doch so ergreifende Melodie zum erstenmal. Die geschickte Regie Sauraus fügte es, daß gleichzeitig auch in allen anderen Theatern die Hymne erklang. Und dieses „Gott! erhalte Franz den Kaiser, unsern guten Kaiser Franz!" war in diesem Augenblick mehr als ein Gesundheitswunsch. Denn wer immer diesen Text sang, brauchte seine Phantasie angesichts der drohenden französischen Gefahr nicht übermäßig anzustrengen, um über die Möglichkeiten eines Sturzes des Kaisers oder seiner Flucht oder Gefangenschaft zu spekulieren. „Lange lebe Franz der Kaiser in des Glückes hellstem Glanz! Ihm erblühen Lorbeer-Reiser, wo er geht zum Ehrenkranz!" hieß es da weiter in etwas unbeholfenen Versen, die von der Musik jedoch veredelt und vergoldet worden sind. Aber sie waren in der Stunde der Bedrängnis wohl ehrlich gemeint.

Ihr Verfasser, der frühere Jesuit Lorenz Leopold Haschka, ist in der Literaturgeschichte vor allem durch einen Vers aus Schillers und Goethes „Xenien" verewigt worden: „Aber jetzt rat ich euch, geht, sonst kommt noch gar der Gorgona Fratze oder ein Band Oden von Haschka heraus." Der so „gerühmte" Haschka hatte als politischer Tagesdichter seine Verse zu jedem aktuellen Anlaß geschmiedet: Er besang Kaiser Josef, ihm fiel eine Ode „Auf die Eroberung Belgrads" (1789) ein und eine andere „Auf die Rückkehr Leopolds II. von der Krönung in Frankfurt" (1790), er wußte etwas „Auf die Befreier Deutschlands" (1796) und bedichtete 1798 den Frieden von Campo Formio. Man erzählte sich über seinen Opportunismus einige Geschichten, und eine Zeitlang kolportierte der Wiener Literatentratsch sogar, daß Haschka eine Erbschaft in den Sklavenhandel investiert, sein Geld aber durch den Untergang eines Schiffes verloren habe. Wie sein Gönner, der Graf Saurau, gehörte auch Haschka als aufgeklärter Wiener einer Freimaurerloge an, aber man sagte ihm auch nach, daß er manchmal als Polizeispitzel gedient habe. Das also war der Mann des „Gott erhalte", nicht gerade der ideale Partner für einen so einfachen, geraden und ehrlichen großen Künstler, wie Haydn einer war. So blieb die Melodie auch unsterblich, während der Text immer wieder dem Wandel der Zeiten angepaßt werden mußte.[1]

„Gott erhalte unsern Kaiser, unsern guten Ferdinand! Der du Throne hältst und Häuser, schirm ihn, Herr, mit starker Hand, laß statt Lorbeer Ölbaumreiser sprossen, wo er liebend stand; Gott erhalte unsern Kaiser, unsern edlen Ferdinand . . ."[2] Kein Geringerer als Franz Grillparzer hat sich im Frühjahr 1835 an der Hymne versucht. Denn die Monarchie benötigte eine neue Version für Kaiser Ferdinand. Doch Grillparzer fiel bei Metternich durch. Der offizielle neue Text eines Preußen, Karl von Holtei, wurde vom Publikum jedoch mehrmals ausgepfiffen, so verwendete man dann eine Version des Freiherrn von Zedlitz. Nach 1848 dauerte es fünf Jahre, bis wieder ein Hymnenwettbewerb veranstaltet werden mußte. Obwohl auch Grillparzer eingereicht hatte, ging der brave Literat Johann Gabriel Seidl als Sieger hervor. Von ihm stammen die Verse, die dann das Habsburgerreich millionenstimmig bis zu seinem Ende begleitet haben: „Gott erhalte, Gott beschütze, unsern Kaiser, unser Land! . . ." und am Schluß der vierten Strophe: „Heil dem Kaiser, Heil dem Lande: Österreich wird ewig stehn!"[3] Ottokar Kernstocks entdynastisierter republikanischer Hymnentext wurde 1930 an die Litfaßsäulen geschlagen: „Sei gesegnet ohne Ende . . ." Da hat er wieder bei Zedlitz eine Anleihe genommen, der mit der Zeile „Segen Österreichs hoher Sonne . . ." begann. Der nationalistische Vorrangsanspruch des „Deutschland, Deutschland über alles" wurde 1841 gestellt, als dieser neue Text Hoffmanns von Fallersleben bei einem Fackelzug deutschnationaler Studenten und Turner in Hamburg zum erstenmal erklang. Zur deutschen Hymne wurde er 1922 durch ein Dekret, das Hindenburg als Reichspräsident unterschrieben hat.[4]

Joseph Haydn wollte für alle Zeiten von der mannigfaltigen politischen Ausdeutung seiner Weise unabhängig sein und hat sie deshalb noch als langsamen Variationensatz in seinem „Kaiserquartett" verarbeitet. Das „Volkslied" wurde bald überall gesungen. Graf Saurau, der nun das zu dem Lied gehörige Volk aufforderte, zu den Fahnen zu eilen und sich den in die Steiermark eingebrochenen Franzosen entgegenzustellen, empfahl den Soldaten die eifrige Verwendung dieser die patriotischen Gefühle aufpeitschenden Melodie. Auch die im April 1797 aufgestellte Universitätsbrigade hatte das Lied auf den Lippen. Weil in ihren Reihen so mancher poetisch begabter junger Mann diente, so sangen sie dazu natürlich bald ihr eigenes Marschlied: „Wohin, ihr Brüder, Hand in Hand, wohin geht unser Wallen? Hinaus, hinaus für's Vaterland! Wir siegen oder fallen . . ." Weder das eine noch das andere erfüllte sich. Die Vaterlandsverteidiger kamen nur bis Kritzendorf. Denn durch den Vorfrieden von Leoben war der Krieg vorläufig beendet worden. Der Verfasser des feurigen Gesanges, Johann Philipp Neumann, vollendete sein Studium und kam über Laibach und Graz als Professor für Physik an das Polytechnische Institut in Wien. Trotz seiner Beschäftigung mit den Naturwissenschaften dichtete Neumann weiter, und noch heute kennt im katholischen Österreich jeder Kirchengänger einen seiner Texte: „Wohin soll ich mich wenden . . .", die Worte der Deutschen Singmesse von Franz Schubert.[5] Und dieser Franz Schubert ist genau zwei Tage, nachdem Haydns Hymne vom Grafen Saurau approbiert worden war, im Haus zum roten Krebs am Himmelpfortgrund geboren worden: am 31. Jänner 1797.

Das Haus, in dem Haydn seine Hymne komponiert hat, ist verschwunden: ein schmalbrüstiges, nur drei Fenster breites Bürgerhaus am Neuen Markt, das der Witwe eines „Hoföbstlers" gehörte (als Haydn 1795 ein Konzert inserierte, hieß es in der Anzeige: „Die Eintrittszettel sind bei dem Herrn Kapellmeister Haydn in seiner Wohnung am Neuen Markt in dem Hoföbstlerischen Hause im dritten Stock zu allen Stunden zu haben"). 1797 wartete er schon sehnsüchtig darauf, daß er in sein neues Haus jenseits der Festungswälle nach Gumpendorf übersiedeln konnte. 1792 hatte er es erworben, aber dann erst einmal gründlich umbauen lassen. Und im „Gott erhalte"-Jahr bezog er es auch – und dort ist er schließlich im Juni 1809 gestorben. Das letzte, was er in dieser neuerlichen französischen Besatzungszeit vor seinem Tode noch gespielt hat, war sein Kaiserlied.

Dem einstöckigen Haus in Gumpendorf ist die Großstadt noch immer nicht über das Dach gewachsen. So wie Schuberts Geburtshaus in der Nußdorfer Straße – zwei Vorstadthäuser, in denen noch das Dorf wohnt, auch wenn daneben Straßenschluchten jede Erinnerung an Grün und Garten und Land sofort vertreiben. In Gumpendorf wie am Himmelpfortgrund – weil er einmal zum Besitz des Himmelpfortklosters in der Stadt (Himmelpfortgasse) gehört hatte – möchte man dennoch gerne an die ländliche Idylle weit weg von den Stadtmauern glauben. Besonders der Hof des Schuberthauses mit seinen offenen Galerien, dem Brunnen und dem kleinen Garten bietet sich als ideale Kulisse für Schubertsche Naturmalereien an: Stimmung, Atmosphäre, Biedermeier und ein selig Lieder kritzelnder Schubert „Franzl" – das Kitschbild ist fertig. So wenig dieses Klischee auf Schubert paßt, so wenig auch auf das Haus. Als dort Franz vermutlich in der Rauchkuchl zur Welt kam, wohnten in diesem relativ kleinen, einstöckigen Gebäude 16 Familien – alle in Zimmer-Küche-Wohnungen. Nur die Schuberts mieteten neben ihren zwei Räumen im ersten Stock auch noch im Parterre zwei Zimmer, in denen Vater Schubert seine Schule eingerichtet hatte. Zum Trocknen aufgehängte Wäsche, Küchengerüche, Kinderlärm, Streitereien, dieses Gefühl der Gedrängtheit – das sind Empfindungen, die dem heute von den Museumshütern zu einem kleinen Schmuckkästchen ausgestalteten Schubert-Plätzchen völlig fremd sind. Aber das war der Arme-Leut'-Alltag, in den Schubert hineinwuchs. Er hieß Franz, nach dem Kaiser, den Haydn besungen hat, dem guten Kaiser Franz; auch Schuberts Vater hieß so – sein Name wieder war von Maria Theresias Kaisergatten Franz Stephan von Lothringen entlehnt worden.

Während hier also alles ein Anfangen unter eher drückenden Verhältnissen war, neigte sich im Haydnhaus ein gesetztes, erfolgreiches Leben langsam seinem Ende zu. Ein Patriarch der Musik hatte den ruhigen Sitz für seinen Lebensabend gefunden, obwohl er noch voll von Energie war und die Kraft zu einigen seiner tiefsten Werke („Die Jahreszeiten", „Die Schöpfung") hatte. Sein Dasein war geordnet, mehr als vornehme Bescheidenheit brauchte er nicht. Ein wenig wird ihm das Haus in der Vorstadt Windmühl noch vom Heimathaus in Rohrau bewahrt haben. Er, der so lange nur Diener eines Fürsten war und zeitweise zum Lakaienstand zählte, wurde von seiner Umgebung nun als Fürst der Musik geehrt. Napoleon kommandierte Wachen zu seinem Haus, damit Haydn von der Besatzung unbehelligt bliebe. Und auch die Beschreibung eines Besuches im Haydnhaus 1808 hat etwas vom Bericht über eine Audienz bei einem großen Herren an sich – oder bei einem Denkmal.

„Haydn sitzt im Sorgenstuhl, sehr geputzt. Eine gepuderte, mit Seitenlocken gezierte Peruque, ein weißes Halsband mit goldener Schnalle, eine weiße reichgestickte Weste von schwerem Seidenstoff, dazwischen ein stattliches Jabot prangte, ein Staatskleid von feinem kaffeebraunen Tuche, gestickte Manschetten, schwarzseidene Beinkleider und weißseidene Strümpfe, Schuhe mit großen, über den Rist gebogenen silbernen Schnallen, und auf dem zur Seite stehenden Tischchen nebst dem Hut ein Paar weißledener Handschuhe, waren die Bestandstücke seines Anzuges..."[6] Dieses lebende Monument war die Verbindung zwischen alt und neu, die zentrale Figur jener vierzig Jahre, in denen die Kaiserstadt die gesamte abendländische Musik zu gebären, zu erneuern und zu revolutionieren schien. Diese Musiker, und dann ihre Freunde, die Dichter und Literaten und Maler des Vormärz, sie alle bildeten eine einmalige schöpferische Gemeinschaft, die trotz der Franzosenkriege, der oberflächlichen

Kongreßherrlichkeiten und des Metternichschen Zensurdrucks über ihre Zeit hinauswuchsen und durch ihr Werk aus den Zwängen ihrer Gesellschaft ausbrachen. Haydn war der ruhende Pol.

Als der Meister starb, diente der junge Grillparzer im Studentenkorps auf den Wällen der Stadt während einer französischen Kanonade („Was meine eigene Haltung betrifft, so war sie nicht besonders mutig, aber auch nicht furchtsam. Ich ließ eben die Dinge währen",[7] war sein sehr österreichischer Standpunkt). Als Grillparzer am 15. Jänner 1791 geboren wurde, hatte Mozart noch knappe elf Monate zu leben. Und Grillparzer erinnert sich einer sehr weitläufigen Kinderbeziehung zu ihm: „Eines der frühesten Bücher, die ich las, war das Textbuch der ‚Zauberflöte‘. Ein Stubenmädchen besaß es und bewahrte es als heiligen Besitz. Sie hatte nämlich als Kind einen Affen in der genannten Oper gespielt und betrachtete jenes Ereignis als den Glanzpunkt ihres Lebens. Außer ihrem Gebetbuche besaß sie kein anderes als diesen Operntext, den sie so hochhielt, daß, als ihr die Anfangsblätter abhanden gekommen waren, sie mit eigener Hand mühselig das Fehlende abschrieb und dem Buche beilegte. Auf dem Schoße des Mädchens sitzend, las ich mit ihr abwechselnd die wunderlichen Dinge, von denen wir beide nicht zweifelten, daß es das Höchste sei, zu dem sich der menschliche Geist aufschwingen könne . . ."[8] Mit Beethoven kam Grillparzer bereits als Dreizehn- oder Vierzehnjähriger in Berührung: „Das erstemal, daß ich Beethoven sah, war in meinen Knabenjahren – es mochte in den Jahren 1804 oder 5 gewesen sein – und zwar bei einer musikalischen Abendunterhaltung im Hause meines Onkels Joseph Sonnleithner. Außer Beethoven befanden sich noch Cherubini und Abbé Vogler unter den Anwesenden. Er war damals noch mager, schwarz und war, gegen seine spätere Gewohnheit, höchst elegant gekleidet und trug Brillen . . ."[9]

Die nächste Begegnung ergab sich während eines Sommeraufenthaltes in Heiligenstadt. Die Familie Grillparzer teilte den Gang mit Beethoven: „Meine Brüder und ich machten uns wenig aus dem wunderlichen Mann – er war unterdessen stärker geworden und ging höchst nachlässig, ja unreinlich gekleidet – wenn er brummend an uns vorüberschoß. Meine Mutter aber, eine leidenschaftliche Freundin der Musik, ließ sich hinreißen, je und dann, wenn sie ihn Klavier spielen hörte, auf den gemeinschaftlichen Gang hinauszutreten und andächtig zu lauschen. Das mochte ein paarmal geschehen sein, als plötzlich Beethovens Tür aufgeht, er selbst heraustritt, meine Mutter erblickt, zurückeilte und unmittelbar darauf, den Hut auf dem Kopfe die Treppe hinab ins Freie stürmte. Von diesem Augenblicke an berührte er sein Klavier nicht mehr . . ."[10]

Von den großen Vier der Wiener Klassik – Haydn, Mozart, Beethoven und Schubert –, hat nur Beethoven die anderen mit eigenen Augen gesehen und auch gesprochen. „Lieber Beethoven, Sie reisen jetzt nach Wien zur Erfüllung Ihrer so lange bestrittenen Wünsche. Mozarts Genius trauert noch und beweinet den Tod seines Zöglings. Bei dem unerschöpflichen Haydn fand er Zuflucht, aber keine Beschäftigung; durch ihn wünscht er noch einmal mit jemanden vereinigt zu werden. Durch ununterbrochenen Fleiß erhalten Sie: Mozarts Geist aus Haydns Händen." Dieser berühmte Brief des Grafen Waldstein begleitete den zweiundzwanzigjährigen Beethoven nach Wien.[11] Doch es war nicht seine erste Reise vom Rhein an die Donau. Schon als Sechzehnjähriger hat er nach Wien gefunden, um dort bei dem berühmten Mozart Unterricht zu nehmen. Der Aufenthalt im Frühjahr 1787 hat jedoch nicht lange gedauert, und von dem Treffen Mozart-Beethoven ist nur wenig überliefert. Anton Schindler, der sich

Beethovens „Geheimsekretär – ohne Gehalt" nannte, schreibt in seiner 1840 erschienenen Biographie des Komponisten, daß sich dem Gedächtnis des sechzehnjährigen Jünglings bei jenem Besuch nur zwei Persönlichkeiten tief eingeprägt haben: Kaiser Josef und Mozart. „Die prophetischen Worte des letzteren über die Zukunft des jungen Künstlers, nachdem dieser ein von ihm aufgegebenes Motiv ex tempore durchgeführt hatte: ‚Dieser Jüngling wird noch viel in der Welt von sich reden machen', sind im Laufe der Zeit, auch mit Varianten, oft wiederholt worden . . ."[12]

Der Ort dieses Treffens? Aller Wahrscheinlichkeit nach das Haus „Große Schulerstraße", Innere Stadt, Nummer 846. Dort hat Mozart vom Herbst 1784 bis zum Frühjahr 1787 gewohnt, um auf Grund seiner besseren Einkünfte – solange das Geld reichte –, einen etwas vornehmeren und feudaleren Hausstand zu führen. Denn die Hausherrnwohnung im ersten Stock betont eine gewisse Eleganz. Sie ist städtisch und entspricht höheren gesellschaftlichen Ansprüchen. 480 Gulden zahlte Mozart für vier Zimmer, zwei Kabinette, Küche, Boden, Keller und zwei Verschläge. Das Kabinett mit dem Erker zur Schulerstraße zeichnet sich durch seinen besonderen Schmuck aus: Marmorstuck, irgendwelche Grazien an der geschwungenen Decke und sogar Kaiser Karl VI. als Relief über der Tür: wie in einem Palais, nur alles viel kleiner, der kuriose Versuch, fürstliches Gepränge in die Enge einer bürgerlichen Wohnung zu zwängen. Nun, das Haus gehörte früher dem Hofstukkateur Albert Camesina, der hier seine Kunstfertigkeit für eine Art Musterraum erprobt hat, um alle Besucher gleich auf den ersten Blick für sein Können einzunehmen.[13]

Mozart hat es gefallen, und in dieser Wohnung ist auch einer seiner größten Erfolge entstanden, „Die Hochzeit des Figaro". Wer heute durch die Schauräume pilgert, setzt seine Füße auf denselben Boden, auf dem Mozart, Beethoven und auch Haydn gestanden sind. Als das Haus nämlich 1965 renoviert wurde, entdeckte man unter dem schadhaften Fußboden noch die alten Bohlen aus Mozarts Zeit. In den Fugen steckten auch zwei Münzen aus dem 18. Jahrhundert.

Haydns Besuch in der Schulerstraße wird uns in einem Brief Leopold Mozarts berichtet, in dem er seiner Tochter Nannerl von einer Visite am 14. Februar 1785 beim Sohn in der Schulerstraße erzählt: „Am Samstag war abends Hr. Joseph Haydn und die zwei Baron Tindi bey uns, es wurden die neuen Quartette gemacht, aber nur die drei neuen, die er zu den andern drei, die wir haben, gemacht hat – sie sind zwar ein bißchen leichter, aber vortrefflich componiert. Hr. Haydn sagte mir: Ich sage Ihnen vor Gott, als ein ehrlicher Mann, Ihr Sohn ist der größte Componist, den ich von Person und dem Nahmen nach kenne; er hat Geschmack und überdas die größte Compositionswissenschaft . . ."[14]

Nicht ganz so herzlich entwickelten sich die Beziehungen zwischen Haydn und Beethoven, aber Herzlichkeit und Kontaktfreudigkeit gehörten nicht zu den Vorzügen des jüngeren Komponisten. Auch war Beethoven bei allem Respekt vor Haydn mit dessen Unterricht nicht ganz zufrieden. Es kam zu einer Mißstimmung, als der Komponist Johann Schenk in mehreren von Haydn korrigierten Kontrapunktübungen Beethovens Fehler bemerkte. Schindler darüber: „Mehr brauchte es nicht, um bei Beethoven sogleich den Verdacht rege werden zu lassen, Haydn meine es mit ihm nicht redlich. Er faßte sofort den Entschluß, den Unterricht bei ihm abzubrechen, davon er sich jedoch abbringen ließ, bis Haydns nächstbevorstehende zweite Reise nach England (1794) schickliche Gelegenheit dazu gegeben . . . Daß fernerhin zwischen

beiden keine besonders freundliche Sonne mehr geschienen, wird nicht auffallen . . ."[15]
Als 28 Jahre später ein anderer junger Komponist, nämlich Schubert, bei Beethoven anklopfte, gestaltete sich laut Schindler auch dieser erste Kontakt zweier Genies eher katastrophal: „Schlimm ist es 1822 Franz Schubert bei Überreichung seiner dem Meister gewidmeten Variationen zu vier Händen ergangen. Der schüchterne und zugleich wortkarge Musensohn hat, ungeachtet Diabellis Begleitung und Verdolmetschung seiner Gefühle für den Meister bei der Vorstellung, eine ihm selber mißfällige Rolle gespielt. Die bis ans Haus festbewahrte Courage hat ihn im Angesicht der Künstlermajestät ganz verlassen. Und als Beethoven den Wunsch geäußert, Schubert möge selber die Beantwortung seiner Fragen niederschreiben, war die Hand wie gefesselt. Beethoven durchlief das überreichte Exemplar und stieß auf eine harmonische Unrichtigkeit. Mit sanften Worten machte er den jungen Mann darauf aufmerksam, aber sogleich beifügend, das sei keine Todsünde; indes Schubert, vielleicht gerade infolge dieser begütigenden Bemerkung, vollends aus der Fassung gekommen. Erst außer dem Hause raffte er sich wieder zusammen und schalt sich selber derbe aus. Er hatte niemals wieder den Mut, sich dem Meister vorzustellen . . ."[16]
So lebten sie in diesen zwanziger Jahren, die keiner der beiden überschreiten sollte, nebeneinander her, verbunden nur durch gemeinsame Bekannte, gemeinsame Konzertprogramme und etwa die Tatsache, daß beide beim alten Salieri, dem Hofkapellmeister und Rivalen Mozarts (er starb 1825), Harmonielehreunterricht genossen hatten. Die Kenner schätzten beide Komponisten. Beethoven war etabliert und berühmt, und auf Schubert wurden mehr und mehr Musikliebhaber aufmerksam. Ein achtzehnjähriger Student schrieb am 19. August 1820 in sein Tagebuch: „Im Theater an der Wien: ‚Die Zauberharfe'. Ein Decorations- und Maschinenstück. Musik von Franz Schubert. Ausgezeichnet." Und am 22. April 1821: „Kärntnertor-Theater: Goethes ‚Laune des Verliebten' machte kein Glück. Das Beste ein Quartett von Schubert. Ein herrlicher Mensch! Den muß ich kennen lernen." Der Name des Tagebuchschreibers? Eduard von Bauernfeld, der später so erfolgreiche und beliebte Bühnenautor.[17] Was interessiert die gebildeten Wiener in dieser selbstzufriedenen nachnapoleonischen Ära, da noch immer so viel Kreativität in ihrer Stadt konzentriert war, am meisten? Ein etwas willkürlicher Blick in den Jahrgang 1821 der „Wiener Zeitschrift für Kunst, Literatur, Theater und Mode", herausgegeben von Johann Schickh, gegründet im Kongreßjahr 1815, soll zeigen, wer damals etwas galt und was wichtig war. Und welches „Kulturklima" anno Beethoven und Schubert in Wien herrschte. Der Erfolgskomponist dieser Jahre hieß nicht Beethoven und noch weniger Schubert, sondern Giacomo Rossini. Aber auch er mußte sich trotz des jubelnden Publikums bei der „Italienerin in Algier" im Theater an der Wien kritische Kommentare gefallen lassen: „Rossini hat unleugbar im Komischen ein geniales Talent, und man ist so sehr gewohnt zu hören, wie er sich selbst bestiehlt, daher sich immer in einerlei Formen und Gedanken bewegt, daß er originell erscheint, wenn er andere: Mozart, Cimarosa, Haydn usw. plündert . . ."[18] Der Geschmack fürs Italienische zog das Publikum auch zu den Sensationskonzerten der damaligen Callas, der Superprimadonna aus Paris Angelica Catalani im „k. k. großen Redoutensaal". Unter anderem stand auch das „Gott erhalte" in italienischer Sprache auf dem Programm.
Haydn wurde damals auch auf andere Weise geehrt. Die „Wiener Zeitschrift" kündigt für den 16. April eine Musikalische Akademie im Hoftheater nächst der k. k. Burg

an: „Zu Ehren weiland des fürstlich Esterházyschen Kapellmeisters und Doktors der Tonkunst, Joseph Haydn. I. Vierstimmiger Gesang zu Haydn's Lob; komponiert von Hrn. Salieri. II. Die Schöpfung; Oratorium in drey Abteilungen". Bei der Aufführung war dann die „Büste Haydns mit einem Lorbeerkranz geschmückt im Orchester nach vorne zu aufgestellt".

Und Beethoven? Einige Konzertprogramme nennen ihn. Aber zu seinem Geburtstag erscheint im Dezember ein Sonett von Friederike Susan, geb. Salzer: „Gesprenget hat dein Feuergeist die Riegel am goldenen Thor der Phantasien-Welt, aus der allein der heil'ge Funke fällt, der deiner Seele lieh die kühnen Flügel..." Der Töne Strom schwellt den Busen, das Leben erhellt sich im Feenglanz, seine Schöpfung gleicht einem blumenreichen Hügel, und der Tag wird gesegnet, an der der Götterliebling geboren war. Beethoven und Schubert werden am 24. April 1821 in einem Atem genannt. In einem „Privatkonzert", das im „landständischen Saal" um die Mittagsstunde seinen Anfang nahm, war auch das „bekannte Vokal-Quartett von Hrn. Schubert" zu hören, „das gut gesungen und, wie immer beifällig aufgenommen wurde. Zum Schlusse spielte Dlle. Sedlak das Beethovensche Quintett für Pianoforte mit Begleitung von vier Blasinstrumenten, welches wir lange entbehrt hatten und mit viel Vergnügen vernahmen". Im Juni hat Schubert dann etwas zu der Zauberoper „Das Zauberglöckchen" (nach dem Französischen von Friedrich Treitschke, Musik von Herold) beigetragen: „Ein zweites Duett steht nicht in der Partitur, sondern rührt von dem Verfasser der beliebten Komposition des Erlkönigs, Hr. Franz Schubert, her, und verbindet charakteristische Bezeichnung mit einem leichten und gefälligen Gange. Von diesem hoffnungsvollen jungen Tonsetzer ist auch die Arie des Agolin zu Anfang des dritten Aufzugs, die, der lieblichen Stimme des Sängers angemessen, so einfach rührend zum Herzen sprach ..." Um noch weiter auf den hoffnungsvollen Tonsetzer aufmerksam zu machen, bringt in dieser Nummer die „Wiener Zeitschrift" als Musikbeilage auch die Noten von Schuberts Lied nach Schillers „An Emma".

Neben den Musen sind auch die Naturwissenschaften für die Leser der „Wiener Zeitschrift" von nicht geringer Bedeutung. So lesen wir in der ständigen Rubrik „Für Liebhaber der Botanik": „In den Gewächshäusern des k. k. Hofgartens in Schönbrunn blühen jetzt folgende Gewächse: Bacillenblättrige Athanasie. Vom Kap. Gemeine Trompetenblume. Aus Florida. Lorbeerblättrige Seetraube. Von Caracas. Goldfarbige Glockenblume. Auf Felsen zu Madera. Wohlriechender Stechapfel. Von Mexiko. Syrischer Hibiscus. Von Syrien. Japanischer Sophore. Aus Japan."

Und zwischen all diesen botanisch-naturwissenschaftlichen Merkwürdigkeiten stößt der Leser noch zweimal auf die Familie Mozart: Den Sohn unterstützt die „Wiener Zeitschrift" durch den Abdruck der Noten zu „Bertha's Lied in der Nacht" aus Grillparzers „Ahnfrau", in Musik gesetzt von W. A. Mozart, dem Sohne. In seinem Taufbuch steht er zwar als Franz Xaver Wolfgang, aber der andere Name ließ sich eben besser verkaufen. Auch eine Dame benutzt Mozarts Namen ein wenig zu Reklamezwecken: „Madame Lange, Schwägerin des unvergesslichen Mozart und Gattin des k. k. Hofschauspielers Lange, dem hiesigen Publikum als ehemalige k. k. Hofopernsängerin vorteilhaft bekannt, hat Wien zu ihrem immerwährenden Aufenthalt gewählt und wünscht, gegen billiges Honorar, Unterricht im Gesang zu geben ..."

Sentimentale Spekulationen auf die Vergangenheit, Kritikerstreitereien, exotische Sensationen, dazwischen ein wenig harmlose Lyrik, besinnliche Geschichtchen und zart kolorierte Biedermeier-Modeblätter. Die „Wiener Zeitschrift" reflektiert im Jahr 1821 ein österreichisches Geistesleben so recht nach dem Herzen der Zensoren Metternichs und seines Polizeichefs Sedlnitzky. Brav und folgsam wie die bunten Pflanzen mit schönen Namen aus fernen Ländern in den Gewächshäusern des k. k. Hofgartens, so soll auch alles intellektuelle Regen in einem großen k. k. Gewächshaus grünen und blühen. Doch das ist nur das gewollte Bild, das offizielle. Dahinter gärt und brodelt es, und die Zeit ist voll von geistigem Geschehen, Abenteuern und dichterischen, darstellerischen und musikalischen Vulkanausbrüchen.

In diesem Jahr Rossinis und der Catalani gibt die erste moderne Sängerdarstellung ihr Debüt: Wilhelmine Schröder, die Tochter der Burgschauspielerin Sophie Schröder. Am 30. Jänner vermeldet die „Wiener Zeitschrift" den „ersten Versuch" der siebzehnjährigen Sängerin als Pamina. „Ein ziemlich geregeltes Gebärdenspiel" sagt ihr der Rezensent nach. „Ihr Organ im Gesange ist sehr angenehm, nicht stark, aber klangvoll, ihre Manier einfach, ihr Ausdruck lobenswert . . ."

Im November des gleichen Jahres singt Wilhelmine Schröder bereits die Agathe in Webers „Freischütz" mit „tief erregender Gemütlichkeit". Und der Kritiker schreibt: „Dieses Werk beweist mit siegreicher Klarheit, daß der Genius, den wir in Mozarts und anderer Meister Werken mit immer wachsendem Entzücken stets bewundert, nicht erschöpft ist . . ."

Ein weiteres großes Ereignis wurde in der „Wiener Zeitschrift" seiner Bedeutung entsprechend gewürdigt: Die Uraufführung von Grillparzers „Goldener Vlies"-Trilogie. Der Kritiker meint über Grillparzer: „Man urteile über ihn, wie man will, immer muß man seiner Muse doch Wahrheit der Natur zugestehen. Dieses Verdienst bezeichnet recht eigentlich die reine österreichische Ader, und insofern ist das gelieferte Werk im strengsten Sinne ein vaterländisches . . ."

Auch der junge Bauernfeld hat Ende März seinem Tagebuch Burgtheatereindrücke anvertraut: „Zum ersten Mal ‚Der Gastfreund' und ‚Die Argonauten' von Grillparzer. Das Vorspiel herrlich! In den Argonauten die Charaktere nicht ganz richtig gezeichnet. Tags darauf: Medea. Sprache und Gedanken noch herrlicher, die Charaktere aber unsicher (die Medea ausgenommen). Die Schlußszene grandios! Grillparzer wurde lärmend gerufen, erschien endlich im blauen Frack, lief schnell und lächelnd über die Bühne. Mad. Schröder war noch gewaltiger als gestern. Die Frau hat den Teufel im Leibe! Ich wollte im Bett noch im Wilhelm Meister lesen, war's aber nicht im Stande. Die Gestalten der Tragödie erlauben es nicht. Wer kann Ähnliches machen? Und wozu bemühen wir uns Pygmäen?"[19] Am 7. März 1822: „Im ‚Freischütz'. Weber dirigierte selbst. Man warf ihm Kränze, streute Gedichte aus. In einem derselben hiess es: ‚Du gabst der Liebe ihre Stimme wieder!'"

Enthusiasmus, Mitleben und ein weiter Kreis gescheiter junger Leute, die alle das Gefühl haben, daß sie mehr tun können und müssen, als ihnen Umgebung und Gesellschaft erlauben – das ist die Landschaft des Vormärz. Aus Bauernfelds kurzen Notizen, die irgendwann am Abend in das Tagebuch gekritzelt wurden, läßt sich diese Atmosphäre dicht und lebendig erfassen: 22. Jänner 1822: „Mit Fick wird Homer gelesen, dreimal in der Woche. – Gestern mit Fick einen Abend bei Weintridt. Der Compositeur Schubert war zugegen und sang mehrere seiner Lieder. Auch mein Jugendfreund Moriz Schwind, der den Schubert mitbrachte. Maler Kupelwieser, Professor Stein, Graf Lanckoronsky, Stadion usw. Wir blieben bis nach Mitternacht. –

Weintridt trotz seiner Theologie, ein behaglicher Lebemann. Ich in ewiger Gärung und Unruhe . . ." Eine typische Zusammenkunft, eine interessante Mischung: der angehende Historiker Joseph Fick, der zwischen 1838 und 1848 den Thronfolger Erzherzog Franz Joseph zehn Jahre lang in Geschichte unterweisen wird; der Komponist, die Maler, die Adeligen, und Weintridt, der wegen ein paar kühner Überlegungen seine Religionsprofessur an der philosophischen Fakultät der Wiener Universität verloren hatte. Bauernfelds Tagebuch wird zu einer Kurzchronik jener Clique oder Gruppierung, deren Angehörige als „Schubertianer" in den Büchern stehen: „11. Februar 1822: Mit Moriz Schwind im ‚Fidelio'. Wir weinten vor Entzücken." In diesem Jahr debütiert an der Hofoper ein einundzwanzigjähriger Bassist: Johann Nestroy singt in der „Zauberflöte" den Sarastro, und im Leopoldstädter Theater jubeln die Zuschauer Abend für Abend dem Komiker Ferdinand Raimund zu.

Bauernfeld und seine Freunde stürzen sich in ein hektisches Vergnügungstreiben. Februar 1824: „Ball bei Trentsenski. – Kreissle, mittelmässiger Landschaftsmaler, geigt himmlische Walzer. Sieht aus wie ein Bandit. Blass, lange, schwarze, herabhängende Haare, Schnurr- und Spitzbart. Auch Ball bei Mitis. Wütend getanzt. Auch bei Kronenfels, bis 6 Uhr morgens. Eine fünfzehnjährige Cornelie Baronesse Trenk war Ballgöttin . . ." März 1824: „Tolle Faschingszeit. Vierundzwanzigstündiger Ball bei Trentsenski. Morgens um 1/27 Uhr legte ich mich dort schlafen. Am Vormittag gab's noch einen Cotillon, dann Diner, dann wieder Tanz." August 1824: „Viel mit Moriz (Schwind) zusammen, auch bei ihm geschlafen, da wir uns nach Wirts- und Kaffeehaus nicht trennen wollten. Das ist doch eine wahre, echte Künstlernatur."

Im November zitiert Bauernfeld einen Brief Josef Ficks, der über den modisch orientierten Kunstgeschmack auf einem ländlichen Adelssitz in Mähren berichtet: „In der Kunst ist man hier ultraketzerisch; Mozart und Beethoven sind die alten General-Bassisten, die die Dummheit der vorigen Zeit hübsch fand; erst seit Rossini weiss man, was Melodie ist. ‚Fidelio' ist ein Quark, von dem man nicht begreifen kann, wie sich jemand die Mühe geben mag, sich damit zu langweilen . . ."

Bauernfeld notiert Neues aus seiner „swingenden" Freundesschar: „Jänner 1825. Am Dreikönigsabend Maskenzug bei Schwind. Ich als Pilger, die drei Könige spielten Würfel im vollen Ornat. Ich verteile Gedichte, Moriz machte mir eine Zeichnung . . ." Februar 1825: „Schwind besuchte mich eines Abends mit Franz Schubert, den ich bisher nur von Weitem kannte. Ich las den Freunden auf ihr Verlangen das Drama ‚Madera' vor, spielte vierhändig mit Schubert, dann ins Gast- und Kaffeehaus." März 1825: „Viel mit Schwind und Schubert zusammen. Er sang bei mir neue Lieder. Letzthin schliefen wir bei ihm. Da eine Tabackpfeife fehlte, richtete mir Moriz eine derlei aus Schuberts Augengläserfutteral zurecht. Mit Schubert Du geworden bei einem Glase Zuckerwasser. Er will einen Operntext von mir, schlug mir die ‚Bezauberte Rose' vor. Ich meinte, ein ‚Graf Gleichen' gehe mir durch den Kopf. – Besuch bei dem Sänger Vogel. Merkwürdiger alter Junggeselle. Liest den Epiktet und ist ein Schatz angenehmer Geckerei. Moriz benahm sich maniriert ungezogen gegen ihn. Schubert ist immer derselbe, immer natürlich . . ." Im Oktober 1825: „Schubert ist zurück. Gast- und Kaffeehaus-Leben mit den Freunden, häufig bis zwei, drei Uhr des Morgens."

Das Jahr 1826: „Sylvester ohne Schubert, der krank war. Dramatische Parodie auf sämtliche Freunde und Freundinnen nach Mitternacht unter grossem Beifall gelesen. Moriz erscheint darin als Harlequin, die Netti als Columbine. Schober ist Pantalon, Schubert Pierrot." 13. Jänner 1826: „Heute war mein vierundzwanzigster Geburtstag. Was hab' ich geleistet? Was soll aus mir werden?" 16. Jänner 1826: „Treibe Schlittschuhlaufen (im Belvedere) mit Passion. – Vorgestern Würstelball bei Schober, Schubert musste Walzer spielen." 21. Februar: „Sonntags mit Schubert im Redouten-saal. Die D-Symphonie und Egmont. Dann mit ihm gegessen, nach Tisch zu Schuppanzigh. Quartette von Haydn und Beethoven, Quintett von Mozart. Alles himmlisch! Auch Grillparzer war zugegen."

Im Sommer dieses Jahres unternimmt Bauernfeld eine längere Fahrt in die Berge. Bei seiner Rückkehr per Schiff trifft er die Freunde: „Als wir Abends in Nussdorf landeten, liefen mir Schwind und Schubert aus dem Kaffeehaus entgegen. Grosser Jubel! – ‚Wo ist die Oper?' fragte Schubert. – ‚Hier!' – Ich überreichte ihm feierlich den ‚Grafen von Gleichen'." Aber bald werden Bauernfeld und Schubert wieder daran erinnert, daß sie in Metternichs Österreich leben. August 1826: „Dem Schubert hat die Oper sehr gefallen; doch fürchten wir die Zensur . . ." Oktober 1826: „Der Operntext von der Zensur verboten. Schubert will trotzdem komponieren." November 1826: „Wann wird endlich der Teufel diese verfluchte Zensur holen? Wir sind arme Hascher. Aber was wär' denn aus Goethe und Schiller geworden, wenn sie als Österreicher geboren wären."

Ohne daß sich die Zeiten ändern, geht eine große Zeit zu Ende. Nur merkt's noch niemand. Bauernfeld, Februar 1827: „Apfel und Bretzen soupirt, faute de mieux dagegen auf Bällen herumgeschwärmt, die Cour gemacht. Ein Glück, dass einem niemand ins Innere der Seele und – des leeren Geldbeutels schauen kann." Aschermitt-woch: „Grillparzer mehrmals besucht. Trotz seiner Hypochondrie wirkt der Verkehr mit ihm stärkend." Und dann am 29. März 1827: „Am 26. ist Beethoven gestorben, 56 Jahre alt. Heute war sein Leichenbegängnis. Ich ging mit Schubert. Anschütz hielt vor dem Währinger Kirchhof eine Leichenrede von Grillparzer." Dazu liest man bei Grillparzer, der beim Begräbnis wie Schubert, Raimund und andere eine Fackel trug: „Zwei Tage vorher kam Schindler des Abends zu mir, mit der Nachricht, dass Beethoven im Sterben liege und seine Freunde von mir eine Rede verlangten, die der Schauspieler Anschütz an seinem Grabe halten sollte. Ich war um so mehr erschüttert, als ich kaum etwas von der Krankheit wusste, suchte jedoch meine Gedanken zu ordnen und des andern Morgens fing ich an die Rede niederzuschreiben. Ich war in die zweite Hälfte gekommen, als Schindler wieder eintrat, um das Bestellte abzuholen, denn Beethoven sei eben gestorben . . ."[20] Und Schindler schreibt vom Begräbnis: „Das Bahrtuch trugen zur Rechten die Kapellmeister Eybler, Hummel, Seyfried und Kreutzer; zur Linken die Kapellmeister Weigl, Gyrowetz, Gänsbacher und Würfel. Wohl an zwanzigtausend Menschen haben dem Zug von der Wohnung des grossen Toten bis zur Pfarrkirche in der Alser-Vorstadt das Geleit gegeben."[21]

Die Stadt war leerer geworden. Schubert trauerte, fühlte sich oft elend und lebte dennoch in einem fieberhaften Arbeitsrausch. Bauernfeld notiert am 9. Mai 1828: „Paganini gehört. Das Entree (5 fl.) zahlte Schubert für mich . . . Heute hat mir Schubert seine neue, wunderbare vierhändige Phantasie vorgespielt." Er hat nur noch ein paar Monate. Am 12. November schrieb Schubert aus der Wohnung seines Bruders

im Haus Kettenbrückengasse 6 an seinen Freund Schober: „Ich bin krank. Ich habe schon 11 Tage nichts gegessen und nichts getrunken und wandle matt und schwankend von Sessel zu Bett und zurück. Wenn ich auch was geniesse, so muss ich es gleich wieder von mir geben. Sey also so gut, mir in dieser verzweiflungsvollen Lage durch Lectüre zu Hilfe zu kommen. Von Cooper habe ich gelesen: Den letzten der Mohikaner, den Spion, den Lootsen und die Ansiedler. Solltest Du vielleicht noch was von ihm haben, so beschwöre ich Dich, mir solches bey der Frau von Bogner im Kaffeehaus zu depositieren . . ."[22] James Fenimore Cooper, der Lederstrumpf-Autor, als einer der letzten Wünsche Schuberts. Am 20. November 1828 muß Bauernfeld ins Tagebuch schreiben: „Gestern Nachmittags ist Schubert gestorben. Montags sprach ich ihn noch, Dienstag phantasierte er, Mittwoch war er tot. Er sprach mir noch von der Oper. Es ist mir wie ein Traum. Die ehrlichste Seele, der treueste Freund! Ich wollt, ich läge statt seiner. Er geht doch mit Ruhm von der Erde!" 22. November: „Gestern unsern Schubert begraben. Schober mit seinem Kunstinstitut ist der Crida nahe, Schwind und ich sind mutlos. Was ist das für ein Leben!"

In diesem Jahr 1828 wird Ferdinand Raimunds „Gefesselte Phantasie" uraufgeführt. In Graz erobert sich Johann Nestroy als Komiker das Publikum. Im oberösterreichischen Ansfelden wächst ein vierjähriger Bub heran, Anton Bruckner. Adalbert Stifter ist dreiundzwanzig Jahre alt, studiert in Wien und verzehrt sich in diesem November in einem Liebesbrief sehnsüchtig nach einer Frau, die er nie bekommen wird: „Ich weiss es ja, es ist nur ein liebliches Phantom, es ist nur ein Kartenhaus, an dem ich mich so sehr ergötze, doch mir ist dieses Phantom, dieses Kartenhaus so lieb, und mich wird der Wind sehr betrüben, der es gewiss über kurz oder lang umblasen wird."[23] Und etwa um die gleiche Zeit schreibt der sechsundzwanzigjährige Nikolaus Lenau an einen Freund: „Was mich betrifft, so hab' ich mich in Wien, überhaupt in der Welt, noch nicht eingebürgert; ich komme mir vor wie ein Schlüssel, der in kein Schloss passt, dann wieder wie ein wahrer Himmelsschlüssel, nämlich dann, wenn ich ein Gedicht gemacht, das mich, auf Augenblicke wenigstens, unter die Götter versetzt . . ."[24]

PAUL FLORA

# VOM BALLHAUSPLATZ ZUM HELDENPLATZ

Das Barock ist Talmi, der Glanz nicht einmal geborgt, sondern nur falsch. Auf der Flucht vor der Geschichte wurde ein frivol-unbeholfenes Spiel mit der Vergangenheit getrieben. Offiziell wird einem etwas von einer „Symbiose" zwischen Alt und Neu gesagt. Aber die schweren Luster mit dem Republikadler, der Wappenstuck auf der Decke, dieser vergoldete Ährenfries, diese kleinbürgerliche Pseudoeleganz, die die Erinnerung an den einstigen Prunk dieser Salons wachhalten und gleichzeitig auch auslöschen soll, dieser mißverstandene Repräsentationsstil, der mit dem, was war, nicht zurechtkommt und vor dem, was ist, ganz einfach Angst hat, das alles summiert sich zur amtlich genehmen Staatskunst der ersten Nachkriegsjahre, als in der Ära Leopold Figls die Kanzlerräume am Ballhausplatz wieder aufgebaut werden mußten. Amerikanische Bomben hatten das Palais schwer getroffen. Ein ganzes Eck war herausgerissen worden. Und in der ersten Nachkriegszeit stellte die zerbrochene Fassade des Amtssitzes den Regierenden eindrucksvoll die Situation des zu regierenden Landes vor Augen. Anstatt jedoch, als man es sich wieder leisten konnte, den ehrlichsten, geradesten und logischesten Weg zu gehen – nämlich die einstigen Wohnräume des Fürsten Metternich so wiederherzustellen, wie sie vor der Zerstörung waren, erlag die Zweite Republik der Versuchung einer Selbstdarstellung, die zu einer peinlichen Entlarvung ihres künstlerischen Geschmackes wurde. Wenn diese Männer der ersten Stunde und der ersten Jahre auch in ihrem politischen Handeln so spießig gewesen wären wie in ihrer Kunstauffassung, dann hätte es schlimm um die Zukunft dieses besetzten, gevierteilten, geschundenen, ausgebrannten und hungernden Landes ausgesehen.

Trotz dieser innenarchitektonischen Verirrungen hat der Ballhausplatz doch einiges von seiner Atmosphäre gerettet. Wurden doch nur die unmittelbaren Kanzlerräume im „Republikbarock" restauriert. In den beiden Ministerratszimmern – das eine war

Metternichs Schlafgemach – und im Kongreßsaal spürt man noch etwas vom Esprit des einstigen Hausherren, von seiner Vornehmheit, die er auch als Mittel der Diplomatie benützte, und von einer Zeit, da Wien so im Herzen Europas lag, daß hier über diesen Kontinent entschieden wurde. Aber auch damals, als Österreich groß war und in dem Palais am Ballhausplatz noch ein Metternich residierte, hat dort der Boden unter den Bewohnern des Hauses zu schwanken begonnen: am 13. März 1848.

„Als ich mich am Morgen des 13. März wie gewöhnlich nach der Staatskanzlei begab, sah ich wohl die überaus zahlreiche Menschenmenge in den Straßen und die lebhafte Bewegung, die in denselben herrschte, aber ich ahnte weder, was geschehen werde, noch die Tragweite desselben", schreibt Alfred von Arneth in seinen Erinnerungen. Der neunundzwanzigjährige Jurist und spätere Direktor des Staatsarchivs und Biograph Prinz Eugens und Maria Theresias gehörte als junger Beamter der Staatskanzlei an. „Überrascht und verwundert war ich daher gleich meinen Kollegen, als wir auf dem Ballplatze zwischen der Burg und der Staatskanzlei Militär aufgestellt fanden. Dennoch wurde dieser Platz plötzlich von einem Strome von Menschen überflutet, welche der Mehrzahl nach anständig gekleidet waren und den gebildeten Klassen der Bevölkerung anzugehören schienen. Ein Student wurde auf den Armen emporgehoben und hielt in dieser sehr unbequemen Stellung eine kurze, an und gegen den Fürsten Metternich gerichtete Rede, von der wir jedoch, obgleich wir unsere im Halbstock gelegenen Fenster öffneten, nur wenig oder gar nichts verstanden. Von Angst und Schrecken, welche sie im Inneren der Staatskanzlei verbreitet haben soll, war schon gar nicht die Rede, und wie wenig man sich dort vor einem Eindringen der Volksmassen fürchtete, wird dadurch am besten bewiesen, daß das Brückchen, auf welchem man damals von der Staatskanzlei nach dem davorgelegenen Gärtchen auf der Bastei und durch dasselbe über die Bellaria nach der Burg gelangen konnte, völlig unbewacht war. Ich wüßte ausnahmslos niemand zu nennen, der Zeichen von Furcht oder weitgehender Bestürzung an den Tag gelegt hätte."[1]

Der fünfundsiebzigjährige Staatskanzler Klemens Wenzel Lothar Fürst Metternich erkannte jedoch die Zeichen der Zeit. Sein Leben lang hatte er gegen die Folgen der französischen Revolution gekämpft und versucht, das Reich der Habsburger gegen alle Keime der Volkssouveränität, demokratischer Gleichheitsideale und einer freien öffentlichen Meinungsbildung zu immunisieren. An diesem Abend ging er hinüber in die Burg – einen ähnlichen Weg haben seit 1945 demissionierende und designierte Bundeskanzler unter den verschiedensten Umständen und mit den unterschiedlichsten Gefühlen zu beschreiten, wenn sie sich zum Bundespräsidenten begeben. Die kaiserliche Familie empfing ihn so, daß Metternich sofort erkannte, wieviel es geschlagen hatte. Er bot seinen Rücktritt an, das Angebot wurde angenommen. Am nächsten Tag erlebte Arneth einen Abschied ohne den Mann, dem das Adieu galt:

„In dem sehr grossen Raume, in welchem noch heutzutage diejenigen warten, welche mit dem Minister des Äusseren zu sprechen wünschen, traf bald eine ziemlich grosse Anzahl von Beamten der Staatskanzlei zusammen. Auch die Fürstin war anwesend, während ihr Gemahl unseren Augen unsichtbar blieb. Mit aufrichtiger Teilnahme ruhten meine Augen auf der Fürstin, deren ausdrucksvolle Gesichtszüge die tiefe innere Bewegung kundgaben, von der sie ergriffen war. Aber trotz ihres so lebhaften Temperamentes bewahrte sie eine ruhige und würdevolle Haltung. Nachdem sie den ihr zunächst Stehenden gesagt, wir würden den Fürsten nicht sehen können, verschwand sie, ohne eigentlich Abschied von uns zu nehmen, in dessen Zimmer. Wir aber zerstreuten uns und jeder kehrte zu seinen Angehörigen zurück . . ."[2]

Der junge Arneth hatte einem geschichtlichen Augenblick beigewohnt – dem Ende einer Epoche, dem Einstürzen eines konservativen Weltgebäudes, dessen Baumeister und Hausherr sich der Katastrophe nur noch durch die Flucht in einem rumpelnden Reisewagen entziehen konnte. Weil ihm der Kaiser keine Sonderspesen bewilligte und Metternich, wie so oft, kaum Bargeld bei sich hatte, schickte ihm sein Freund Rothschild noch schnell tausend Dukaten, damit er fürs erste versorgt war. Metternich hat sich vorher wohl noch von seinen engsten Mitarbeitern verabschiedet, für den weiteren Kreis der Staatskanzlei mußte seine Frau die undankbare Stellvertreterrolle einnehmen. Ein auf dem europäischen Gleichgewicht basierendes Ordnungssystem, das das Bestehende erhalten und schützen sollte, endete als sentimentale Familienangelegenheit. Sein Begräbnis fand unter Assistenz einiger sich alterierender Hofräte statt.

„Niemals hat es einen mehr gehaßten und gefürchteten Mann gegeben als Metternich", bemerkt Charles Sealsfield (Karl Postl) schon 1828. „Von der Ostsee bis zu den Pyrenäen, von den Grenzen der Türkei bis nach Holland ertönt nur eine Stimme über diesen Minister: die des Abscheues."[3] Ein solch schlechtes Image hatte der Fürst in seinen späteren Jahren bei vielen fortschrittlichen Zeitgenossen. Aber ein liberaler Geist wie Heinrich Laube beurteilte ihn bei einem Wien-Besuch 1835 wesentlich differenzierter und nicht durch die vom Schweiß eines Haßausbruches angelaufene Brille: „Metternich ist ein Held und ein Halbgott, so gut wie Achill und Cäsar, Alexander und Napoleon Bonaparte. Die Geschichte wägt nicht bloß die Prinzipien, sondern auch die Taten nach ihrer spezifischen Schwere. Metternich hat den alten, schwer bedrohten Absolutismus unter allen Stürmen an der Regierung erhalten. Er hat ihn gegen die unbändige Republik Frankreich, gegen den unwiderstehlichen, glänzenden Usurpator Napoleon gewahrt. Er ist der jetzige Gott des Absolutismus. Vor Göttern muß man sich beugen, auch wenn man sie nicht liebt. Wie man sein Bild in Wien erblickt, wird man genötigt, stehenzubleiben. Es ist der Kopf des olympischen Zeus, wie ihn Phidias geformt hat. Die Besorgnis jenes griechischen Kritikers hat mich dabei nicht einen Augenblick verlassen, daß dieser Zeus die Decke seines Tempels zerstoßen würde, wenn er sich einmal in seiner ganzen Länge aufrichtete. Es ist sehr möglich, daß Metternich einst das blaue Sternendach des Absolutismus zertrümmert, wenn er seine Glieder im Tode streckt. Ich kenne nach Napoleons Antlitz keinen schöneren Männerkopf als den Metternichs . . ."[4]

Sollten Bundesminister im kleinen Ministerratszimmer einmal von Müdigkeit überwältigt werden, können sie ihren Blick am schönsten Bildnis dieses schönen Mannes ausruhen lassen: An der Stirnwand hängt Thomas Lawrences berühmtes Metternich-Porträt aus der Kongreßzeit. Knapp über vierzig war der Fürst damals, auf der Höhe seines Ruhmes und seiner Macht, ein Sieger, der keine Heldenpose sucht. Lässig die Beine übereinandergeschlagen, schaut er mit einem leichten Anflug eines Lächelns mit offenen Augen zum Fenster. Oder will er durch diesen spöttischen Zug um die Lippen lediglich seine Meinung über die Welt, die für ihn nur ein Werkstück zur Erprobung seiner diplomatischen Virtuosität ist, kundtun? Die Farben sind zart, über seine Haut huscht ein frischer, lebendiger Glanz, in das schon etwas schüttere Haar hat Lawrence sogar ein paar Grautöne gemischt. Dennoch steckt in diesem Mann noch jugendliche

Kraft, und ein Wille, der die schwierigsten Aufgaben mühelos, ohne die geringste Anstrengung zu bewältigen glaubt. Geschützt durch einen aristokratischen Hochmut, an dem die Fährnisse des Alltags abprallen, scheint er sich frohgemut über Völker und Jahrhunderte zu erheben. Daß diese Haltung nicht ganz den wirklichen Gegebenheiten entsprach, damit mußte Metternich erst später zurechtkommen. Denn er stammte doch noch aus einem anderen Säkulum und wollte davon in die neue Zeit herüberretten, was nur zu retten war. Vielleicht hat Henry Kissinger an das Lawrence-Gemälde gedacht, als er Metternichs Persönlichkeit charakterisierte: „Es war eine Rokokofigur, komplex, feingeschnitten, ganz auf das Äußere bedacht, so wie ein feingeschliffenes Prisma. Sein Gesicht war schön, aber ohne Tiefe. Seine Redegabe war brillant, aber ohne den letzten Ernst. Sei es daheim im Salon oder auf Sitzungen des Kabinetts – elegant und geschmeidig, war er das Beau-Ideal der Aristokratie des 18. Jahrhunderts, die sich nicht durch ihre Taten, sondern durch ihre Existenz rechtfertigte. Und wenn er mit der neuen Zeit nie recht fertig wurde, so nicht etwa, weil er ihren Ernst nicht verstanden hat, sondern weil er sie verschmähte. Auch hierin war sein Schicksal das Schicksal Österreichs . . .“[5]

Das Photo, das in der Porträtsammlung der Nationalbibliothek aufbewahrt wird, eine Daguerreotypie um 1858, dokumentiert Metternichs Scheitern an der Gegenwart: Fünfundachtzig ist er, ein Jahr hat er noch zu leben. Nur die leichten Locken seines Haares sind wie eine ferne Erinnerung an die Jugendkraft des Lawrence-Porträts. Doch sonst begegnet einem dieser Greis als Fremder. Jedes Überlegenheitsgefühl ist aus dem Blick der gesenkten Augen geschwunden. Die Mundwinkel weisen in betrübter Resignation nach unten. Die weiche Feinheit der Züge hat sich erhalten, aber nur unter dem Schleier schmerzlicher Müdigkeit – dieser Mann weiß, was er verloren hat, und wohl auch, warum: das Porträt eines Konservativen, dem das, was er konservieren wollte, unter den Händen zerbrochen ist. Wo ist der dynamische Minister des Kaisers, der sein Amt voll ausgeschöpft und genossen hat und der in diesem Haus am Ballhausplatz so überaus daheim war? In einem Brief aus dem Februar 1820 schwärmt er geradezu von seinen Wohnräumen im zweiten Stock, in denen heute der Bundeskanzler amtiert und bei Empfängen und Banketts repräsentiert:

„Ich habe eine geräumige Antichambre, einen grossen Saal, worin die Leute, die mich zu sprechen wünschen, warten. Daran stösst meine Bibliothek, ein herrliches Gemach. Es enthält in seiner ganzen Höhe nur Bücher in schönen offenen Mahagonischränken. Da der Bibliothekssaal etwa 18 Schuh hoch ist, so fasst meine Bibliothek nahezu 15.000 Bände, ohne danach auszusehen. Mitten im Saal steht die schöne Venus von Canova, deren Piedestal ein rundes Kanapee umgibt. Dann kommt mein Arbeitskabinett, ein schönes grosses Zimmer mit drei Fenstern. Darin stehen drei grosse Schreibtische, weil ich gern Platz wechsle und es nicht liebe, bei meinem Schreibpulte gestört zu werden, wenn ich bei mir jemanden anderen schreiben lasse. Dieses Kabinett ist voll von Kunstwerken, Bildern, Büsten, Bronzearbeiten, einigen astronomischen Stehuhren. Denn die seltenen Stunden der Musse weihe ich gerne den Wissenschaften. Es sind zwar Stunden, die fürs Geschäft verloren gehen, aber fürs Leben sind sie ein Gewinn. Auf den grossen Tischen meines Schlafzimmers liegen viele Kartons mit Kupferstichen, Landkarten und Zeichnungen. Auch besitze ich hübsche Kunstsammlungen, die alle unter Glas sind. Oftmals ergötze ich mich an der Zerstreutheit der Fremden, die ihr Besuch in diese abwechselnde Fülle der Umgebung bringt. In diesem

Hort verlebe ich sieben Achtel meiner Existenz. Warum sollte ich mich nicht mit diesen mir allen teuren Gegenständen umgeben? Ich bewohne ungern kleine Gemächer, besonders ungern arbeite ich darin. Im engen Raum schrumpft der Geist zusammen, und sogar das Herz welkt ab."[6]

Freude am Dasein, an den schönen Dingen, die die Welt zu bieten hat, Arbeits- und Lebensstil vollendet komponiert, so präsentiert sich der Fürst als ein Freund der Künste, für den auch die Politik nichts anders als eine schöne Kunst ist.

Und diese zur Schau getragene Größe, diese feudale Existenz des Ballhausplatzchefs ist aus diesem verwinkelten und nicht so leicht überschaubaren Haus noch nicht völlig verschwunden. Im Hof polieren Chauffeure schwarzglänzende Dienstwagen. Aber wenn sich die großen Garagentüren öffnen, erwartet man, daß ein paar prächtige Kaleschen herausrasseln. Für dreißig Pferde boten die Kellerstallungen Platz, und die Tränken hat man erst vor ein paar Jahren herausgerissen. Ein großer Weinkeller, die umfangreiche Küche mit einer Zuckerbäckerei, die Unterkünfte des Gesindes, die Zimmer der Kinder, all das muß der Staatskanzlei eher den Geruch eines privaten Palais verliehen haben. Auch die Hauskapelle durfte nicht fehlen. Und vor ihrem Barockaltar wird auch heute noch dann und wann ein Meßopfer gefeiert – als Prälat Seipel Kanzler war und bescheiden in einem Zimmer wohnte, das heute ein Sektionschef innehat, las er dort in der Kapelle jeden Morgen um fünf Uhr seine Messe.

In diesem aristokratischen Rahmen wurde jedoch nicht nur gelebt, sondern auch gearbeitet. Im ersten Stockwerk bewegten sich die Beamten der Staatskanzlei. Sie hatten nicht übermäßig viel Raum, waren in großen Büros zusammengepfercht und verrichteten ihre Schreibereien an einem Stehpult. In diesem Gedränge hatten oft nicht einmal die Hofräte ein Zimmer für sich allein. Sich darüber nicht zu beklagen, gehörte zur Dienstauffassung der kaiserlichen Beamten. Auch daß sie ihre Arbeitszeit Metternichs Gewohnheiten anpassen mußten, erleichterte ihnen das Los nicht.

Von zehn bis drei Uhr nachmittag, und dann am Abend von sieben bis zehn waren die Amtsstunden in der Staatskanzlei festgesetzt. Aber oft wurde es später, und ein betagter Beamter klagte in einer Eingabe über seinen Heimweg in die Vorstadt hinaus, „in der dunklen Nacht unter Gußregen und Sturmwinden, wenn selbst der Fiaker schon in Ruhe lag".[7]

So offenbart uns dieses Haus am Ballhausplatz das Übergangsstadium vom persönlichen Regime, das das Amt noch wie ein Lehen auffaßt, zum großen anonymen Apparat, aus dem nur ein paar Männer herausragen, die die Schalthebel zu bedienen wissen. Anno Metternich funktionierte dieser Apparat bereits bestens – im Positiven wie im Negativen allen Gesetzen der modernen Bürokratie gehorchend. Aber dabei mußte die Maschine doch auf den Lebensrhythmus eines einzelnen Rücksicht nehmen. Und auch dieser einzelne war trotz seiner gewaltigen Position ein Untertan des Kaisers, dem er unbedingten Gehorsam schuldete – zumindest solange dieser Kaiser Franz hieß.

Von einer „Maschine" hat auch jener Diplomat und Staatsmann schon gesprochen, dessen Name über dem Tor des Hauses steht und der der eigentliche Schöpfer der Staatskanzlei ist: Wenzel Anton Graf, später Fürst Kaunitz. Als Kaiserin Maria Theresia ihn bat, die Staatskanzlei zu übernehmen, meinte Kaunitz, daß zuerst einmal ein fähiger Mann – also er – diesen Apparat so aufbauen müsse, daß es egal sei, wer später den Beamten vorstünde: „Wenn es einen Esprit du Corps gibt und wenn die

Maschine gut zusammengesetzt und einmal in Bewegung ist, dann kann Ihre Majestät ohne Schwierigkeiten jeden beliebigen Minister an die Spitze der Staatskanzlei setzen."[8]

Daß mit der Großmachtwerdung Österreichs auch eine neue Regierungstechnik vonnöten war, hat schon ein anderer vor Kaunitz erkannt: Prinz Eugen von Savoyen. Als er seine militärischen Erfolge durch das politische Versagen einiger führender Männer bei Hof bedroht sah, griff er selber ein. Und obwohl dieser Titel noch nicht erfunden war, stieg Eugen unter Karl VI. zu einer Art Staatskanzler auf; niemandes Wort hatte neben dem des Kaisers größeres Gewicht als das des Prinzen. Der Savoyer mißtraute jedoch den Informationen, die er von der Hofkanzlei oder der Reichskanzlei erhielt. Er wollte sich nicht auf Beamte und Diplomaten verlassen, die nicht seine Leute waren. So zog er selber ein umfangreiches geheimes diplomatisches Netz auf – erst seinem letzten Biographen Max Braubach gelang es, den Schleier von diesem heimlichen Außenministerium in der Himmelpfortgasse und im Belvedere zu lüften.

Durch den Einfluß Prinz Eugens auf den Kaiser war es für ihn leicht, Männer seines Vertrauens auf die wichtigsten Gesandtschaftsposten zu bringen, verläßliche Kriegskameraden oder andere Freunde, deren er in Jahren der Intrige und des Verrates sicher sein konnte: Graf Seckendorff in Berlin, Graf Königsegg in Madrid, ein Kinsky in London, ein anderer in Paris, ein Harrach in Regensburg beim Reichstag usw. Alle diese Botschafter schrieben neben ihren offiziellen Rapports auch noch viel offenere und tiefergehende Berichte an den Prinzen. Gleichzeitig versuchten sie verschiedene gutunterrichtete und einflußreiche Leute in ihrem Bereich anzuknacken und als geheime Nachrichtenquellen zu nutzen. Am erfolgreichsten war dabei Seckendorff, der zum Saufkumpan König Friedrich Wilhelms I. von Preußen und August des Starken von Sachsen wurde und dort gleich zwei prominente Mitzecher, nämlich den preußischen Minister Grumbkow und den sächsischen Minister Manteuffel in seine Fänge zog. Die Ausbeute dieser Freundschaft müßte jeden modernen Geheimdienstboß vor Neid erblassen lassen. Die beiden belieferten Seckendorff und damit den Prinzen mit sämtlichen wichtigen Berichten ihrer eigenen Gesandten – oft landeten sie früher in Wien als auf dem Schreibtisch der Könige –, dazu übermittelte Grumbkow Abschriften seines eigenen Briefwechsels mit Friedrich Wilhelm und mit dem Kronprinzen Friedrich. In den Wiener Archiven türmen sich diese Geheimsachen. Als Beispiel der Seckendorffschen Tätigkeit zitiert Braubach den Inhalt einer Sendung vom 13. September 1731. Darin sind enthalten: „1. eine militärische Dinge betreffende Relation eines preußischen Hauptmannes an Grumbkow, 2. von des Kronprinzen (Friedrich) Hofmarschall Wolden stammender Extrakt von des Königs Instruktionen für Friedrich nach dessen Entlassung aus Küstrin – von Seckendorff als ‚curieus‘ charakterisiert, 3. Extrakt desjenigen, was bei einer Konferenz in Berlin vorgefallen, 4. Schreiben des jungen Brühl aus Warschau an Grumbkow, 5. Relation Manteuffels über eine Visite bei Friedrich Wilhelm I., 6. Bericht Villios (eines polnischen Diplomaten) aus Venedig, 7.–9. Berichte der preußischen Gesandten aus Den Haag und aus Paris."[9]

Ein schönes Nachrichtenpaket. Eugen zahlte dafür auch gut, das heißt, die dafür notwendigen Bestechungsgelder flossen direkt aus der Privatschatulle des Kaisers. Denn der Monarch war als einziger in dieses verborgene Spiel eingeweiht. So hatten

Grumbkow und Manteuffel ein Wiener Jahresfixum von je 6000 Gulden. Daneben wurden auch andere Mittelsmänner für die verschiedensten Leistungen gut honoriert. Eugen wußte um den Wert des Informiertseins. Und auf Grund seiner Geheimdiplomatie dürfte er auch einer der bestinformierten Leute Europas gewesen sein. Der Prinz hatte also seine persönliche „Maschine". Der Staat brauchte noch eine Weile dazu. Der Zufall wollte es, daß Eugens Architekt, Lukas von Hildebrandt, 1717 auf dem Platz des abgerissenen Meierhofes der Burg mit dem Bau der neuen Geheimen Hofkanzlei begann. Die große Zeit des Ballhausplatzes setzte jedoch erst mit dem von Kaunitz dirigierten Umbau der Staatskanzlei ein (der Name Ballhausplatz war nach 1743 aufgekommen, nachdem dort das neue Ballhaus zur sportlichen Betätigung der Erzherzöge errichtet wurde, weil das alte am Michaelerplatz zum Burgtheater umgestaltet worden war).[10]

„Graf Kaunitz ist ungefähr 46 Jahre alt. Sein Wuchs ist über Mittelgröße, von guten Verhältnissen. Er ist eher mager als fett, die Züge seines Gesichtes haben, ohne schön oder häßlich zu sein, etwas Eigenartiges, und sein Gesichtsausdruck ist leicht zu entziffern", berichtete der preußische Gesandte Christoph Heinrich von Ammon an seinen König über den neuen Leiter der Außenpolitik Maria Theresias. „Das erste Auftreten des Grafen Kaunitz kündet einen kalten Mann an, der nur mit seinem Aussehen und der Sorge für seine Gesundheit beschäftigt ist, und sie beschäftigen ihn auch am meisten: der geringste Zugwind läßt ihn schaudern, etwas zuviel Hitze macht ihm nervöse Zufälle. Er hat die Schwäche, nicht an einem Spiegel vorbeigehen zu können, ohne davor stehenzubleiben, und wenn er es wagte, würde er wahrscheinlich Rouge und Schönheitspflästerchen benutzen. Er ist in seinem Aufputz gesucht bis zum Übermaß und zieht sich an wie ein junger Mann von 20 Jahren. Man bezichtigte ihn in Paris, er lasse in einem Zimmer 20 Pfund Puder in die Luft verstäuben und gehe eine Stunde lang darin auf und ab, damit jedes Haar seiner Perücke gleichmäßig gepudert werde und keines mehr abbekomme als das andere . . ."[11]

Doch hinter seinem Auftreten verbarg sich ein scharfer Geist und ein starker Wille. Als Botschafter in Paris hatte es Kaunitz immerhin fertiggebracht, die europäischen Allianzsysteme auf den Kopf zu stellen, indem er auf dem Weg über die Madame Pompadour die Franzosen, die alten Feinde, die mit Österreich seit den Zeiten Franz' I. und Karls V. immer wieder im Streit gelegen hatten, zu Verbündeten gegen die Preußen zu gewinnen. Diese Allianz hat den Siebenjährigen Krieg erst möglich gemacht; und sie sollte auch später noch durch die Verheiratung der Erzherzogin Maria Antonia mit dem Dauphin (auch ein Werk von Kaunitz) gefestigt werden. Metternich hatte dieses Beispiel vor Augen, als er Napoleon mit einer Kaisertochter aufwartete, wobei jedoch viele meinen, daß er eben durch diese Verbindung Bonapartes mit Marie-Louise seinen wesentlichsten Beitrag zum Untergang des Korsen geleistet hatte.

Nach seinen glanzvollen Leistungen in Paris wurde Kaunitz 1753 Chef der Staatskanzlei. Und was er der Kaiserin trotz seines ihr keineswegs genehmen Lebenswandels bedeutete, verrät ein Brief, den sie 1765 kurz nach dem Tod ihres Gatten, Kaiser Franz I., in Innsbruck geschrieben hat: „Euch bin ich zu größtem Dank verpflichtet für all die Dienste und Ratschläge, die Ihr mir bei Lebzeiten meines Gemahls, unseres unvergeßlichen Herrn und Meisters, gegeben habt. Ich bin immer gut damit gefahren und habe sie mir tief in mein Herz geprägt. Mit dem gleichen Vertrauen will ich Eurem Rat folgen . . . Ich bin aufs äußerste besorgt um die Zukunft und zähle auf Euch. Nichts werde ich ohne Euren Rat tun. Bereitwillig werde ich die Sorge für meine Familie wie die Geschäfte des Staates in Eure Hände legen."[12] Eine größere Vertrauenskundgebung hat ein Staatsmann wohl selten von seinem Herrscher erhalten.

Und Kaunitz erwies sich dieses Vertrauens auch würdig. Wie die Kriegs- und Notzeiten Maria Theresia zwangen, ihren Staat durch Männer mit aufgeklärten Ideen grundlegend reformieren und modernisieren zu lassen, so krempelte auch Kaunitz die Staatskanzlei gründlich um. Obwohl er einer der wenigen geborenen Österreicher in einem hohen Staatsamt war, holte er sich wieder befähigte Männer aus dem ganzen Reich. Dabei blieb auch eine Bindung zur Tradition der Diplomatie Prinz Eugens bewahrt: Der absolut verläßliche Geheimsekretär des Savoyers, Ignaz Koch, der für die gesamte geheime Korrespondenz mit den verschiedenen Mittelsmännern Eugens verantwortlich war, diente Maria Theresia bis zu seinem Tode 1763 als Kabinettssekretär. Noch in Kaunitzs Botschafterzeit liefen dessen Verbindungen zur Kaiserin über Koch. Das gute Verhältnis der beiden Männer hielt dann auch in Wien an. Koch war in diesen Jahren auch einer der Verantwortlichen dafür, daß Prinz Eugens Spionageorganisation weiter ausgebaut wurde und Österreich bald über eine Art Geheimdienst verfügte, dem Koch als Chef der „Geheimen Ziffernkanzlei" selber vorstand.

Auch am Ballhausplatz existierte ein „Ziffernkabinett", das die Depeschen chiffrieren und dechiffrieren mußte. Aber die Herren der Geheimen Ziffernkanzlei logierten in der Stallburg, wo auch der Hofkriegsrat einquartiert war. Das „Geheime" vor der Kanzlei war kein leeres Wort. Die Dechiffreure, oft wahre Meister im Entziffern von Geheimschriften, führten eine unauffällige Scheinexistenz. Sie waren in keinem Amtskalender verzeichnet, und niemand kannte ihre Position. Das gesellschaftliche Leben, das die dem Hofe nahestehenden Beamten führten, blieb ihnen verschlossen. Dafür genossen sie andere Privilegien: Steuerfreiheit und hohe Pensionen. Wenn sie dennoch einmal in finanzielle Verlegenheit gerieten, war die Staatskasse schnell mit einem Darlehen oder anderen Unterstützungen bei der Hand. Diese namenlosen Herren schienen Kaiser Franz so wichtig, daß sie jederzeit bei ihm zum persönlichen Vortrag zugelassen wurden. Dazu spornte ein großzügiges Prämiensystem die Beamten zu besonderer Pflichterfüllung an: bis zu 1000 Gulden konnte ein Beamter für die Entschlüsselung einer fremden Chiffre einstreichen, jede Sonderleistung wurde nach einer detaillierten Belohnungsskala taxiert. Sprachkenntnisse konnten in klingende Münze umgewandelt werden. Französisch und Italienisch waren Voraussetzung für die Anstellung. Aber wer Englisch lernte oder Spanisch, Polnisch, Griechisch oder „Illyrisch" (Kroatisch), den erwartete pro neuerlernter Sprache eine Gratifikation von 500 Gulden. Eine eigene Spezialistengruppe konzentrierte sich auf den Orient und auf Briefschaften in türkischer Sprache.

So wie der Boß des englischen Secret Service bis vor kurzem zur Tarnung nach außen hin irgendeine andere hohe Beamtenstelle innehatte, so wurden die Chefs der Ziffernkanzlei auch nach Koch noch als Sekretäre des kaiserlichen Kabinetts geführt – andere schienen dagegen in keinem Schematismus auf. Der Direktor kommandierte einen kleinen, aber effektvollen Apparat: drei Subdirektoren und elf „Offiziale". Aber dieses Team erfreute sich mit Ausnahme einer kurzen Krisenperiode des besten Rufes. Einem der unter Fachleuten berühmtesten Dechiffreure, Wenzel Löschner (gestorben 1818), gelang es in vierjähriger Arbeit, einen der kompliziertesten Codes, den russischen, aufzulösen. Metternich hat darauf diesen Mann immer wieder in seine unmittelbare Umgebung gezogen. Auch sonst wußte der Staatskanzler dieses wichtige Instrument der Briefspionage zu schätzen. Und die Monarchen waren es gewohnt, am Morgen beim ersten Vortrag interessante Briefinterzepte, also Kopien von geöffneter und, wenn sie chiffriert war, entzifferter Post politisch interessanten Inhalts vorgelegt zu bekommen.

Aber woher stammte das Material? Dafür sorgten die berüchtigten Postlogen, die das genaue Gegenteil von dem sind, was man unter Briefgeheimnis versteht. Fremde Post zu lesen war kein österreichisches Monopol, aber anscheinend haben es die k. k. Briefschnüffler dabei zu einer besonderen Perfektion gebracht. In allen wichtigen Poststationen hatten die Logisten ihr eigenes Kämmerchen, das außer ihnen niemand betreten durfte. Es muß ein wenig wie das Labor eines Chemikers ausgesehen haben. Denn die Beamten sortierten alle Briefe aus, deren Absender oder Adressaten auf einer Liste standen oder die sie aus anderen Gründen für öffnenswert hielten, und begannen dann in Windeseile mit der „Bearbeitung". Damit keine zu großen Verzögerungen entstünden, mußte alles in einem Höllentempo geschehen. Mit Hilfe einer Metallpaste wurde zuerst ein Abdruck von dem Siegel gemacht – wenn man das Siegel nicht schon in einer umfangreichen Sammlung von Petschaften der ständig zu überprüfenden Personen hatte. Dann wurde der Siegellack mit rauchlosen Kerzen so lange erwärmt, bis er sich vorsichtig lösen ließ. So schnell wie möglich mußte anschließend der Brief abgeschrieben, wieder ins Kuvert gesteckt und neu versiegelt werden. Die Herren entwickelten dabei eine Geschicklichkeit und ein Talent, daß kaum jemand das Öffnen bemerkte, wenn er nicht ohnehin damit rechnete. Die Aktivität der Postlogisten war ein dauernder Wettlauf mit der Zeit. Denn die Post sollte nicht wegen zu langsamer Beförderung in Mißkredit geraten, auch wollte man den Schein des Postgeheimnisses wahren. Die Sitze der österreichischen Postlogen unter Metternich spiegeln die ganze Weite der Monarchie wider: die Logisten des Staatskanzlers waren in Temesvar, Semlin und Spalato stationiert, in Triest, Venedig und Zara, in Udine, Padua, Vicenza, Verona, Mantua und Mailand, in Bregenz, Innsbruck und Salzburg, in Prag, Marienbad, Karlsbad, Teplitz und Peterwalde, in Brünn, Teschen, Podgorze (bei Krakau), in Lemberg und Brody, in Graz, in Preßburg, in Kaschau, in Ofen, Debreczin, Esseg, Hermannstadt und Klausenburg. Und für spezielle Anlässe standen auch immer ein paar mobile Logisten in Bereitschaft, die man auf einen Sondereinsatz schicken konnte. Die Zentrale befand sich jedoch in Wien, wo täglich zwischen 80 und 100 Briefe abgeschrieben und an die Geheime Ziffernkanzlei weiterexpediert wurden. Die Logisten waren ein buntes Völkchen von Fachleuten im Fälschen von Handschriften, ausgewählten Chemikern, die unsichtbare Tinten wieder sichtbar werden ließen, und Leuten mit detektivischen Fähigkeiten zum Erkennen von Deckadressen und Aufspüren von Schlüsselbriefen.

Die Postkontrolle im eigenen Land genügte diesem Sicherheitssystem jedoch nicht. Auch die Thurn und Taxische Postdirektion, die in weiten Teilen des Reiches für die Postbeförderung verantwortlich war, hatte ihre Logen eingerichtet, die für Österreich arbeiteten. Weiters bediente sich dieser kaiserliche Nachrichtendienst auch der toskanischen Postloge. Und im Staatsarchiv, das Ende des vorigen Jahrhunderts auf der Minoritenplatzseite an das Staatskanzleigebäude angebaut wurde, sind neben tausendjährigen Urkunden von erhabener Heiligkeit und Würdigkeit auch unzählige Zeugnisse eines Spitzel- und Spioniersystems gelagert, die auch den mit Tonband und

Richtmikrophon operierenden modernen „Aufklärern" Achtung abnötigen müßten.[13] Ihren Höhepunkt erreichte die gegenseitige Agenten- und Ausspähtätigkeit während der einmaligen Konzentration politischer Prominenz beim Wiener Kongreß. Da liefen wieder alle Fäden in dem Haus am Ballhausplatz zusammen. Metternich jonglierte mit Ländern und Reichen und Völkern.

Am 9. Juni 1815, wenige Tage vor der Schlacht von Waterloo, wurde am Ballhausplatz in Metternichs Bibliothekssaal die Schlußakte des Kongresses unterzeichnet, heute eines der schönsten Stücke des Staatsarchivs – nein, es sind zwei Stücke, das einfache, in Leder gebundene Original und die Kopie mit den Unterschriften der Bevollmächtigten und deren Siegel, 220 Folienseiten zwischen leuchtendroten Samtdeckeln mit den Wappen Österreichs, Spaniens und Großbritanniens als Goldbeschlägen, gewichtiger und feierlicher als der ganze Schlußakt. Denn bei Banketten, die Metternich in seinem Haus veranstaltete, war die Gesellschaft im Kongreßsaal wesentlich festlicher gestimmt. Man darf sich den Schlußakt also keineswegs als ein großes Zeremoniell wie etwa die Unterzeichnung des Staatsvertrages 1955 im Belvedere vorstellen. Formlos und froh darüber, daß nun alles vorbei war, setzten die Vertreter der Großmächte ihre Unterschriften unter das Dokument, über dessen Bedeutung für die Zukunft Europas sie unterschiedlichster Meinung waren. Das alte Europa, ein vornapoleonisches Europa, sollte auf diese Weise gesichert werden.

In Österreich mußten die Bürger noch achtundzwanzig Jahre warten, bis es ihnen gelang, Metternich aus seiner Staatskanzlei zu vertreiben. Auch dann hatte ihre Stunde nicht geschlagen. Aber fortan schien eine Unheilswolke über dem Haus zu schweben. Nicht nur politische und diplomatische Niederlagen lösten dort manchmal eine gedrückte Stimmung aus. In der Staatskanzlei oder dem späteren Ministerium des Äußeren oder Bundeskanzleramt wurde nicht nur gewohnt, repräsentiert, verhandelt und politisiert, sondern auch gestorben. Der junge Kaiser Franz Joseph sank dort 1852 weinend am Totenbett seines politischen Lehrmeisters und Steuermannes Felix Fürst Schwarzenberg nieder.

Schwarzenbergs Porträt, das Abbild eines schneidigen, schlanken Offiziers im blauen Waffenrock, hängt gegenüber dem Metternich-Gemälde im kleinen Ministerratssaal, dort, wo er gestorben ist. Während heute in den übrigen Prunkräumen die Bilder von Kaisern und Kaiserinnen samt Erzherzögen und Erzherzoginnen vorherrschen, hingen dort früher auch die Porträts anderer Minister. Heinrich Graf von Lützow, ein alter kaiserlicher Diplomat, macht sich in seinen Erinnerungen dazu Gedanken: „Gegen Abend, oft nicht viel vor acht Uhr, wurden die Sektionschefs zur Besprechung beim Minister zitiert. Eine kleine Wendeltreppe führte vom Mezzanin zu den großen Appartements des Ministers hinauf, wo derselbe, vor dem monumentalen theresianischen Schreibtische sitzend, seine Besucher zu empfangen pflegte. Zuerst ein Vorzimmer, dann der große, mit dem Porträt Kaiser Franz Josephs und des Fürsten Metternich geschmückte Empiresalon, in welchem die angemeldeten Besucher auf den Eintritt in das Sacrosanctum warteten. In dieses führte das sogenannte ‚Conferenzzimmer', geschmückt mit den Porträts früherer Minister, beginnend mit dem Grafen Buol. Sie alle tragen den höchsten Verdienstorden, den der Monarch zu vergeben hat, das Großkreuz des St.-Stephans-Ordens. Trübe Gedanken steigen bei dem Anblicke auf: der Krimkrieg, Solferino, Schleswig-Holstein, Königgrätz, der Dualismus, das Ultimatum und dafür die Brillanten des St.-Stephan-Ordens!"[14]

Ordensgeflimmer, das den für einige wenige Sehende immer fahler werdenden Glanz der Monarchie erhellen soll – und in den Augen eines treuen Staatsdieners wird der Ballhausplatz zur Katastrophengalerie. Auch die Wendeltreppe, von der er sprach und die noch immer als direkter Weg zu den Kanzlerräumen benützt wird, gemahnt an eine der tragischesten Stunden am Ballhausplatz – an den Tod von Bundeskanzler Engelbert Dollfuß am 25. Juli 1934. Ein Amtsdiener wollte ihn über die Wendeltreppe aus dem von den SS-Putschisten besetzten Haus führen. Im Ecksalon vor dem Kongreßsaal stießen sie mit Planetta und seinen Leuten zusammen. Planetta schoß sofort. Und Dollfuß verblutete langsam, auf einem Sofa liegend. „Da hier unter dem Spiegel stand das Sofa", heißt es heute. „Aber das sieht jetzt ganz anders aus, weil damals hier keine Zentralheizung war." In der Ecke brennt eine Kerze zum Gedenken an den Toten.

Doch vor Dollfuß mußte noch Graf Aehrenthal als Außenminister 1912 in seinem Amt am Ballhausplatz sterben. Und zwei Jahre später wurde dort auch das Ultimatum konzipiert, das den Auftakt zum Tod von Millionen geben sollte: „. . . sieht sich die k. u. k. Regierung gezwungen, von der serbischen Regierung eine offizielle Versicherung zu verlangen, daß sie die gegen Österreich-Ungarn gerichtete Propaganda verurteilt, das heißt die Gesamtheit der Bestrebungen, deren Endziel es ist, von der Monarchie Gebiete loszulösen . . . usw., usw."[15] Als der Außenminister Graf Berchtold dieses Ultimatum am 14. Juli, also einen Monat nach der Ermordung des Thronfolgers Franz Ferdinand, aufsetzte (überreicht wurde es am 28. Juli), schrieb er dazu dem Kaiser: „Der heute festgesetzte Inhalt der nach Belgrad zu richtenden Note ist ein solcher, daß mit der Wahrscheinlichkeit einer kriegerischen Auseinandersetzung gerechnet werden muß."[16] Und Graf Lützow, der an diesem Tag Berchtold davor gewarnt hatte, durch einen Krieg die ganze Existenz der Monarchie auf eine Karte zu setzen, erzählt von dem Kommentar eines der Berater des Außenministers: „,Was kann uns denn viel geschehen? Wenn es schlecht geht, werden wir halt Bosnien und ein Stück Ostgalizien verlieren!' Die Bemerkung ist charakteristisch für die Stimmung am Ballplatz, wo alle jüngeren Herren alles Erdenkliche taten, um den noch unentschlossenen Grafen Berchtold zum Krieg zu drängen . . ."[17]

Viereinhalb Jahre danach zog der erste Staatskanzler der Republik Österreich, Karl Renner, in die Metternich-Räume ein. Die Tore des Palais wurden nun öfters verschlossen, wenn es auf den Straßen heiß herging. Im Juli 1934 waren sie zu lange offen geblieben. Und dann scheint 1938 der Begriff „Ballhausplatz" auf einmal ausradiert zu sein wie der fast tausendjährige Name Österreich. Kurt Schuschnigg erinnert sich dieser letzten Stunden eines Österreich, das vielleicht diesen provisorischen Untergang gebraucht hat, um zu sich selber zu finden: „Äußerlich hatte sich noch nichts geändert; die Akten auf dem Schreibtisch, der vollbesetzte Vormerkkalender, an der damastbespannten Wand die Kaiserin Maria Theresia, darunter die Totenmaske Engelbert Dollfuß'. Seit den Mittagsstunden ein ständiges Kommen und Gehen. Zwischendurch suchender Blick durch die hohen Fenster auf die gegenüberliegende Hofburg, das Hochhaus und hinüber zum Heldenplatz; alles andere wie sonst; vertraute Konturen verschwimmen; der Blick geht ins Leere. Ungezählten war damals, am 11. März gegen 19 Uhr, ähnlich zumute; darunter wohl auch vielen, die tags darauf die Angst in Jubel erstickten. Es hat eine Schocksekunde gegeben, in der kaum ein Österreicher, der ahnte, worum es ging, ein klares Bild vor sich sah. Man fühlte, daß ein Abschnitt Geschichte zu Ende war. Daß es weitergehen mußte, war klar; aber wie und um welchen Preis, das war noch keineswegs sicher ...“[18]

Ein paar Stunden später hatte Schuschnigg seinen Schreibtisch räumen müssen. Während vor dem Haus die Menge tobte und jubelte, Fackeln angezündet hatte und Hakenkreuzfahnen schwenkte und acht Minuten nach ein Uhr früh am 12. März der Landesleiter der NSDAP in Österreich, Klausner, vom Balkon sein „Österreich ist nationalsozialistisch!“ rief, machte sich drinnen Schuschnigg bereit, das Haus zu verlassen. Gegen zwei Uhr begleitete ihn sein Nachfolger Arthur Seyß-Inquart zum Hinterausgang in die Metastasiogasse. Schuschnigg: „B. machte mich auf die Gardeposten aufmerksam, die den Eingang bewachten. Da standen sie, zwei große, stramme Burschen, und rissen die Kopfwendung genau und scharf wie alle Tage. – Als ich dem einen die Hand zum Abschied drückte, sah ich, wie er die Zähne aufeinander preßte; über das hart gemeißelte Soldatengesicht rannen große, langsame Tränen. Erst im Stiegenhaus beginne ich voll zu begreifen: – Dort stehen im Doppelspalier auf den Stufen verteilt Zivilisten, am Arm die grellrote Binde mit dem Hakenkreuz. Also war das Regierungsgebäude besetzt! Die Leute grüßen mit erhobenem Arm; wortlos bewegt sich der Zug durch die Reihen ... Unten tritt zum letztenmal die Gardewache ins Gewehr und präsentiert – eine lebendige Mauer, die das Gestern vom Morgen trennt. Ich spreche einen Dankessatz zum Abschied. Dann begleitet mich Seyß-Inquart zum Auto ... Der Ballhausplatz noch immer blockiert von lärmenden Demonstranten ... Ich weiß nur soviel, daß ein Kapitel abgeschlossen ist ...“[19]

Am 16. April 1945, als der Stephansdom noch brannte und um Wien noch gekämpft wurde, fanden sich in dem zerbombten Haus am Ballhausplatz die ersten Beamten ein, um im Namen eines ungewissen und unsicheren Österreich wieder von vorne anzufangen.

FRITZ WOTRUBA

# ENDE UND ANFANG

Der alte Herr muß jeden Moment aus dem Zimmer treten. Der Spazierstock mit dem Elfenbeinknauf hängt am Haken. Und daneben der breitkrempige Hut und die Mütze. Es ist alles so, wie es war, wenn der alte Herr einen Spaziergang unternahm, wenn er mit schnellen Schritten, schneller als es seinem Alter gemäß war, über die Ringstraße wanderte. Aber der alte Herr kommt nicht. An seiner Stelle nimmt einem ein junges Mädchen zehn Schilling für den Eintritt ab. Denn diese unmittelbare Gegenwart der Vergangenheit ist nur rekonstruiert. Im Haus Wien 9., Berggasse 19, durfte Dr. Sigmund Freud erst 32 Jahre nach seinem Tod wieder einziehen. Der Spazierstock, die Kappe, der Hut, das Taschenflakon, der Aschenbecher, die Reisekoffer und die Tasche mit dem Monogramm S. F., diese alltäglichen Requisiten eines großen Mannes, die noch so da hängen oder liegen oder stehen, als ob sie erst vor zehn Minuten gebraucht worden wären und in jedem Moment ihrem Besitzer wieder dienstbar sein müßten, sie waren mit in der Emigration. Sie hatten in London ein wenig von der Wiener Umgebung bewahrt und das Anpassen alter Gewohnheiten an neue Gegebenheiten erleichtert. Die Wohnung Sigmund Freuds in der Berggasse – wenigstens ein Teil wurde Museum, Erinnerungs-, Gedenkstätte, die Beschwörung einer Zeit, die nicht mehr ist und doch noch weiterlebt – so wie Freud die Träume und Traumas seiner Patienten beschworen hat, um ihren augenblicklichen Zustand aus dem Vergangenen zu deuten. „In Freuds Psychotherapie spiegelt sich der Umstand, daß Wien ein Bollwerk der Erinnerung war", schreibt William M. Johnston, ein jüngerer Amerikaner, der das Wesen des geistigen Klimas der habsburgischen Endzeit gründlich studiert hat. „In Wien stellte jedermann unter Beweis, was Freud 1895 der Hysterie zuschrieb: man litt weitgehend an Reminiszenzen. Für den Neurotiker bedeutete das Schwelgen in Erinnerungen sowohl einen Fluch als auch die Heilung, so wie die Erinnerung die schöpferischen Geister Wiens gleichzeitig belastete und beflügelte. Obwohl Österreich vermutlich nicht mehr Neurotiker hervorgebracht hat als sonst ein Land, florierten hier doch jene Bedingungen, die Freud behilflich sein konnten, den Mechanismus der Neurosen zu entdecken. Ein öffentliches Leben, das sich unter dem Schleier der Verstellung verbarg, war gleichsam die Parallele zur Verdrängung, die Freud beim einzelnen feststellte. In seinem Schema der Neurose sehen wir ein geschrumpftes Abbild der habsburgischen Gesellschaft."[1] Und auch in dem Milieu, in dem Freud die meiste Zeit seines Lebens gewohnt, gearbeitet und gewirkt hat.

Die Bomben haben dieses Eck von Wien verschont: die Porzellangasse, die Schlickgasse, die Liechtensteinstraße und die Berggasse, die aus diesem Tal den Berg hinanführt. Und wie die nahe Ringstraße ihre Monumentalität einem ins Übergroße gesteigerten Nachahmungstrieb dankt, so ahmen hier die Häuser eines vornehmen und wohlhabenden Bürgertums den Ringstraßenstil in einer etwas verkleinerten Ausgabe nach. Nicht Sachlichkeit, nicht Wohngemütlichkeit oder das Suchen nach neuen ästhetischen Formen bewogen die Architekten, sondern die Sucht nach dem Pompösen – das Haus mußte etwas darstellen: aufgedonnert und aufgeputzt wie die Frauen jener Zeit unter den mit Blumengärten beschwerten Radhüten in ihren langen Roben, die den Straßenstaub aufwischten und durch einen höckerartigen Auswuchs im Steiß der Dame mehr Gewicht gaben, als ihr in diesem sozialen Gefüge eigentlich zustand. Als wandelnde Denkmäler trippelten sie durch die Zeit, als enterotisierte Festungen, die so viel verbargen, daß die Künstler zum Ersatz dafür Stiegenhäuser und Hausfassaden mit nackten und halbnackten Frauengestalten dekorierten. Der Anstand verbat damals in so vielen Fällen, ganz einfach die Wahrheit auszusprechen. So wurde der Schein zur beherrschenden Form. Und man wurde dort laut bis zur Aufdringlichkeit, wo der Repräsentationssinn der Bürger danach verlangte. Die Architektur erzeugte jenes Fortissimo, das in Bruckner-Symphonien durch sein geballtes Blech die Wände zittern macht. Es entstanden Häuser, die ihre Bewohner, egal, wer und was sie nun waren, mit der fürs öffentliche Leben nötigen Würde und Steifheit versahen. Selbst die Bassenaquartiere der Vorstädte orientierten sich in einer etwas graueren Ärmlichkeit am Kanon des Ringstraßenstils, der in einem perfekten Ordnungssystem jeder Klasse ihren Platz anwies.

In diese so sauber und fest gebaute Welt, deren betonte Äußerlichkeit über alle inneren Unsicherheiten hinwegtäuschen sollte, brach nun dieser Doktor Freud ein. Durch seinen Trip in die Tiefen der Seele erschütterte er das geistige Kartenhaus einer mit sich zufriedenen Gesellschaft. Aber auch er lebte nach außen hin so, wie diese Gesellschaft zu leben und zu wohnen pflegte. Selbst dann noch, als er 1938 zweiundachtzigjährig nach England emigrieren mußte, wurde sein Londoner Heim zum Abbild der Wiener Wohnung, wie sie schon vor dem Ersten Weltkrieg bestanden hatte.

Die Damen und Herren, die noch in der Berggasse ihr Innenleben Sigmund Freud anvertrauten, wurden im Stiegenhaus von einem Kandelaber empfangen, der ein wenig an Bestattung gemahnt. Wenn sie in den weiten, gartenartigen Hof schauten, fing sich ihr Blick an zwei halbbekleideten, ins Türglas geschnittenen Nymphen. Messingbeschläge blitzten in jenem falschen Goldglanz, der dafür zeugt, daß man sich das zum Polieren nötige Personal leisten kann. Das Ordinationsschild „Prof. Dr. Freud/3–4", das früher im Mezzanin an der Tür Nummer 6 angebracht war, ist jetzt im Vorzimmer montiert. Und das Wartezimmer tut sich einem so auf wie den Patienten des

Seelendoktors. Das Kanapee, die weichen Stühle, ein Teppich, viel Plüsch, diese schwere, dunkle Üppigkeit, die im Behandlungszimmer fast zur Schwülstigkeit eines Makartschen Orienttableaus gesteigert wurde, imitieren die Schwere und Überladenheit der Salons, aus denen Freuds Patienten kamen, um auf seiner Couch ihr inneres Weh abzuladen.

Die Couch, dieses wichtigste „Instrument" der Freudschen Therapie, blieb in London. Dafür opferte seine Tochter Anna Freud einen Teil seiner Antikensammlung für die Berggasse: kleine Vasen, Krüge, Statuetten, Köpfe von Menschen und von Göttern, religiöse Symbole oder menschliche Gebrauchsgegenstände aus dem alten Ägypten, aus Griechenland, aus Zypern, aus Rom und aus China. Freud liebte die Archäologie. Auch sein Durchforschen der Abgründe menschlicher Psyche verglich er gerne mit der Arbeit des Archäologen. Aus seinen schönen Stücken, von denen er ein paar immer auf seinem Schreibtisch stehen hatte, las er auch so manches über die atavistischen Kräfte im Menschen. Und es ist sicher kein Zufall, daß er für seine populärste Entdeckung, den Ödipuskomplex, Namen und Beispiele aus der griechischen Mythologie und Literatur wählte. In einer Welt, deren drohenden Untergang er empfinden mußte, weil er ihr doch die Maske der Verlogenheit vom Gesicht gerissen hatte, hauste Freud inmitten kunstvoller Relikte versunkener Hochkulturen, seine Sammlung lieferte Beweismaterial für die Vergänglichkeit und für die Unsterblichkeit in einem. So muß wohl auch das Lebensgefühl all derer gewesen sein, die das Ende voraussahen, erahnten und dennoch ihren Glauben an den tausendjährigen Unterbau dieser Österreichidee nicht verwerfen wollten. Am 11. November 1918, am Todestag der Monarchie, schrieb Freud: „Österreich-Ungarn ist nicht mehr. Anderswo möchte ich nicht leben. Emigration kommt für mich nicht in Frage. Ich werde mit dem Torso weiterleben und mir einbilden, daß er das Ganze ist."[2]

Bis die Monarchie auseinanderbrach, bewegte sich die Mehrheit ihrer führenden Schichten, als ob nichts Gefestigteres und Sichereres wäre als eben ihre Welt. Gottgleich wachte der Monarch, der die Ewigkeit schon dadurch verkörperte, daß er aus einer anderen Zeit herübergewachsen und für mehrere Generationen Kaiser war, über ein scheinbar unsterbliches Reich.

Im Wiener Technischen Museum hat man neben den metallenen Energiebündeln des Eisenbahnzeitalters, neben den wuchtigen kraftstrotzenden Lokomotiven auch den Salonwagen der Kaiserin Elisabeth aufgestellt: ein nach außen hin nicht sonderlich auffälliges Gefährt, das dafür sorgte, daß die Kaiserin auf ihren Reisen die höfische Atmosphäre nicht entbehren mußte – ein Salon auf Rädern, der nichts mit den Reisecoupés des übrigen Volkes gemein hatte. Daneben sieht man auch noch die Fotos vom Spezialzug des Kaisers – eine ambulante Hofburg mit Schlafcoupé, Adjutantenraum, Rauch- und Speisesalon und einem vom Prager Professor Zenisek mit Nymphen und pfeilschießenden Putten bevölkerten Plafond. Für den Kaiser wurde Rokokoverspieltheit ins Maschinenzeitalter versetzt und in einem technischen Rahmen ein perfektes höfisches „Environment" konstruiert, das die Majestät möglichst von der Umwelt und auch von der Zugluft neuer Geistesströmungen abschirmen sollte. Der Kaiser eines solchen Vielvölkerstaates durfte eben nicht ganz von dieser Erde sein. Und das schwingt auch da und dort in seinen Briefen mit, wie etwa, wenn er Kaiserin Elisabeth am 11. Mai 1898 von der Eröffnung der Wiener Stadtbahn berichtet:

„Am Bahnhofe in Michlbeuern wurde ich von den Erzherzogen, den Ministern und einer Menge hohen Herrn nebst zahlreichem Publikum empfangen, der Cardinal Gruscha nahm die Einweihung vor, dann hielten der Landmarschall Baron Gudenus und der Bürgermeister Lueger Ansprachen, worauf die Eisenbahnfahrt begann. Die ganze Bahn ist sehr schön gebaut mit schönen Brücken und eleganten und praktischen Bahngebäuden. Längst der ganzen Strecke, die meistens durch Arbeitervierteln führt, waren die Häuser geschmückt und beflaggt und Tausende standen in den Strassen, den Gärten, an den Fenstern und auf den freien Plätzen, rufend und Tücher schwenkend. Es war eine schöne Ovation der untersten Klassen . . .“[3]

Einundvierzig Jahre waren vergangen seit dem berühmten Handschreiben des jungen Kaisers vom 20. Dezember 1857 an seinen Innenminister Alexander von Bach: „Lieber Freiherr v. Bach! Es ist Mein Wille, dass die Erweiterung der inneren Stadt Wien mit Rücksicht auf eine entsprechende Verbindung derselben mit den Vorstädten ehemöglichst in Angriff genommen und hiebei auch auf die Regulierung und Verschönerung Meiner Residenz- und Reichshauptstadt Bedacht genommen werde. Zu diesem Ende bewillige Ich die Auflassung der Umwallung und Fortifikationen der inneren Stadt, sowie der Gräben um dieselbe. Jener Theil der durch Auflassung der Umwallung der Fortifikationen und Stadtgräben gewonnenen Area und Glacis-Gründe, welcher nach Massgabe des zu entwerfenden Grundplanes nicht einer anderweitigen Bestimmung vorbehalten wird, ist als Baugrund zu verwenden und der daraus gewonnene Erlös hat zur Bildung eines Baufonds zu dienen, aus welchem die durch diese Massregel dem Staatsschatze erwachsenden Auslagen, insbesondere auch die Kosten der Herstellung öffentlicher Gebäude, sowie die Verlegung der noch nötigen Militär-Anstalten bestritten werden sollen . . .“[4]

Der Auszug aus einem kurzen Brief, der nichts anderes ist als ein Manifest, das das in seine Wälle gezwängte Wien zur modernen Großstadt erklärt und auch die finanziellen Grundlagen dafür schafft. Franz Joseph und seine Berater wollten dabei jedoch nicht unbedingt als Städtebauer in die Geschichte eingehen. Sie hatten andere Ziele vor Augen: Wien mußte in neuer Pracht erstrahlen, weil sich dadurch die Pracht des Kaisers erhöhte. Wien war nicht einfach die Landeshauptstadt, sondern der Inbegriff allen Strebens und Sehnens selbst in den entlegensten Winkeln des Vielvölkerreiches. Nach den Explosionen nationaler Leidenschaft in den Revolutionsjahren sollte Wien der Magnet sein, der alle auseinanderstrebenden Kräfte zusammenhielt. Und Wien hat sie dann ja auch alle angezogen, vor allem die Kaufleute und Handwerker aus den Provinzen, deren Söhne studierten und schrieben und malten und dichteten und komponierten und lehrten und dachten. Damit eine solche Elite wachsen konnte, brauchte es den Humus der bunten Vielfalt dieses weiten Reiches der Donaumonarchie mit ihren Völkern, Sprachen und Kulturen. Aber es bedurfte auch eines Sammelbeckens, eines Konzentrationsraumes – und das war diese Kaiserstadt, die in ihrer neuen Gestalt die Größe, Macht und Übernationalität des Monarchen versinnbildlichen sollte.

„Das mit dem Schwarzen Meere durch die Donau, mit der Nord- und Ostsee durch Canäle verbundene, also zum Hauptknotenpunkte des europäischen Wasserstrassennetzes erhobene, mit einem engmaschigen Bahnnetze versehene Wien, welches in Bezug auf Verkehr den grössten Anforderungen genügen wird, das mit Wasser reichlich versorgte und in hygienischer Beziehung so gründlich regenerierte, das durch seine malerische Umgebung und durch Meisterwerke der Kunst schönheitlich so reich ausgestattete Wien; möge es blühen und gedeihen!"[5] Mit diesem visionären Wunsch beschloß der Erbauer der Stadtbahn, Otto Wagner, 1893 seinen General-Regulierungs-Plan, mit dem der Ausbau der Stadt seine letzte Phase erleben sollte. In drei Jahrzehnten hatte die Ringstraße in einer der gewaltigsten Bauleistungen des 19. Jahrhunderts Gestalt angenommen. Nun sollte die Verbindung zwischen dieser Promenade des Hochadels und des gehobenen Bürgertums und dem Wien der „unteren Klassen" geschaffen werden – durch ein modernes Verkehrssystem, durch die Gürtelstraßen und die Donaukanal- und Wienregulierung. Und man hatte die Kühnheit, dieses gigantische Projekt einem einzigen Architekten zu übertragen, eben Otto Wagner, einem Mann, der den die Schönheitsideale der herrschenden Schichten bestimmenden Historizismus schon längst überwunden hatte. Und selbst der Kaiser scheint für das Moderne ein „Gspür" gehabt zu haben, wenn es wahr ist, daß er ein paar Jahre nach der Stadtbahneröffnung bei der Einweihung von Wagners Postsparkassengebäude gesagt hat: „Es ist merkwürdig, wie gut die Menschen hineinpassen."

Ein Jahr vor der Stadtbahnpremiere hat bereits die Spaltung in der Wiener Künstlerwelt stattgefunden, die zur „Secession" führte. Klimt war der erste Präsident dieser neuen Künstlervereinigung, und Ehrenvorsitzender der fünfundachtzigjährige Rudolf von Alt. 1898 schrieb ein achtundzwanzigjähriger Architekt, Adolf Loos, in „Ver Sacrum", der Zeitschrift der „Secession", eine der entlarvendsten Kritiken an dem Wunderwerk der Ringstraße: „Wenn ich den Ring entlang schlendere, so ist es mir immer, als hätte ein moderner Potemkin die Aufgabe erfüllen wollen, jemandem den Glauben beizubringen, als würde er in eine Stadt von lauter Nobili versetzt. Was immer auch das renaissierte Italien an Herren-Palästen hervorgebracht hat, wurde geplündert, um Ihrer Majestät der Plebs ein Neu-Wien vorzuzaubern, das nur von Leuten bewohnt werden könnte, die imstande wären, einen ganzen Palast vom Sockel bis zum Hauptgesims allein innezuhaben. Im Parterre die Stallungen, im niedrigen, untergeordneten Mezzanin die Dienerschaft, im hohen, architektonisch reich durchgebildeten ersten Stockwerke die Festräume und darüber die Wohn- und Schlafräume. Einen solchen Palast zu besitzen gefiel den Wiener Hausherren gar wohl, in einem solchen Palast zu wohnen, gefiel auch dem Mieter. Dem einfachen Mann, der auch nur das Zimmer und Cabinet im letzten Stockwerke gemietet hatte, überkam auch etwas von feudaler Pracht und Herrengrösse, wenn er sein Wohngebäude von aussen betrachtete. Liebäugelt nicht auch der Besitzer eines falschen Brillianten mit dem glitzernden Glase? . . ."[6] Die Überwindung der Klassenunterschiede durch den prächtigen Schein . . .

Dieses ewige Tauziehen zwischen Sein und Schein belastet die österreichische Seele: vom Schicksal, von der Geschichte, von der geographischen Lage wurde der Österreicher immer wieder gezwungen, mehr zu sein, als er wirklich war und oft auch sein wollte. Schauspielerei wurde so zur wichtigsten Waffe im Lebenskampf. Und wenn dann die Kulissen zusammenstürzten, wenn die Schminke im Regen zerrann und der feste Boden unter den Füßen sich als Versenkung erwies, dann zeigte es sich meist, daß dieser Schein ein Lebensborn war, aus dem die Österreicher neue Kraft schöpften und sich plötzlich dem Vorbild ihrer Traumfiguren gewachsen fühlten. Doch der Hang zum Spiel blieb – trotz Revolution, trotz Königgrätz, trotz all der Tragödien im Kaiserhaus, des Nationalitätenstreites und der mahnenden Worte einiger Seher. Das

Spiel mit den Worten in den Feuilletons, das Spiel auf der Bühne des Kaffeehauses, das Spiel im Zeremoniell und in jener unaufmerksamen Höflichkeit und gelangweilten Heiterkeit, mit der die Wiener und die österreichische Gesellschaft ihr Dasein bewältigt.

Darum hat in der Erinnerung der Wiener an das vergangene Jahrhundert das Spektakel immer seinen besonderen Platz gehabt: von der letzten öffentlichen Hinrichtung bis zur Weltausstellung und zum Makartfestzug, vom Ringtheater-Brand bis zum Begräbnis Kaiser Franz Josephs.

„Um ein Uhr nachts kamen sie angezogen in dichten Scharen, lachend und kreischend und johlend und jubilierend und lagerten sich im Grase ... Bis der Morgen graute, trieb das Gesindel den heillosesten Unfug: als es endlich Tag ward, und die Verkäufer und Ständer kamen und ihre ‚Delinquentenwürstel‘, ‚Armesünderbretzen‘, ihren ‚Galgendanzinger‘ ausriefen, da ging der Janhagel erst recht los und die Tausende und Abertausende wurden so kreuzfidel, wie es seinerzeit auf dem Brigittenauer Kirchtag Mode war ...“ Friedrich Schlögl erzählt so von einem eigenartigen Volksfest bei der Spinnerin am Kreuz, wo am 30. Mai 1868, also zwei Jahre nach Königgrätz und ein Jahr vor der Operneröffnung, die letzte öffentliche Hinrichtung stattfand. Zehntausende waren da hinausgepilgert, um den dreiundzwanzigjährigen, aus Ungarn stammenden Raubmörder Georg Ratkay hängen zu sehen. „Mittlerweile kamen auch die sogenannten ‚schönen Leute‘ anmarschiert und angefahren. Die meisten in Fiakern; elegante ‚Damen‘, mit Opernguckern ausgerüstet, standen auf dem Kutschbock oder füllten furchtlos die wackligen Nottribünen. Dann kam der ‚arme Sünder‘ – und die amtliche Prozedur nahm ihren ungestörten Verlauf. War die Menge entsetzt? War sie von der fürchterlichen Sühne ergriffen? Ein jubelndes Halloh erscholl durch die Lüfte, als im Moment, wie der Scharfrichter dem Todeskandidaten den Kopf – ‚zurechtlegte‘, eine Stellage einbrach, und hundert Neugierige hinabpurzelten ...“[7]

Nachdem den Einwohnern Wiens das Vergnügen einer Hinrichtung künftig versagt war, blieb ihnen immer noch die Freude an einer „schönen Leich“. Und Volksstimmung, Zuneigung zu einem Toten oder auch nur das Gefühl des Dabeiseins bewogen immer wieder Hunderttausende, anläßlich des Begräbnisses eines großen Mannes auf die Straße zu gehen. Für Ferdinand Kürnberger war das Grillparzer-Begräbnis im Februar 1872 jedoch nur ein „Jahrmarkt der Eitelkeit“. Ätzend wie nach ihm nur Karl Kraus zeichnete er die Wiener Schickeria in seinem berühmten Feuilleton „Wien, im Spiegel eines Sarges“: „ ‚Dem Ideal meines Lebens‘ stickt eine Baronin Todesco, als ob Grillparzer den Wiener Kurszettel gedichtet hätte, die Ideale von Todescoleben! ‚Dem Meister Grillparzer sein Jünger Mosenthal!‘ stickt der letztere und Grillparzer muss sich das ruhig gefallen lassen; sein Mund ist ja geschlossen ...“ und Kürnberger geißelte die „Ruhmes-Hyänen“, die „schmausend über seine Leiche herfielen ...“[8]

Ein Jahr später glaubte die Haupt- und Residenzstadt, das Hochgefühl des Gründerzeittriumphes durch die Weltausstellung im Prater voll auskosten zu können. Wer den Weltausstellungsrummel von Anbeginn an genießen wollte, las in diesen ersten Maitagen noch gläubig die schwärmerische Huldigung an die Börse in einem „Guide und Souvenir-Album der Wiener Weltausstellung 1873“: „Die riesenhafte Entwicklung des Aktienwesens, die massenhafte Gründung neuer Banken hat dem Wiener Geldmarkte eine fast endlose Reihe neuer Papiere zugeführt, welche

der Spekulation die reichste Beschäftigung und Ausbeute geben. Namentlich aber waren es die grossen Eisenbahnbauten in Österreich-Ungarn, welche eine bedeutende Konzentration des in- und ausländischen Kapitals an der Wiener Börse bewirkten ... Charakteristisch und als Ausdruck der sehr gesunden Verhältnisse des wirtschaftlichen Lebens Österreichs bezeichnend ist, dass gerade in letzter Zeit es vorzugsweise industrielle Unternehmungen sind, denen das disponible Kapital sich zuwendet, und dass die Wiener Börse für Industriepapiere ein grosses Entgegenkommen zeigt ..."9 Obwohl dieses Büchlein auch sonst von dem geltenden Gründerzeit-Fortschrittsglauben erfüllt ist, fehlt jedoch auch in dieser Wien-Beschreibung der den Bewohnern dieser Stadt eigene sarkastische Unterton nicht. Da wird über Wiener Typen geredet, über Hausmeister und Hausherren, über das Zinshaus als Zwickmühle usw. Aber dann wird eine neue Gruppe der Reichen angesprochen, die Besitzer der Ringstraßen-Palais: „Der Baron hat das Haus nicht erbaut, um die Leute zu schinden, sondern um sie zu blenden. Er erwartet davon mehr als Zinsen, er erwartet Kredit. Er hat es mit fürstlicher Pracht ausgestattet und leitet es auch mit fürstlicher Hoheit. Wenn es ginge, so würde er zu allen Fenstern zugleich herausschauen ..."
Und dann wird einer der bedeutendsten Wirtschaftsmänner der Gründerzeit gewürdigt: Alexander Ritter von Schoeller – eine Tuchfabrik in Brünn, eine Großhandlung in Wien, 1843–1845 die Berndorfer Metallwarenfabrik, in die ein Krupp-Bruder einstieg, die Kohlengruben von Miesbach in Bayern und schließlich die Zuckerfabriken in Czakowitz, Czaslau und Wrydy, Großgrundbesitz in Böhmen, der mit den modernsten aus England importierten Maschinen bearbeitet wird, die Ebenfurther Wasser- und Dampfmühle gemeinsam mit der Industriellenfamilie Wertheimstein, die Messingfabrik im Triestingtal, das Eisenwalzwerk in Ternitz, usw. usw. Alfred Skene, der in diesem industriellen Gotha auf den Kohlenbaron Heinrich Drasche folgt, war verantwortlich für die Schaffung des ersten großen Zuckerkartells, das den Markt beherrschte und die Preise diktierte. Er hat auch Millionen an einer Heeresausrüstungs-Gesellschaft verdient, die nach den Versorgungsmängeln im Krieg 1866 aus dem Boden gestampft wurde.
Nicht im Weltausstellungsbüchel verzeichnet, aber mindestens so aktiv wie die genannten Herren, bemühte sich um diese Zeit der Waffenfabrikant Josef Werndl in Steyr um die Ausrüstung der Soldaten des Kaisers. Sein neuer Hinterlader war 1869 als offizielle Infanteriewaffe eingeführt worden – und bis Ende 1872 hatte er in seiner Fabrik in Steyr 622.000 Infanteriegewehre, 8500 Karabiner, 2600 Repetiergewehre, 1800 Jagdstutzen und 114 Mitrailleusen erzeugt.
In Graz hatte sich der Wagenschmied Johann Weitzer, der selbst Zar Alexander II. mit Hofkutschen belieferte, auf die neue Zeit umgestellt. Die Wagen, die beim Bau des Suezkanals verwendet wurden, kamen aus seiner Grazer Fabrik. Und ab 1860 baute Weitzer auch Eisenbahnwaggons, die später auf der neuen Schmalspurbahn im besetzten Bosnien fuhren, und auch die Straßenbahnen von Wien, Graz, Linz, Brünn, Abbazia, Sarajewo, Preßburg usw. stammten aus seiner Fabrik.
Karl Wittgenstein hatte sich in Böhmen und Schlesien ein Eisen- und Kohlenimperium aufgebaut. Und um sich gegen den Preisverfall in der Montanindustrie abzusichern, schlossen sich Kärntner und steirische Eisenwerke zur „k. k. priv. Österreichisch-Alpine Montangesellschaft" zusammen – mit einem Aktienkapital von 73 Millionen Gulden. Der österreichische Hochadel fand zu einem Bündnis mit dem Großkapital.

Er verfügte selbst über genügend Geld, weil er durch die Grundentlastung der Bauern gewaltige Ablösesummen erhalten hatte (so etwa das Haus Schwarzenberg 1,870.000 Gulden, Fürst Franz Liechtenstein 1,110.000 Gulden, Fürst Alois Liechtenstein 409.000 Gulden usw.). Banken wurden gegründet, in deren Vorstand Aristokraten mit alten Namen neben frisch geadelten Konzernherren und Eisenbahnaktionären saßen: in der Creditanstalt für Handel und Gewerbe, gegründet 1855, gehörten die Fürsten Schwarzenberg, Fürstenberg und Auersperg und Graf Chotek dem Verwaltungsrat an.[10]

Bei der Weltausstellung glänzte Fürst Schwarzenberg (neben Coburg-Gotha, dem Bierbrauer Dreher und anderen) durch einen eigenen Pavillon. Auch die erste große Phase des Eisenbahnbaues mit der kühnen Semmeringüberquerung war abgeschlossen. Das Geld rollte, und die Weltausstellung sollte den Fluß der Millionen noch beschleunigen. Doch auf einmal zerplatzten Seifenblasen, die auf bloße Spekulationswut gebauten Goldminen erwiesen sich als Phantasiegebilde, die Börse krachte, und auch die Weltausstellung wurde nicht zu dem Fest, das man sich erhofft hatte. Kürnberger schmähte sie als „unser zweites Königgrätz". Als schließlich noch die Cholera ausbrach, war die Pleite unter der gewaltigen Rotunde, in die es hineinregnete, vollkommen. In den Zeitungen häuften sich Notizen wie die vom 10. Mai 1873: „Nächst der Stroheckbrücke in der Rossau wurde heute Morgens ein fast neuer Überzieher aufgefunden und vermutet man, dass der Eigentümer desselben sich in die Donau gestürzt und den Tod in den Wellen gefunden habe. Einer Version zufolge soll bereits das Kleidungsstück als Eigentum des Börsenagenten Modern agnosziert worden sein, der seit gestern vermisst wird. Derselbe soll im Laufe dieser Woche durch die Panik zum Bettler geworden sein . . ."[11]

Zu all dem Auf und Ab wiegten sich die Wiener und mit ihnen ganz Österreich zur heißen Musik der Strauß-Brüder im Dreivierteltakt. Die Sucht nach immer neuen Walzern ließ die Musikstücke zumindest ihrem Titel und ihrer Widmung nach zu aktuellen Kommentaren zur Zeitlage werden. Den „Sträußen" war jeder Anlaß recht. Schon 1836 hatte Johann Strauß (Vater) einen „Eisenbahn-Lust-Walzer" noch vor der Eröffnung der ersten Bahnstrecke, der Kaiser-Ferdinand-Nordbahn, komponiert, dann ehrte er eine Neuerung der Technik durch sein Potpourri „Musikalischer Telegraph". Johann Strauß (Sohn) ließ sich 1848 zu einem „Revolutions-Marsch" hinreißen (gedruckt mit Barrikaden und Nationalgardisten auf dem Titel), im gleichen Jahr sorgte der Vater durch den „Radetzky-Marsch" für einen patriotischen Ausgleich. Die Geburt Kronprinz Rudolfs in Laxenburg feierte Josef Strauß 1858 mit der „Laxenburger Polka", den Hörern der Technischen Hochschule widmete Johann Strauß 1860 den „Accelerationen-Walzer", der Abbruch der Basteien und Erinnerungen an das alte Wien inspirirte ihn 1862 zum Walzer „Wiener Chronik" und ein Jahr darauf zur „Demolierer-Polka". Gute Beziehungen zur Presse pflegte Johann Strauß mit dem „Leitartikel"- und dem „Morgenblätter"-Walzer. Als Preußen und Österreich 1864 Schulter an Schulter gegen Dänemark zogen, leistete Johann Strauß mit einem „Verbrüderungs-Marsch" Schützenhilfe, und „An der schönen blauen Donau" (mit dem aufmunternden Text „Wiener seid froh, oho . . .) sollte 1867 über die Nach-Königgrätz-Misere hinwegtrösten. Der Mediziner gedachte Josef Strauß mit „Sphärenklängen" (1868), ein „Ägyptischer Marsch" von Johann Strauß registrierte

1869 die Suezkanaleröffnung, die Ringstraße würdigte er mit dem Walzer „Neu-Wien", bei der Weltausstellung dirigierte Strauß die Weltausstellungskapelle, Eduard Strauß illustrierte 1874 die neue Hochquellwasserleitung musikalisch mit der Polka-Mazur „Die Hochquelle", und nach der Rückkehr der Nordpolexpedition schuf er den „Weyprecht-Payer"-Marsch. Um das 25jährige Kaiser-Jubiläum zu begehen, mischte Eduard Strauß 1874 in seinem Jubiläums-Marsch das „O du mein Österreich" mit ungarischen Klängen, und der Walzer „Myrthenblüten" von Johann Strauß ertönte zur Hochzeit des Kronprinzen Rudolf mit der belgischen Prinzessin Stefanie 1881. Damals empfahl auch eine satirische Zeitschrift angesichts innenpolitischer Schwierigkeiten unter einer Zeichnung, auf der Strauß den Abgeordneten zum Tanz aufgeigt: „Man mache den Johann Strauß zum Ministerpräsidenten und es wird sofort die allgemeine Zufriedenheit hergestellt sein." Die Summe aller patriotischen Melodien – nämlich der Volkshymne, des Prinzen-Eugen-Liedes und des Radetzky-Marsches – war Johanns Marsch „Habsburg hoch!" zur „600jährigen Gedenkfeier des allerdurchlauchtigsten Hauses Habsburg" 1882 mit Rudolf von Habsburg und Kaiser Franz Joseph auf dem Titelblatt. Der berühmte „Kaiserwalzer" hat seinen Namen jedoch vom Musikverleger Simrock erhalten, und als letztes Werk schrieb Johann Strauß einen wehmütigen Rückblick auf das verschwundene Biedermeier-Wien: „Klänge aus der Raimundzeit" 1898 zur Enthüllung des Raimund-Denkmals vor dem Deutschen Volkstheater.[12]

Nur sechs Jahre nach dem großen Krach, am 27. April 1879, sollten sie in dieser Überzeugung durch ein Monsterspektakel bestärkt werden, wie es Wien noch nie gesehen hatte: „Der imposante Festzug ... mit den Festwagen, den Emblemen und den Kostümen, musterhaft angeordnet und durchaus gelungen in der Ausführung der Bewegung, bot er ein Bild von so ungeahnter Herrlichkeit, dass er selbst die kühnsten Erwartungen übertraf ..."[13]

Der Berichterstatter der „Wiener Zeitung" kann des Lobes nicht genug finden, und für die Million Menschen, die diesen vom Lieblingsmaler der Wiener Gesellschaft, Hans Makart, mit absoluten Vollmachten und unbeschränkten Geldmitteln gestalteten Huldigungsfestzug zur Silbernen Hochzeit des Kaiserpaares bewunderte, war dieses Erlebnis der Traum vollkommener Schönheit und totaler Harmonie von Künstlertum, Geschichte, Dynastie, Reich und Weltstadt. Dabei hätten aus dieser in Historienbilder flüchtenden Selbstdarstellung Dr. Freud und seine Schüler ein paar Jahre später wohl mindestens so viel über den Zustand dieser Gesellschaft herausrätseln können wie aus den Erinnerungsfetzen einer Patientin auf der Couch des Psychoanalytikers. Die Wiener und die Österreicher gaukelten sich eine makellose Ordnung nach edlen Renaissance-Prinzipien vor, in der Meinung, daß eine solche Superschau genüge, um alle Spannungen, Ungleichheiten, unterirdische Beben und aufbrechenden Klüfte in ihrer Welt zu überwinden.

Ja, wenn schon nicht im Festzug, so waren zumindest im Publikum alle Klassen vereinigt. Auch die Arbeiter aus den grauen Vorstädten hatte es zum Ring gezogen, auch sie wollten sich von dem Festzug in ein Märchenland führen lassen. Aber schon 1868 hatte Ernst Becher über die Lage der Arbeiter in Wien geschrieben: „Zusammengepfercht in enge, ungesunde Häuser, ohne Rücksicht auf Alter und Geschlecht, unter dem ermüdenden Einerlei der Beschäftigung seufzend, vergeht ihnen der Tag.
Schlechte Nahrung, elende Wohnung erwartet den müden Mann, damit er durch sie

neue Kraft für das morgige Tagwerk gewinne, welches er in gleicher Weise beginnen muss. Wo soll die Lust am Leben, die Freudigkeit des Wirkens und Schaffens, jenes edelsten Genusses, die Zufriedenheit und das Glück in jenen Massen herkommen, welche in die Fabrik hungrig und matt ziehen, um jeden Tag elender davon zurückzukehren, über ihrem Haupte schwebend fort und fort die hohläugige Sorge für die künftigen Tage . . .“14

1874 war nahe von Wiener Neustadt, aus Sicherheitsgründen jedoch jenseits der Leitha im ungarischen Neudörfl, die Sozialdemokratische Arbeiterpartei Österreichs gegründet worden, und am 1. Mai 1890 folgten die Arbeiter zum erstenmal den internationalen Bestrebungen, diesen Tag als den ihren zu feiern – vielen drohte dafür die Entlassung aus ihrem Betrieb. Am nächsten Tag konstatierte die „Neue Freie Presse“: „Der mit ängstlicher Spannung erwartete Feiertag der Arbeiter ist nun vorüber, und hat die Unglücksprophezeiungen der Pessimisten glänzend widerlegt. Es gibt in diesem Augenblicke nur eine Stimme darüber: Die Arbeiterschaft hat sich musterhaft benommen, und wir wüssten Leute genug, die mit einem gewissen Hochmut auf das Proletariat hinabschauen und doch von diesen Männern der Arbeit lernen könnten, wie man eine politische Demonstration mit Würde, Anstand und Achtung vor dem Gesetze vollführt . . .“15 Ein sechzehnjähriger Gymnasiast aus vornehmem Haus, der bereits unter dem Dichter-Pseudonym Loris in die Wiener Kaffeehausliteratur eingeführt worden war, Hugo von Hofmannsthal, reimte auf einer Visitenkarte ein paar Verse auf diesen ersten 1. Mai: „Tobt der Pöbel in den Gassen, ei, mein Kind, so lass ihn schrei'n. Denn sein Lieben und sein Hassen ist verächtlich und gemein! Während sie uns Zeit noch lassen, wollen wir uns Schönerm weih'n . . .“ Dieses „Während sie uns Zeit noch lassen . . .“16 klang wie ein Leitsatz des Wiener Ästhetizismus, dieser totalen Hinwendung zum Schönen, Reinen, Hehren fern von aller Politik, ohne Engagement, ohne Blick für die Wirklichkeit. Aber schließlich konnte keiner der Zeit entkommen. Und irgendwann mußten diese Menschen zumindest in ihrem Inneren empfinden, daß, wenn nichts passieren sollte, etwas geschehen mußte. Fortschrittliche Kräfte in der Kirche und katholische Politiker versuchten den Trend zum Marxismus durch die christlichsoziale Bewegung aufzufangen. „Leutln, lehrts eure Kinder und, wenn ihr Meister seid, eure Lehrbuben rechtzeitig das Kreuz machen, denn wenn ihr's nicht tut, so werden sie euer Kreuz machen!“ rief der Volkstribun Lueger einer begeisterten Masse zu.

Doch die Fronten verhärteten sich, der Streit wurde lauter. Einmal ging es um die Juden, dann um das Wahlrecht, um den Vorrang der einen Nation vor der anderen, um Katholizismus und um mehr Lohn, um weniger Arbeitszeit und größeren Liberalismus. Inmitten dieses politischen Tohuwabohus, in dem die parlamentarische Debatte manchmal von Schlägereien unter den Abgeordneten abgelöst wurde, tradierten Künstler, Dichter und Gelehrte neue Ideen, neue Theorien, neue Lehren, neue Formen, und manchmal mußte es scheinen, als ob die ganze Welt in Wien frische geistige Nahrung finden könnte. Bruno Walter, den Gustav Mahler als Dirigenten an die Oper geholt hatte, klagte jedoch 1901 in einem Brief: „Unerhört sind die politischen Verhältnisse, meinem Empfinden nach unhaltbar, die Verfassung wackelt, und wer weiss, wie bald wir hier die heftigsten und einschneidendsten Änderungen erleben.“17

Hermann Bahr wunderte sich 1908 in seinem Tagebuch: „Seltsam, österreichischen

Menschen zuzusehen, was sie wollen, wie sie wirken, und dann zu hören, wie sie heissen, wofür sie gelten. Die einen glauben an Österreich nicht mehr, geben es auf, und jeder will nur noch geschwind in der Verwirrung, aus der Verwüstung was für sich retten. Diese nennt man Patrioten. Die anderen fühlen, wie sich lebendige Kraft, neuer Mut und ein alles verbindender Sinn überall regen, ein grosses und starkes Reich kündet sich ihnen an, und sie rütteln an den Toren, um es einzulassen. Diese heissen Landesverräter und werden so behandelt . . .“[18]

Einer, der auch immer alles aussprach, was er dachte, und dazu noch in unnachahmlicher Prägnanz und Schärfe, war Karl Kraus, der Erzfeind Bahrs. Als am Ballhausplatz der Imperialismus imitiert und Bosnien und Herzegowina 1908 annektiert wurden, spottete Kraus prophetisch in seiner „Fackel“: „Ich habe gehört, dass Österreich Bosnien annektiert hat. Warum auch nicht? Man will alles beisammen haben, wenn alles aufhören soll . . . Erst die Auflösung unseres Staates, von der in letzter Zeit so viel die Rede war und die sich separat vollziehen wird, weil die anderen Weltgegenden nicht in solcher Gesellschaft zugrundegehen wollen, dürfte allem müssigen Gerede ein Ende machen. Doch es ist eine weitblickende Politik, den Balkan durcheinanderzubringen. Dort sind die Reserven zur Herstellung des allgemeinen Chaos . . .“[19]

Viele haben's gelesen, viele haben's auch mit einer gewissen masochistischen Neigung genossen, wenige haben's geglaubt. Und die Welle patriotischer Begeisterung zu Kriegsbeginn war wie ein Wunder. Denn vorher hatte sich in weiten Kreisen Resignation breitgemacht. Ein melancholisches Beispiel liefert der Brief Hofmannsthals an seinen Freund Leopold von Andrian 1913: „Wir müssen uns eingestehen, Poldy, wir haben eine Heimat, aber kein Vaterland – an dessen Stelle nur ein Gespenst . . . Wir müssen trachten, etwas zu sein, dann ist in diesem etwas auch Österreich. Vielleicht kommen bessere Zeiten und andere Generationen . . .“ Leopold von Andrian antwortete mit der tröstenden Idee von einem „Ideal, welches das des einfachen Nationalstaates weit übersteigt“ und er träumt von der „Cooperation und teilweisen Verschmelzung der Genien all der Völker, deren Existenz nur innerhalb eines grossen Reiches möglich ist, deren Existenz also direkt von der Existenz Österreichs abhängig ist . . .“[20]

Doch bald wurden Genien, Geist und Blut aller Völker nur zu einem Vernichtungswerk vereinigt und in einem einzigen großen k. u. k. Sterbeverein versammelt. Da half auch das ganze patriotische Auferstehungsgetöse der Weltkriegspropaganda nicht. Und der alte Herr in der Burg, der nun in einer Zeit lebte, die schon längst nicht mehr die seine war, hat es vielleicht geahnt, daß sich das Ende näherte, und nicht nur das Ende seines Greisenlebens.

Dienstag, 21. November 1916. Wie jeden Tag macht der diensthabende Offizier seine Eintragungen in das Adjutantenbuch. Heute versieht Oberst von Spanyik, der Hauskommandant der Königlich-Ungarischen Garde, neben dem Flügeladjutanten Oberst Heinrich Graf Hoyos seinen Dienst. Wie immer schreibt er oben rechts in die Ecke etwas über das Wetter: „$8^h$ +6°, 755 mm, wolkig, windig. $2^h$ +11°, 750 mm, wolkig, schön.“ Schon um die nächtliche Stunde 3.30 Uhr hat sich der Kaiser wecken lassen. Die Visite seiner Ärzte verschweigt das Buch. Als ersten offiziellen Besucher meldet der Adjutant den Obersthofmeister, Fürst Montenuovo, der genau 16 Minuten beim Kaiser weilt. Um 8.30 Uhr kommt Erzherzogin Marie Valerie, die Tochter des Kaisers. Die nächsten beiden Besucher sind die Generaladjutanten Graf Paar und

Baron Bolfrass. Um 11.15 Uhr werden dann die kaiserlichen Hoheiten Erzherzog Karl und Erzherzogin Zita eingeschrieben. Um 11.30 Uhr heißt es: „Ah. (Allerhöchstes) Frühstück." Um 15 Uhr: „Ah. Speisen (wenig)." Am Ende der Seite findet sich noch ein Nachtrag: „Vorm(ittag), 10 Uhr, verrichteten S.M.Ah. seine Andachten." Sonst vertraut der Adjutant dem Protokollbuch bis zum Abend nichts mehr an. Die letzte Eintragung hält sich nicht ganz an die Ordnung. Sie braucht auch die andere Seite des Buches und sie sagt mit wenigen Worten unendlich viel: „Abends, 9.05 Uhr, sind S.M. sehr sanft, überraschend schnell verschieden. Beim Ah. Hinscheiden waren anwesend: Erzherzog Carl und Erzherzogin Zita, Erzherzogin Marie Therese, Marie Josefa, Marie Valerie, Erzherzog Franz Salvator, Obersthofm. Fürst Montenuovo, Generaloberst Graf Paar, Oberst von Spanyik und Graf Hoyos, Leibarzt Dr. Kerzl, Professor Ortner, Prälat Seidl, Leibkammerdiener Ketterl, Hof-Kammer-Thürhüter Zens. Requiescat in pace!"[21]

Es mußten noch viel mehr sterben, bis das todgeweihte Reich dem Kaiser folgte, bis eine Epoche den Vollzug ihres Selbstmordes melden konnte. Und die Österreicher wußten nicht mehr so recht, wer sie waren, wohin sie gehörten und ob es überhaupt noch einen Sinn hatte, das Wort „Österreich" über die Lippen zu bringen. Von den fast tausend Jahren schien nichts geblieben zu sein als alte, leere und viel zu große Häuser. Einer der Heimkehrer, die die Heimat nicht mehr vorfanden, Joseph Roth, schrieb sich seine Verlorenheit, seine Ratlosigkeit vom Herzen: „Ehe ich zu leben angefangen hatte, stand mir die ganze Welt offen. Aber als ich zu leben anfing, war die offene Welt verwüstet. Ich selbst vernichtete sie mit Altersgenossen ... Uns allen war es wie einem, der sich in den Zug setzt, den Fahrplan in der Hand, um in die Welt zu reisen. Aber ein Sturm blies unser Gefährt in die Weite, und wir waren in einem Augenblick dort, wohin wir in gemächlichen und bunten, erschütternden und zauberhaften zehn Jahren hatten kommen wollen. Ehe wir noch erleben konnten, erfuhren wir's. Wir waren fürs Leben gerüstet und schon begrüsste uns der Tod. Noch standen wir verwundert vor einem Leichenzug und schon lagen wir in einem Massengrab. Wir wussten mehr als die Greise, wir waren die unglücklichen Enkel, die ihre Grossväter auf den Schoss nahmen, um ihnen Geschichten zu erzählen ..."[22]

Das gesungene Stoßgebet „Gott erhalte ..." hatte im Himmel keinen Widerhall mehr gefunden. Und nun schien nichts mehr erhaltenswert zu sein, höchstens noch die Erinnerung und die eigene Existenz. Daß die jetzt beginnende neue Zeit schon lange vorher angebrochen war, wurde den Österreichern erst allmählich bewußt. Daß in diesem Reich trotz seiner täglichen Katastrophen Kraftreserven für die Zukunft gespeichert waren, dämmerte den meisten erst, als die Verleugnung der Idee Österreichs das Vakuum sichtbar und spürbar machte, das dadurch im Herzen Europas entstanden war. Als Kaiser Otto II. 976 einen tüchtigen Gefolgsmann mit der östlichsten Mark an der Donau belehnte, gehorchte er einer politischen Notwendigkeit. Fortan war Österreich ein geschichtliches Muß, ob als Ostarrichi, als Babenbergermark, als habsburgische Haus-Herrschaft, als zentraleuropäische Großmacht oder als demokratische Republik, die sich zu einer aktiven Neutralität bekennt. Der Bedarf Europas und der Welt an Österreich ist noch lange nicht gedeckt.

# ANMERKUNGEN

## VOR TAUSEND JAHREN

1 Siehe dazu Hertha Ladenbauer-Orel, „Der Kirchenberg in Wieselburg an der Erlauf", Jahrbuch für Landeskunde von Niederösterreich XXXXVII/1965–1967.

2 Liutpald kam zu seiner Fürsprecherfunktion, weil er als Graf des Donaugaues für die Gegend der Schenkung zuständig war.

3 „Annales Altahenses maiores", zitiert nach Johannes Bühler, „Deutsche Vergangenheit", Leipzig 1924.

4 Aus „Österreich" von Gerhard Fritsch, in: „Österreich in Geschichte und Literatur", Folge 5, Jahrgang 9/1965.

5 István Dines, „Die Ungarn um die Zeit der Landnahme", Budapest 1972.

6 Siehe dazu Eberhard Marckhgott, „Der Weg zum neuen Diözesanpatron", in: „Jahrbuch 1972 für die Katholiken des Bistums Linz"; ferner Univ.-Doz. Dr. Willibrord Neumüller O.S.B., Kremsmünster.

7 Altman Kellner O.S.B., „Musikgeschichte des Stiftes Kremsmünster", Kassel 1956.

8 Pankraz Stollenmayer O.S.B., „Zur Gründung des Stiftes Kremsmünster 777", Ottobeuren 1974.

9 Gespräch mit Dr. Willibrord Neumüller O.S.B.

10 Stollenmayer, „Tassilo-Leuchter – Tassilo-Zepter", in „102. Jahresbericht", Gymnasium Kremsmünster 1960.

11 Zitiert nach Willibrord Neumüller O.S.B., „Tassilo III. von Bayern und Karl der Große", in: „110. Jahresbericht", Gymnasium Kremsmünster 1967.

12 Stollenmayer, Gründung a. a. O.

13 Nach der Übersetzung, die im „Raffelstettener Hof" aufliegt.

14 Siehe dazu Ferdinand Tremel, „Wirtschafts- und Sozialgeschichte Österreichs von den Anfängen bis 1955", Wien 1969.

15 Lubomir Havlik, „Die alten Slawen im österreichischen Donaugebiet", in: „Österreich in Geschichte und Literatur", Folge 4, Jahrgang 9/1965.

16 Gespräch mit Dozent Herwig Friesinger am Ausgrabungsort.

17 Havlik a. a. O.

18 Gespräch Friesinger a. a. O.

19 Zitiert nach Leo Santifaller, „Über die Ostarrichi-Urkunde vom 1. November 996", Wien 1948.

20 Ebenda.

21 Nach Franz Gumpinger, „Neuhofen an der Ybbs, Abriß der Pfarr- und Ortsgeschichte", St. Pölten 1966.

## DIE GRENZEN

1 Interview in Salzburg.

2 Adalbert Stifter, „Hochwald", in: „Sämtliche Werke", Band 1, Darmstadt 1968.

3 Nach Ludwig Rosenberger, „Adalbert Stifter und der Bayerische Wald", München 1967.

4 Ebenda.

5 Ebenda.

6 Karl Gutkas, „Geschichte des Landes Niederösterreich", St. Pölten 1973, und Walter Franz Ziehensack, „Land zwischen Thaya und Zaya", Wien 1975.

7 „Die Reisen des Felix Faber durch Tirol in den Jahren 1483 und 1484", Schlern-Schriften, Innsbruck 1923.

8 Johann Wolfgang Goethe, „Italienische Reise", Gesamtausgabe Band 25, München 1962.

9 Hand Christian Andersen, „Eines Dichters Basar", Weimar 1973.

10 Goethe a. a. O.

11 Zitiert nach Franz Biasi, „Unteres Inntal", Innsbruck 1974.

12 Siehe dazu Othmar Tuider und Johannes Rüling, „Die Preußen in Niederösterreich 1866", Wien 1966.

13 Zitiert nach „Der Völkerkrieg – eine Chronik der Ereignisse seit dem 1. Juli 1914", Band 5, hg. von C. H. Baer, Stuttgart–Wien 1916.

## DIE ÖSTERREICH FORMTEN

1 Gespräch mit Abt Norbert Mussbacher S.O.Cist. von Lilienfeld.

2 Zitiert nach Guido List, „Die Babenberger", in: „Österreichs Hort", Wien 1910.

3 Zitiert nach Walther von der Vogelweide, „Gedichte", in der Übertragung von Peter Wapnewski, Frankfurt 1966.

4 Gespräch Mussbacher a. a. O.

5 Gespräch mit Johann Jungwirth, dazu außerdem Jungwirth, „Die Babenberger-Skelette im Stift Melk und ihre Identifizierung", Annalen des Naturhistorischen Museums Wien 75, Oktober 1971.

6 Aus Viktor Lebzelter und Gabriele Thalmann, „Die Reliquien des heiligen Markgrafen Leopold III. von Österreich", in: „St. Leopold – Festschrift des Augustiner-Chorherrenstiftes Klosterneuburg zur

800jährigen Gedenkfeier des Todes des Heiligen", Klosterneuburg 1936.

7 C. D. Darlington, „Die Entwicklung des Menschen und der Gesellschaft", Düsseldorf 1971.

8 Aus Otto von Freising, „Chronica sive historia de duabus civitatibus", zitiert nach „St. Leopold Festschrift" a. a. O.

9 Floridus Röhrig, „Der heilige Markgraf Leopold III. von Österreich", in: „Bavaria Sancta", Band II, Regensburg 1971.

10 Zitiert nach Johannes Bühler, „Die Hohenstaufen", Leipzig 1925.

11 Dazu Floridus Röhrig, „Die Heiligsprechung Markgraf Leopolds III.", in: Katalog der Ausstellung „Friedrich III. – Kaiserresidenz Wiener Neustadt", Wien 1966.

12 Aus Hugo von Trimbergs (um 1230–1313) „Der Renner", zitiert nach Johannes Bühler, „Das deutsche Geistesleben im Mittelalter", Leipzig 1927.

13 Hugo von Hofmannsthal, „Ausgewählte Werke", Band II, Frankfurt 1957.

14 Otto von Freising, „Taten Kaiser Friedrichs", zitiert nach Bühler, Hohenstaufen a. a. O.

15 Zum „Privilegium Minus" siehe Heinrich Fichtenau, „Von der Mark zum Herzogtum", Wien 1958.

16 Fritz Eheim, „Die Geschichte der Beinamen der Babenberger", in: „Unsere Heimat", Jahrgang 26, Nummer 10–12, Wien 1955.

17 Radulf von Coggeshall (Annalen) zitiert nach Bühler, Hohenstaufen a. a. O.

18 Heinrich Fichtenau, „Akkon, Zypern und das Lösegeld für Richard Löwenherz", in: „Bausteine zur Geschichte Österreichs", Archiv für österreichische Geschichte, 125. Band, Wien 1966.

19 Ebenda.

20 Hugo Hantsch, „Die Geschichte Österreichs", Band 1, Graz 1947.

21 Zitiert nach Heide Dienst, „Die Schlacht an der Leitha 1246", Wien 1971.


## DAS HAUS, DAS ÖSTERREICH HEISST

1 Franz Grillparzer, „König Ottokars Glück und Ende" (V. Akt), „Werke", Band 1, München 1971.

2 Siehe dazu Kurt Peball, „Die Schlacht bei Dürnkrut am 26. August 1278", Wien 1968.

3 Grillparzer, Ottokar (I. Akt) a. a. O.

4 Alphons Lhotsky „Was heißt ‚Haus Österreich'?", Sonderabdruck, Anzeiger der phil.-hist. Klasse der Österr. Akad. d. Wissensch., Jg. 1956/11, Wien 1956.

5 Dante Alighieri, „Die Göttliche Komödie", VII. Gesang, Vers 94–96, Darmstadt 1958.

6 Zitiert nach „Österreichs Hort", Band 1, Wien 1910.

7 Lhotsky, Haus Österreich a. a. O.

8 Carl Jacob Burckhardt, „Maria Theresia", in: „Gesammelte Werke", Band 2, Betrachtungen zur Geschichte und Literatur, Bern 1971.

9 Zitiert nach Alphons Lhotsky, „Privilegium Maius – die Geschichte einer Urkunde", Wien 1957.

10 Alphons Lhotsky, „Epilegomena zu den österreichischen Freiheitsbriefen", in: „Europäisches Mittelalter – Das Land Österreich" („Aufsätze und Vorträge", Band I), Wien 1970.

11 Alphons Lhotsky, „A.E.I.O.U. – Die Devise Kaiser Friedrich III. und sein Notizbuch", in: „Das Haus Habsburg" („Aufsätze und Vorträge", Band II), Wien 1971.

12 Jacob Burckhardt, „Die Kultur der Renaissance in Italien", Basel 1860.

13 „Mein Caspar des Enenckel Verzeichnuss was sich bey Kayser Fridrichen Rayss nach Rom zugetragen, als der selbst mit dem Kayser gewest und alles angesehen in Die löblichen Herrn Stände und Ritter Stand in dem Ertzhertzogtum Österreich ob der Enns 3 (Passau 138)."

14 Ebenda.

15 Johann Wolfgang Goethe, „Dichtung und Wahrheit", Gesamtausgabe Bd. 22, München 1962.

16 Enenckel, a. a. O.

17 Aus der im Auftrag Leos von Rozmital geschriebenen „Ritter-, Hof- und Pilgerreise durch das Abendland", zitiert nach Berthold Sutter, „Die Residenzen Friedrichs III. in Österreich", in: Katalog zur Ausstellung „Friedrich III. – Kaiserresidenz Wiener Neustadt", Wien 1966.

18 Lhotsky, A.E.I.O.U., a. a. O.; dazu auch Anna Hedwig Benna, „Zum A.E.I.O.U. Friedrich III. – Auslegungen des 15. Jahrhunderts", Mitteilungen des Österreichischen Staatsarchivs 26/1973.

19 Siehe dazu Heinrich Benedikt, „Die Casa d'Austria, das Reich und Europa", in: „Spectrum Austriae", Wien 1957.


## „WEIL'S GILT DIE SEEL' . . ."

1 Zitiert nach Karl Dinges, „Geschichte der evangelischen Ramsau am Dachstein", Ramsau 1966.

2 Ebenda.

3 Zitiert nach Hans Benedikter, „Rebell im Land Tirol – Michael Gaismair", Wien 1970.

4 Willy Lorenz, „Der Katholizismus: Geschichte/Gestalt/Probleme", in: „Spectrum Austriae", Wien 1957.

5 Die Darstellung der wirtschaftlichen Ursachen der Bauernaufstände stützt sich auf Helmuth Feigl, „Der niederösterreichische Bauernaufstand 1596/97", Wien 1972.

6 „Das ist die Landsordnung, so Michael Gaismair gmacht hat im 1526. Jahr", zitiert nach: „Dokumente aus dem deutschen Bauernkrieg", Leipzig 1974.

7 Friedrich Engels, „Der deutsche Bauernkrieg", Hamburg 1973.

8 Siehe dazu Benedikter a. a. O. und Josef Macek, „Der Tiroler Bauernkrieg und Michael Gaismair", Berlin 1965.

9 Nach dem Bericht des Pflegers Grünbacher, aufgezeichnet bei Franz Christoph Graf von Khevenhüller, „Annales Ferdinandeorum", 1724, zitiert nach Hans Jessen, „Der Dreissigjährige Krieg in Augenzeugenberichten", Düsseldorf 1963.

10 Zu den oberösterreichischen Bauernkriegen Rudolf Walter Litschel, „Lanze, Schwert und Helm", Beiträge zur oberösterreichischen Wehrgeschichte, Linz 1968.

11 Charles Sealsfield, „Österreich wie es ist", Wien 1919.

12 Zitiert nach Wolfgang Pfaundler, „Tiroler Jungbürgerbuch", Innsbruck 1967.

13 Im berühmten „Wolkersdorfer Handbillett" hatte Franz I. am 29. Mai 1809 geschrieben: „Im Vertrauen auf Gott und Meine gerechte Sache, erkläre Ich hiemit Meiner treuen Grafschaft Tyrol, dass sie nie mehr von dem Körper des Österreichischen Kaiserstaates soll getrennt werden, und dass Ich keinen anderen Frieden unterzeichnen werde – als den –, der dieses Land an Meine Monarchie unauflöslich knüpft . . ." Doch nach der Schlacht von Wagram fiel Tirol im Frieden von Schönbrunn am 14. Oktober neuerlich an Bayern. Am 20. Februar 1810 wurde Andreas Hofer in Mantua erschossen.


## KEIN HALBMOND AM STEPHANSDOM

1 „Verzeichniss der gefangenen Christen . . ." Wien 1763 gedruckt bey Leopold Johann Kaliwoda, Kayserl. Reichs-Hof-Buchdruckern.

2 „Verzeichniss der Gefangenen Christen . . . vom Jahre 1777 bis zum Jahr 1780" Wien, gedruckt mit Schulzisch-Gastheimischen Schriften.

3 „Relatio Captivo-Redempti . . ." Gedruckt zu Wienn bey Matthias Sischowitz im Jahr 1689.

4 Zitiert nach Karl Teply, „Türkentaufen in Wien während des Grossen Türkenkrieges 1683–1699", Jahrbuch des Vereines für Geschichte der Stadt Wien, Band 29 (1973), Horn 1973.

5 Franz Christoph Khevenhüller, Annales Ferdinandeorum, zitiert nach Teply a. a. O.

6 Richard F. Kreutel, „Im Reiche des Goldenen Apfels – des türkischen Weltenbummlers Evliyâ Celebi denkwürdige Reise in das Giaurenland und in die Stadt und Festung Wien anno 1665", Graz 1957.

7 Zitiert nach Fritz Posch, „Innerösterreich und die Türken", in: „Österreich und die Türken (Internationales Kulturhistorisches Symposion Mogersdorf 1969)", Eisenstadt 1972.

8 Ebenda.

9 Kreutel a. a. O.

10 Joseph von Hammer (-Purgstall), „Geschichte des Osmanischen Reiches", Pest 1831, Band 7.

11 Ebenda.

12 Oswald Redlich, „Weltmacht des Barock", Wien 1961.

13 Jakob Unrest, „Österreichische Chronik", hg. von Karl Grossmann, Weimar 1957 (Monumenta Germaniae Historica, Scriptores Rerum Germanicarum, nov. ser. tom. XI).

14 Hugo von Hofmannsthal, „Erzählungen und Aufsätze", Ausgewählte Werke in zwei Bänden, Frankfurt 1957.

15 Joseph Scheiger, „Andeutungen zur Geschichte und Beschreibung des bürgerlichen Zeughauses in Wien" 1883, zitiert nach Walter Hummelberger: „Das Bürgerliche Zeughaus", Wien 1972.

16 Zitiert nach Karl Stuhlpfarrer, „Österreich-Ungarn und die Türkei im Ersten Weltkrieg", Symposion Mogersdorf a. a. O.


## WEIHRAUCH UND MONSTRANZ

1 Nach Gottfried Holzer, „Maria-Roggendorf – ein alter niederösterreichischer Wallfahrtsort", Wien 1971.

2 Willy Lorenz, „Du bist doch in unserer Mitte – Wege der Kirche in Österreich", Wien 1962.

3 R. P. Johann Braumiller, Prediger-Ordens General-Prediger ad. S. Mariam Rotundam „Marianische Zeller-Reiss auff welcher durch sechs Jahr von Wienn auss dem Prediger-Closter biss zu dem Gnadenreichen Orth Maria-Zell in Steyrmarck und von dannen biss wieder nacher Wienn an unterschiedlichen Orthen auff dem Weeg durch 9. Täg denen andächtigen Wiennerischen Kirchfährteren folgende Vermahnung- und Predigen bey der Volckreichen Procession seynd gehalten worden", Wien 1697.

4 Ebenda.

5 Nach P. Othmar Wonisch O.S.B., „Geschichte von Mariazell", Mariazell 1947.

6 Ebenda.

7 Lady Mary Montagu, „Briefe aus dem Orient", erstmals erschienen 1784, hier zitiert nach der Ausgabe Stuttgart 1962.

8 Floridus Röhrig, „Klosterneuburg", Wiener Geschichtsbücher, Band 11, Wien 1972.

9 Nach Melker Chroniken und dem Wiener Diarium zitiert in „Kaiserliche und Königliche Ostern in Melk – 1764" von P. Edmund Kummer O.S.B., in: „Jahrbuch für Landeskunde von Niederösterreich XXXVII/1965–1967".

10 Zitiert nach Oswald Redlich, „Das Werden einer Großmacht – Österreich 1700–1740", Wien 1962.

11 Ebenda.

12 Zitiert nach A. F. Bauer, „Ausführliche Geschichte der Reise des Pabstes Pius VI. (Braschi) von Rom nach Wien nebst Beschreibung aller, auf dieser Reise sowohl, als während seinem Aufenthalte zu Wien, und an andern Oertern vorgegangenen Merkwürdigkeiten, feierlichen Cerimonien u.s.w. samt einem Anhange der zwischen Sr. Majestät dem Kaiser, und dem Pabste gewechselten Briefe, aller bei der Ankunft, und der Gegenwart des Pabstes zu Wien erschienen Gedichte, und verschiedener noch ungedruckter Briefe und Anekdoten", Wien 1782.

13 Ebenda.

14 Johann Valentin Eybel, „Was ist der Pabst?", Wien 1782.

15 Bauer a. a. O.

16 Ebenda.

17 Ebenda.

18 Hans Wagner, „Der Einfluß von Gallikanismus und Jansenismus auf die Kirche und den Staat der Aufklärung in Österreich", in: „Österreich in Geschichte und Literatur", 11. Jahrgang 1967/10.

19 Lorenz a. a. O.

20 Eduard Winter, „Barock, Absolutismus und Aufklärung in der Donaumonarchie", Wien 1971.

21 Ebenda.


## WO DER GEIST WOHNT

1 Dazu J. W. Nagl – Jakob Zeidler „Deutsch-Österreichische Literaturgeschichte", Band 2, Wien o. J., und Rudolf Alexander Moissl, „Das Lied der Deutschen", St. Pölten 1941.

2 Grillparzer, Werke a. a. O.

3 Johann Gabriel Seidl, „Der Leiermann", Graz 1959.

4 Moissl a. a. O.

5 Eduard Fechtner, „Johann Philipp Neumann, der Textdichter von Schuberts Deutscher Messe", in: „Alt-Wiener Kalender", Wien 1917.

6 Wenzel Tomaschek zitiert nach Leopold Nowak, „Joseph Haydn", Wien 1959.

7 Grillparzer, „Selbstbiographie", Werke a. a. O.

8 Ebenda.

9 Grillparzer, „Erinnerungen an Beethoven", Werke a. a. O.

10 Ebenda.

11 Zitiert nach Anton Schindler, „Biographie von Ludwig van Beethoven", Leipzig 1973.

12 Ebenda.

13 Siehe dazu Katalog „Mozart-Wohnung (Figarohaus)", Wien I., Eingang Domgasse 5.

14 Zitiert nach „Mozarts Briefe", herausgegeben von Wilhelm A. Bauer und Otto Erich Deutsch, Frankfurt 1960.

15 Schindler a. a. O.

16 Ebenda.

17 „Aus Bauernfelds Tagebüchern" (1819–1848), mitgeteilt von Carl Glossy im „Jahrbuch der Grillparzer-Gesellschaft", 5. Jahrgang, Wien 1895.

18 Dieses und die folgenden Zitate aus dem Jahrgang 1821 der „Wiener Zeitschrift für Kunst, Literatur, Theater und Mode."

19 Dieses und die folgenden Zitate aus Bauernfeld, Tagebücher a. a. O.

20 Grillparzer, Erinnerungen a. a. O.

21 Schindler a. a. O.

22 Zitiert nach Karl Kobald, „Alt-Wiener Musikstätten", Wien o. J.

23 Zitiert nach Herbert Eisenreich, „Das kleine Stifterbuch", Salzburg 1967.

24 Nikolaus Lenau, „Sämtliche Werke und Briefe", Band 2, Frankfurt 1971.


## VOM BALLHAUSPLATZ ZUM HELDENPLATZ

1 Alfred von Arneth, „Aus meinem Leben", Stuttgart 1893.

2 Ebenda.

3 Sealsfield a. a. O.

4 Heinrich Laube, „Reise durch das Biedermeier", Hamburg 1965.

5 Henry A. Kissinger, „Großmachtdiplomatie", Düsseldorf 1962.

6 „Aus Metternichs nachgelassenen Papieren", herausgegeben von Richard von Metternich, Wien 1881.

7 Zitiert nach Josef Karl Mayr, „Geschichte der österreichischen Staatskanzlei im Zeitalter des Fürsten Metternich", Inventare des Wiener Haus-, Hof- und Staatsarchivs, Wien 1935.

8 Nach Grete Klingenstein, „Kaunitz kontra Bartenstein", in: „Beiträge zur neueren Geschichte Österreichs", Wien 1974.

9 Nach Max Braubach, „Die Geheimdiplomatie des Prinzen Eugen von Savoyen", Opladen 1962.

10 Harry Kühnel, „Die Hofburg", Wien 1971.

11 Zitiert nach „Friedrich der Große und Maria Theresia in Augenzeugenberichten", herausgegeben von Hans Jessen, Düsseldorf 1965.

12 Zitiert nach „Die Mutter und die Kaiserin – Briefe der Maria Theresia an ihre Kinder und Vertrauten", herausgegeben von Carl Rothe, Wien 1968.

13 Dazu Josef Karl Mayr, „Metternich geheimer Briefdienst, Postlogen und Postkurse", Inventare des Wiener Haus-, Hof- und Staatsarchivs, Wien 1935.

14 Heinrich Graf von Lützow, „Im diplomatischen Dienst der k. u. k. Monarchie", Wien 1971.

15 Zitiert nach „Juli 1914", herausgegeben von Imanuel Geiss, München 1965.

16 Ebenda.

17 Lützow a. a. O.

18 Kurt Schuschnigg, „Requiem in Rot-Weiss-Rot", Zürich 1946.

19 Kurt Schuschnigg, „Im Kampf gegen Hitler", Wien 1969.


## ENDE UND ANFANG

1 William M. Johnston, „Österreichische Kultur- und Geistesgeschichte – Gesellschaft und Ideen im Donauraum 1848 bis 1939", Wien 1972.

2  Nach Ernst Lothar, „Das Wunder des Überlebens – Erinnerungen und Ergebnisse", Wien 1961.

3  Aus „Briefe Kaiser Franz Josephs an Kaiserin Elisabeth 1859–1898", herausgegeben von Georg Nostiz-Rieneck, Band II, Wien 1966.

4  Zitiert nach Klaus Eggert, „Die Ringstrasse", Wien 1971.

5  Zitiert nach Hermann Czech, „Die Sprache Otto Wagners", in: Protokolle 74/1, Wien 1974.

6  Adolf Loos in „Ver Sacrum" Jahrgang 1/1898, Heft 7.

7  Friedrich Schlögl, „Wiener Blut", Wien 1893.

8  Ferdinand Kürnberger, „Literarische Herzenssachen", Werke, Band 2, München 1911.

9  Adolf Dillinger und August von Conraths, „Guide und Souvenir-Album der Wiener Weltausstellung", Wien 1873.

10  Siehe dazu Tremel a. a. O., S. 363 f.

11  Aus der „Wiener Zeitung", Mai 1873.

12  Siehe dazu Fritz Racek, „Johann Strauss zum 150. Geburtstag", Katalog der Ausstellung der Wiener Stadtbibliothek, Wien 1975.

13  „Wiener Zeitung" vom 28. April 1879.

14  Ernst Becher, „Die Arbeiterfrage in ihrer gegenwärtigen Gestaltung", Wien 1868.

15  „Neue Freie Presse" vom 1. und 2. Mai 1890.

16  Zitiert nach „Jugend in Wien – Literatur um 1900", Katalog einer Ausstellung des Deutschen Literaturarchivs im Schiller-Nationalmuseum Marbach a. N., Stuttgart 1974.

17  Bruno Walter, „Briefe 1894–1962", Frankfurt a. M. 1969.

18  Hermann Bahr, „Tagebuch", Berlin 1909.

19  Karl Kraus, „Untergang der Welt durch schwarze Magie", München 1960.

20  Hugo von Hofmannsthal und Leopold von Andrian, „Briefwechsel", Frankfurt a. M. 1968.

21  Nach dem Adjutantenbuch im Wiener Haus-, Hof- und Staatsarchiv Wien.

22  Zitiert nach David Bronsen, „Joseph Roth – eine Biographie", Köln 1974.

# DIE AUTOREN DANKEN

folgenden Persönlichkeiten und Stellen für die Gewährung der Fotografiergenehmigung und für das freundliche Entgegenkommen und die tatkräftige Unterstützung bei den Recherchen und Aufnahmen: den hw. Herren Äbten der Abteien Kremsmünster, Seckau und Unserer lieben Frau zu den Schotten, Wien, der Chorherrenstifte Klosterneuburg und St. Florian, der Stifte Admont, Lambach und Lilienfeld; Univ.-Doz. Dr. Willibrord Neumüller, Kremsmünster; Pater Benno, Seckau; Kustos Prof. Cölestin Rapf, Wien; Kustos DDr. Floridus Röhrig, Klosterneuburg; Stiftsdechant Dr. August Wurzinger, St. Florian; Univ.-Prof. DDr. Adalbert Krause, Admont: Dechant Dr. Marckhgott, Lorch; DDr. Karl Wolfsgruber, Landeskonservator für Südtirol, Bozen; Hofrat Univ.-Prof. Dr. Franz Lipp und Dr. Benno Ulm, Oberösterreichisches Landesmuseum, Linz; Dr. Friedrich Waidacker, Landeszeughaus, Graz; Hofrat Dr. Walter Winkelbauer, Hofrat Dr. Richard Blaas und Frau Dr. Christiane Thomas, Österreichisches Staatsarchiv, Wien; Dr. Rudolf Fiedler, Österreichische Nationalbibliothek, Wien; Dr. Georg Kugler, Kunsthistorisches Museum, Wien; Hofrat Dr. Christoph Allmayer-Beck und Dr. Erich Gabriel, Heeresgeschichtliches Museum, Wien; Univ.-Prof. Dr. Walter Frodl, Österreichische Galerie, Wien; Steirisches Landesmuseum Joanneum, Graz; Schloßhauptmannschaft Schönbrunn, Wien; Sigmund-Freud-Gesellschaft, Wien; Graf Kuefstein, Schloß Greillenstein; Marktgemeinde Perchtoldsdorf; Dompfarramt Graz; die Pfarrämter Muthmannsdorf, Pfaffenhofen, Bischofshofen, Wieselburg, Lorch; Dr. Paul Esterházysche Güterdirektion, Eisenstadt.